应用型大学发展的国际经验

王世杰 ◎ 著

·北京·

图书在版编目（CIP）数据

应用型大学发展的国际经验/王世杰著. -- 北京：国家行政学院出版社, 2024.10. -- ISBN 978-7-5150-2885-9

Ⅰ. G649.1

中国国家版本馆 CIP 数据核字第 2024WH4782 号

书　　名	应用型大学发展的国际经验 YINGYONGXING DAXUE FAZHAN DE GUOJI JINGYAN
作　　者	王世杰　著
责任编辑	陈　科　陆　夏
责任校对	许海利
责任印制	吴　霞
出版发行	国家行政学院出版社 （北京市海淀区长春桥路 6 号　100089）
综 合 办	（010）68928887
发 行 部	（010）68928866
经　　销	新华书店
印　　刷	北京九州迅驰传媒文化有限公司
版　　次	2024 年 10 月北京第 1 版
印　　次	2024 年 10 月北京第 1 次印刷
开　　本	170 毫米 ×240 毫米　16 开
印　　张	21.5
字　　数	295 千字
定　　价	74.00 元

本书如有印装质量问题，可随时调换，联系电话：（010）68929022

前　言

党的十八大以来，党中央、国务院发布多项文件，引导部分地方本科高校向应用型转变。2015年，教育部等三部委联合发布《关于引导部分地方普通本科高校向应用型转变的指导意见》，为地方高校向应用型转型提供了政策框架。2017年，教育部在"十三五"时期高等学校设置工作中明确提出，应用型高校应与研究型高校、职业技能型高校并列，形成我国高等教育的三大主要类型。2021年，《中华人民共和国国民经济和社会发展第十四个五年规划和2035年远景目标纲要》再次明确要求"推进部分普通本科高校向应用型转型"，并提出要进一步增强应用型本科高校的建设力度，以更好地适应社会发展和经济转型的需求。2024年，政府工作报告提出要"建强应用型本科高校"，对应用型大学的发展提出了全新要求，要实现从"有"到"强"的转变。

应用型大学的发展是高等教育供给侧结构性改革的必然要求，是我国高等教育发展的必然趋势。在过去的多年间，几乎所有的高等学校，甚至高职院校，都追求成为综合性、学术型、研究型的大学。高等教育长期的趋同化发展使我国的高等教育结构呈现不合理的发展局面。《中国教育现代化2035》提出，针对目前我国高等教育发展结构不平衡、不充分的问题，应以区域经济发展为依托，加快专业结构调整，构建精细化的高等教育布局。在此背景之下，应用型大学的发展显得更为迫切。在布局方面，我国高等教育存在地区差异大的问题，经济发达地区与欠发达地区的高等教育建设不可比拟，应用型大学作为适应区域经济发展的存在是调整布局差异的有效方式。在层次方面，我国高等教育大致可以分为专科、本科、研究生三个层次，其中本科和研究生层次的高职教育发展存在滞后性，应用型大学的建设是职业教育高层次发展的有效途径。在类型方面，我国的高等教育大致可以分为研究型、应用型、职业技能型三大类，长期以来，研究型大学的发展独占鳌头，应用型大学需要不断提升。在专业方面，地方本科高校建设中往往参照研究型大学进行专业设置，理论性专业占比高，不能与社会经济发展的需求完全适应，急需发展服务地方经济社会发展的应用型专业。

我国对应用型大学的讨论始于20世纪八九十年代，在21世纪进入一个全新的发展时期。应用型大学顾名思义要以应用为本，结合社会经济发展的实际需要决定教学目标、课程内容、评价方式等诸多要素，从"应用"出发，而后归结于"应用"。在我国，应用型大学的发展集中于本科教育，其发展路径是部分本科院校向应用型转变，以及设立新的应用型本科院校。应用型大学是相对于研究型大学而存在的，应用型本科教育的理念是"能力为本"，它的目标指向是为学生步入社会做好充足的准备，不论是进入既定的行业工作，还是进行自主创业，应用型本科都应发挥其应有的作用。因而，应用型本科人才的培养规格突出表现在培养实践动手能力强、基础知识实、学习能力强、适应能力强、创新意识高、综合素质好的高层次实用性、技能性、职业性的专门人才。

应用型大学发展的几十年间，取得了一定的成效，但仍存在不少问题。虽然政府层面、学术界对应用型大学比较重视，但在社会层面应用型大学并没有被广泛认可。一方面，大众不认可应用型大学与研究型大学的平等地位，认为研究型大学优于应用型大学，将应用型大学等同于职业技术学校，是给考不上研究型大学的学生准备的；另一方面，应用型大学本身在数年的发展历程中仍旧没有形成自身的办学特色，没有取得社会广泛认可的教学质量，这是造成应用型大学边缘化发展的内在原因。同时，中国应用型大学在实际发展过程中面临着市场乏力、动力不足、路径不清等问题。首先，应用型大学处理学校、政府和企业关系时，常常忽视企业代表的劳动力市场的需求。体现为市场需求不能及时反映在大学的发展规划和行动上，导致学校培养不出企业需要的人才。其次，依照国家规划，多数新建地方本科院校要转型为应用型大学，但这一过程充满挑战。部分院校迫于政策压力被动加入，发展的动力不足，不能将有关措施有效执行。一些主动参与的院校，也并不是真切了解并认可应用型学校，而是基于基本的政策红利，为自身谋求更多的发展空间。最后，一些应用型大学意识到转型发展的重要性，且积极参与到改革之中，但在实践层面面临着路径不清、缺乏相关经验等问题。

"应用型大学"起源于欧美，在很多国家都有丰富的实践，是高等教育发展到一定阶段的类型重组，是社会经济发展到一定水平的必然产物。2018年，我国的高等教育毛入学率达到48.1%，正式进入高等教育普及化阶段。应用型大学伴随着高等教育大众化产生，伴随着高等教育普及化进入内涵式发展的新阶段。面对新阶段从"有"到"强"的历史要求，应用型大学应抓住发展契机，一方面，审视我国过去的办学经验，从现状、特点、问题等对过往工作进行总结，以史为鉴；另一方面，要拓展视野，从其他国家应用型大学建设的经验中汲取养分，为我所用。基于此，本书从我国应用型大学发展的背景、现状、特点、困境出发，对已有的办学经验进行总结。同时，系统地介绍了欧洲（第三章 英国、第四章 德国、第五章 芬兰）、北美洲（第六

章 美国、第七章 加拿大）、大洋洲（第八章 澳大利亚、第九章 新西兰）、亚洲（第十章 日本、第十一章 韩国、第十二章 新加坡）四个地区，十个国家的应用型大学建设情况，为解决我国目前应用型大学建设中的问题提供参考，为应用型大学内涵式发展助力。

由于所处的政治、经济、文化环境不同，各个国家在应用型大学的建设中形成了不同的特点。例如，不同国家对应用型大学在整个高等教育体系中的定位不同，在芬兰、德国、日本等国家，应用型大学是与研究型大学并列的一种学校类型，而在美国，高校可以同时培养应用型和研究型人才，不存在"应用型大学"这种学校类型；在不同国家应用型大学的市场化程度也有差异，在澳大利亚、新西兰，应用型大学多为公立大学，学校能够得到国家的财政支持，受到政府的约束和管理，在美国、日本等国家，应用型大学的市场化程度更高，学校以多种方式筹集资金，具有更高的自主性。尽管各国在应用型大学建设中有所不同，却也存在着很多相通之处。例如，制度和政策是各国应用型大学发展的基础。为实现应用型大学的发展，各国政府颁布了大量提案、建议，推进应用型大学与研究型大学的平等发展，为应用型大学发展指明方向；各国在办学中普遍重视学校、政府、企业之间的合作。从人才培养目标、专业设置、教学过程到评价体系等，都积极调动不同社会主体参与其中，以满足培养高素质技术人才的现实需求；各国在应用型大学改革中都强调提升教育质量。应用型大学的发展离不开专业建设与课程改革，各国在应用型人才培养中，强调理论与实践相结合的培养方式，探索项目式教学、案例教学、情景式教学等多种教学方法，从理论与实践两方面提升学生解决实际问题的能力……

应用型大学的建设并非朝夕之事，唯有不断反思，取长补短，方能在实践中不断完善与发展,提升办学水平,培养适应社会需求的高素质应用型人才。通过借鉴国内外成功经验,结合自身实际情况,注重理论与实践相结合、学科与产业对接,应用型大学才能逐步形成独特的办学特色,最终为经济社会的发展提供强有力的人才支持和智力保障。

目录 CONTENTS

第一部分
绪 论

第一章 应用型大学发展的背景 ·· 003

第一节 应用型大学发展的国际背景 ································· 003

第二节 应用型大学发展的中国背景 ································· 009

第二章 我国应用型大学发展的现状及分析 ························· 023

第一节 我国应用型大学的现状 ·· 023

第二节 我国应用型大学的特点 ·· 026

第三节 我国应用型大学发展的经验总结 ···························· 031

第四节 我国应用型大学发展的未来困境 ···························· 035

第二部分
欧洲应用型大学的发展经验

第三章 英国 ·· 041

第一节 发展历程 ·· 041

| 第二节 | 发展现状 | 058 |
| 第三节 | 英国应用型大学的发展启示 | 062 |

第四章 德国 066

第一节	发展历程	067
第二节	发展现状	075
第三节	德国应用型大学的发展启示	092

第五章 芬兰 099

第一节	发展历程	100
第二节	发展现状	110
第三节	芬兰应用型大学的发展启示	125

第三部分
北美洲应用型大学的发展经验

第六章 美国 133

第一节	发展历程	134
第二节	发展现状	150
第三节	美国应用型大学的发展启示	160

第七章 加拿大 165

第一节	发展历程	166
第二节	发展现状	177
第三节	加拿大应用型大学的发展启示	183

第四部分

大洋洲应用型大学的发展经验

第八章　澳大利亚 ································· 189
　第一节　发展历程 ······························· 190
　第二节　发展现状 ······························· 200
　第三节　澳大利亚应用型大学的发展启示 ············ 202

第九章　新西兰 ··································· 215
　第一节　发展历程 ······························· 215
　第二节　发展现状 ······························· 222
　第三节　新西兰应用型大学的发展启示 ·············· 227

第五部分

亚洲应用型大学的发展经验

第十章　日本 ····································· 233
　第一节　发展历程 ······························· 233
　第二节　发展现状 ······························· 239
　第三节　日本应用型大学的发展启示 ················ 259

第十一章　韩国 ··································· 263
　第一节　发展历程 ······························· 263

第二节　发展现状 ……………………………………………… 269

第三节　韩国应用型大学的发展启示 …………………………… 280

第十二章　新加坡 ……………………………………………… **284**

第一节　发展历程 ………………………………………………… 284

第二节　发展现状 ………………………………………………… 293

第三节　新加坡应用型大学的发展启示 ………………………… 300

总结与展望 …………………………………………………………… **305**

参考文献 ……………………………………………………………… **316**

后　记 ………………………………………………………………… **330**

第一部分 绪 论

PART 01

第一章

应用型大学发展的背景

在世界范围内,伴随着经济社会的快速发展和科学技术的迅猛进步,原有的社会生产方式受到巨大的冲击,各个国家及社会被迫进行产业转型与升级,并对社会生产方式和组织形式进行了急剧的调整。产业变革催生了新型职业的诞生,劳动力市场也对劳动者职业素养提出了更高更复杂的要求,而这亟须高等教育结构及人才培养方式创新发展以适应产业结构变化对创新型、技术型人才的需求。为了适应社会发展和市场经济的需求,世界各国纷纷建立应用型大学,培养社会所需人才。当前,大力发展应用型高等教育、培养应用型人才已经成为全球不可逆转的趋势。

第一节 应用型大学发展的国际背景

应用性作为应用型大学的鲜明特征早在中世纪的大学中就有所体现,意大利的博洛尼亚大学和法国的蒙彼利埃大学为了解决社会面临的商业纠纷和瘟疫流行问题而针对性地开设法律、实用医学等专业课程,以培养专业人才。应用性这一特征在19世纪30年代英国的新大学运动中表现得更为突出。新大学运动一改英国传统高等教育结构,撼动了宗教贵族对高等教育的垄断地位,使中产阶级拥有了接受高等教育的机会。相较于以前,以伦敦大学为代表的11所新兴大学更加注重工业和科学方面的教育,并在具体教学中开设大量实用性的课程,以培养当时产业发展所需的实用之才。

其后，美国在19世纪60年代也开展了一场轰轰烈烈、类似新大学运动的赠地学院运动。与此同时，一个在美国高等教育史上极具转折意义的标志性法案——《莫里尔法案》诞生。在《莫里尔法案》的规定下，联邦政府拨地用于建设赠地学院。在这场运动中，28个州单独设置了农工学院，其余州将土地拨给已有的州立学院成立州立大学，或在州立大学内增设农工学院，以促进工人阶层在追求生活和职业发展中的自由和实用教育。当时美国正在经历著名的南北战争，战争使得美国农民的土地受到了严重侵害，战争笼罩下的农民生活因粮食问题更添阴霾。当时美国国会通过《莫里尔法案》旨在督促各州建立专门的农业种植及农业机械操作培训学校，帮助农民获取知识共渡难关。英国新大学与美国赠地学院的产生有着各自的国别背景，但它们有一些共同的特征：古典教育与实用教育并存；大学不再是某类人的专属品，更多的劳工阶级可以走进大学；教育的目的是满足产业、行业的人才需求。现在，这些历史上的"新大学""赠地学院"包括在英国新大学之后创建的"红砖大学""多科技术学院"，都被称为"应用型大学"。红砖大学是工业革命的产物，是新大学运动的延伸和拓展，专业设置以工程、科技、医学等为主，主要目的是满足新型城市工业经济发展的需要，普及与工业生产领域相关的专业知识和技能，提供面向平民的职业技术教育，促进工业生产的发展。多科技术学院在办学定位上突出应用性和地方性两个特征。其中，应用性是指多科技术学院主要为地方生产、建设、管理和服务一线培养应用型专业技术人才；地方性则是指多科技术学院的办学经费主要由地方政府财政支持，立足地方、面向地方、服务地方，与学校所在地的地方政府和工商企业之间深度融合，为地方经济发展、科技进步和社会发展培养实用性技术人才。

第二次世界大战以后，欧美各国掀起了建设应用型大学的高潮。从欧美建立、发展应用型大学的外部原因来看，不断推进的工业化进程使各国经济得到了快速发展，高等教育要相应地跟上经济发展的步伐；产业结构升级使社会对人才的需求结构发生变化,原本单一结构的高等教育要顺应形势,培养社会所需的应用型人才;历次科学技术革命的出现使各国政府对技术的重视日益增强,高等教育无疑是培养新技术科技人才、提升国家竞争力的最佳途径。内部原因主要在于高等教育大众化使学生规模迅速扩张,需要优化高等教育结构,满足公众接受高等教育的需求。由此,欧美各国将本国原有的技术学校、机械学院或是提供短期专业、职业课程的教育机构通过合并、升格、改造的方式建立起与研究型大学互为补充的应用型大学,部分国家形成了双元高等教育体系,其中以德国最为典型。

如今,芬兰、俄罗斯、德国、英国、意大利、美国和加拿大等国都已建立起了应用型大学。面对社会发展和现实需求,各国应用型大学不断调整自身定位与人才培养模式。学生人数逐渐增多,培养目标更加明确,专业与课程设置也逐渐多样化、丰富化,由原来以工程技术类为主的单一领域发展为现在的多领域、跨领域,如生物工程、分析化学、应用化学、管理科学与工程等。多年来,应用型大学通过自身的不断发展为各国的高等教育体系注入了强大的生命力,成为了各国高等教育不可缺少的重要组成部分,在经济发展、满足社会需求方面起到了巨大的推动作用。本书将介绍包含英国、德国、美国、加拿大和芬兰5个欧美国家在内的应用型大学建立的实践,为我国应用型大学的建设与发展提供参考案例和启示。

英国是古典大学的发祥地之一,是考察应用型大学起源的理想样本。英国创办应用型大学的时间是在第二次世界大战后,动因依然离不开经济受到重创后的重建以及"学术金本位"精英教育导致的科技落后和应用人才缺乏。与其他国家应用型大学发展有所不同,英国经历了从一元制变为二元制,又由二元制变回一元制的过程,两次变化分别以1963年《罗宾斯报告》和1992年《继续教育和高等教育法》的颁布为标志。另外,英国的高等教育与其他国家有所不同,英国传统大学、教会学校、世俗学校并存,使其独具特色。再者,2016年英国议会发布的《知识经济的成功:教学、社会流动和学生选择》白皮书以及最新的2017年《高等教育与科研法案》，对英国高等教育的发展尤其是应用型大学的发展产生了巨大的影响，对应用型大学的研究有着重要意义。

德国应用科学大学诞生于20世纪60年代末，最初被称为Fachhochschule，（简称FH），起初是由工程师学校和高级专科学校合并升格而产生的新型高等学校。历经半个世纪，德国如今已经形成了一套十分成熟、完备的应用型大学本硕培养体系，经历了从应用科学大学与研究型大学联合培养博士到2013年启动博士学位独立授予权的创新之路，是应用型大学中公认的典型。德国应用科学大学的"双元"培养模式独具特色。双元培养模式将理论与实践有机结合并贯穿学生在校学习的全部环节，充分体现了学与做的双向交融。

美国应用型大学的出现以赠地学院运动为标志，其产生与发展与美国政治经济发展紧密相连，受到美国特有的思想文化环境的影响。技术的进步致使产业升级产生了新型技术及职业能力的需求，随着科学精神的发展以及宗教的多元化，崇尚实际、实用的经世致用之风逐渐兴起，实用型人才逐渐成为社会急需的人才，传统的以宗教传播为重任的高等教育不可避免地向培养实用型人才的高等教育转变。进入19世纪的美国被卷入第一次工业革命的大潮，对科学技术以及熟练的技术工人的需求逐渐变得紧迫，传统学徒制再也不能满足技术培训的要求，而这促使美国高等教育发生方向性的转变，开设与社会生产与生活关系更为直接和紧密的、更为实用的技术与工艺课程，以造就能够在工业生产和其他各个领域发挥作用的应用型人才。从18世纪末、19世纪初开始，美国的一些政界人士开始酝酿成立各种技术学院。1862年，为了解决战时的农业问题而通过的《莫里尔法案》第一次真正从法律层面强调和规定职业技术培训建立的必要性。20世纪80年代以来，信息服务业和科学技术迅速发展致使国际竞争更加激烈，美国各类应用型人才严重短缺，对应用型人才培养提出了新的要求。高等学校通过合理安排教学、科研和实践的关系，实施多元文化教育及加强国际教育等方式，加强应用型人才培养，提高应用型大学教学的质量，该阶段美国应用型大学得到了迅速的发展。与芬兰、德国不同，美国没有专门的应用型大学，并不会看到某所大学名称带着应用科学大学的后缀，在美国的高校分类中也没有应用型大学这一明确分类。我们之所以选择美国并将其国家中的一些学校划入应用型大学的行列，一是为了本书叙述的方便，二是美国有与我国所谓的应用型大学功能、属性相类似的高等教育类型，这种教育类型不同于传统的课程设置，不以公共课和基础课作为主要的课程教育内容，而更加强调职业能力为中心的培养，强调工作过程中真实需求的技能。这种类型的高校往往具有强烈的产学研合作教育特征。其中就包括因合作教育在全美乃至世界享有盛名的德雷塞尔大学。

1871—1905年，加拿大曼尼托巴省、不列颠哥伦比亚省、阿尔伯塔省和萨斯克彻温省分别建立了曼尼托巴大学、不列颠哥伦比亚大学、阿尔伯塔大学和萨斯克彻温大学，这些大学的建立意味着加拿大应用型大学的产生。长期以来，由于加拿大在高等教育领域的研究人员数量较少，致力于国际学术交流的学者更是寥寥无几，加上国内外许多学者大多认为加拿大的高等教育体制与邻国——美国类似，相比之下，研究美国高等教育具有十分重要的战略意义。然而，随着政治经济环境的不断变化，加拿大应用型大学体现出不一样的特点。"教学型"教职的制度设计和发展路径对于我国高校如何科学设置教职岗位、如何促进"教学型"教师专业发展等方面具有重要的借鉴意义；本科生科研训练作为一种融教学与研究为一体的育人形式，能够加深学生对理论知识的理解，提升学术研究能力，为研究生阶段的学习奠定坚实基础，为我们提供参考。

芬兰堪称"后起之秀"，在德国、荷兰等国家应用型大学的良好示范效应影响下，1991年建立了与普通大学并行的高等教育机构，即多科技术学院，并在2016年将其正式更名为应用科学大学。发展至今，芬兰应用型大学已与研究型大学在校生规模相当，2015年应用型大学与研究型大学的在校生人数分别为139727人、157436人。芬兰应用科学大学的特色体现在其基于工作场所学习的人才培养模式，更为突出的是其贯穿基础教育到高等教育的创业教育。芬兰教育与文化部于2015年对芬兰高校实施创业教育的情况进行了调查，调查结果显示，在创业教育具体策略及创业教育成效方面，应用技术大学领先于研究型大学，且学生创业人数也呈增长趋势。创业教育成功的背后体现出的是芬兰应用型大学对学生创业意识、创业知识和创业能力的培养，不少学生在校期间就可以组建一家公司，甚至在毕业后仍然保持出色的运营，是与我国应用型大学发展背景有诸多相似之处的国家，能为我国应用型大学的建设带来有益启示。

最后，需要提出的是，本书中出现的应用型大学并非全球通用的高等教育术语，准确地说，这是一个中国化用语。那么，什么是应用型大学，如何界定？人们对此众说纷纭，莫衷一是。王硕旺、蔡宗模认为，从学位授予和运行机制来看，应用型大学可以是2~3年的社区学院（美国）、短期大学（日本）、职业技术学院（中国）和应用科技大学（伊朗），也可以是拥有本科和硕士学位授予权的应用科学大学（德国、奥地利、荷兰、瑞士和芬兰）、理工学院（爱尔兰）和多科技术学院（英国）。[①] 代文纹认为，应用型大学是指建立在完全中等教育之上、以培养应用型人才为主、服务社会经济发展需求的高等教育机构，我国应用技术型大学、教学服务型大学和创业型大学属于应用型大学。陈勇芝认为，应用型大学突出3个要素的做法，即"应用型"培养方式、"应用型"研究活动、"应用型"人才导向，应用型大学是培养应用型高层次人才，侧重于应用型知识和应用型研究，与经济、行业、生产一线和地方社会生活紧密联系并为之服务的高等院校，"应用型

---

① 王硕旺，蔡宗模.应用型大学的缘起、谱系与现实问题[J].重庆高教研究，2016，4（2）：22-29.

大学""应用型本科院校""地方应用型大学""地方本科高校"视为等同对象，交叉、混合使用。本书认为，应用型大学不是对一种大学的专称，而是包含专科、本科、硕士和博士4个学位层次的一类大学的集合；从教学功能来看，应用型大学更为注重实践；从科研功能来看，应用型大学的科学研究更多地回应市场对大学的需求与期待。与研究型大学相比，应用型大学与社会的联系更加紧密，更加注重社会服务功能的发挥，服务社会经济发展。

第二节　应用型大学发展的中国背景

我国对应用型大学的探索始于20世纪八九十年代，兴于21世纪初，于2010年之后进入深入探索时期，探索历程大致可划分为3个阶段：改革开放初期、新建本科探索时期和教学—服务型大学转型时期。在应用型大学的初期探索阶段，主要以北京联合大学、武汉纺织大学、沈阳大学等部分老牌本科高校为代表，国家重视与其他高校错位发展，以培养适应社会所需的高素质复合型应用人才为基本定位，创新办学路径，为后期我国应用型大学的兴起奠定了基础。第二阶段以新建本科的建立为特征。第三次全国教育工作会议后，我国高等教育由精英化向大众化变革，促使大量新建本科高校涌现，为我国应用型大学变革带来了新局面。全国新建本科院校联席会、安徽省应用型本科高校（部分）联盟、全国应用技术大学（学院）联盟的诸多实践探索，标志着发展我国应用型大学已逐步成为全国高校变革转型的新定位、新共识。第三阶段则是教学—服务型大学的转型和探索阶段。虽提法不同，但从内涵上讲，教学—服务型大学也是我国在探索应用型大学转型道路上的有益尝试。教学—服务型大学在重视教学的同时，明确以应用型人才培养、服务社会为定位，产业哺育专业群，形成了系统的全方位服务体系。

我国对应用型大学的探索是在高等教育自身发展需求及国家政策号召下形成，是自上而下和自下而上共同推动的结果。面对同质化发展困境的高校自下而上推动高校转型和应用型大学发展，国家政策则从顶层推动了应用型大学的蓬勃发展。

一、高等教育大众化背景下解决现实问题的需要

高等教育是国家经济发展和社会进步的重要推动力量，大众化高等教育则是发展高等教育事业、适应社会经济发展的必由之路。1973年6月，世界经合组织（OECD）召开"关于中等后教育的未来结构"的国际会议。会上，美国著名教育社会学家马丁·特罗首次提出高等教育发展将历经精英阶段、大众化阶段和普及化阶段的三阶段理论。其中，精英阶段向大众化阶段转变的关键指标是高等教育毛入学率达到15%。这一理论得到了国际高等教育界的普遍认可，高等教育大众化也成为世界各国高等教育发展的不争事实。美国于1940年率先跨越精英教育阶段界限，凭借其多种类型、不同层次的高等教育机构扩张高等教育规模，成为世界首个高等教育大众化国家。英国同时发展了面向精英的学术型大学和面向大众的多科技术学院等高等教育机构，于1980年迈进大众化高等教育阶段。受国情差异及不同外部环境的影响，各国高等教育大众化的发展路径略有不同，大体而言，都是通过高等教育机构的类型、数量的增多实现了高等教育规模扩张。

在我国，受国际大众化趋势及国内经济发展、产业结构转型及科技进步等多种现实因素的综合驱动，我国高等教育大众化的序幕伴随着1999年《面向21世纪教育振兴行动计划》的出台而拉开。在美国、英国等国家高等教育大众化经验的基础上，我国通过扩张原有高校招生规模、新建高校、整体增加招生人数的方式逐步提升高等教育毛入学率。这种做法是成功的，效果也是显著的，短短3年时间，我国高等教育毛入学率就已达到高等教

育大众化15%的指标标准，于2002年正式步入高等教育大众化时代。在这个过程中，我国应用型大学的前身——新建本科高校应运而生。

高等教育大众化为我国诸多学子提供了更多接受高等教育的机会，彰显了我国教育的进步、社会的进步及国家的强大，其显著成就与重要意义是毋庸置疑的。然而，高等教育大众化也带来了一些不可避免的问题。大众化进程中所产生的新建本科高校定位不明、方向不清、缺乏特色、发展受限；高校毕业生大量涌向人才市场，出现了企业高喊"用工荒"，学生抱怨"就业难"的职场怪象。2000年，全国普通高校毕业生115万人，2013年就业人数则翻了6倍之多，高达699万人。这一年，我国经济发达的北上广地区的就业形势也不容乐观，北京毕业生签约率总体不足三成，上海不足三成，广东不足五成。面对高校规模扩张带来的种种问题，引发了学术界对其应对策略的热议。潘懋元认为，与高等教育大众化伴生而来的另一种现象是文凭贬值、学历泡沫、大学应届生就业率屡创新低；实行高校职能分化，分层分类培养人才，方能满足社会的多样化需求。钟秉林等人认为，在人才培养目标定位上，要服务地方、对接产业，从传统的本科学术型人才或专科技能型人才培养，转变为高素质本科应用型人才培养。多样化的特征必然要求高等教育多样化发展，要求高等学校分层分类发展。胡瑞文等人认为，我国高等教育应由前一时期扩大规模为主的外延发展模式转变为以结构调整、提高质量为重心的内涵发展模式；高等教育人才培养要与经济社会发展和劳动力市场相适应，对各级各类高等学校进行科学定位和合理分工。朱中华认为，既然是地方高校就要时刻把为地方服务放在首位，面向地方办学，立足地方经济与社会发展，为地方经济建设和社会发展培养下得去、留得住、用得上的高素质应用型人才，为地方生产、建设和管理第一线解决应用技术难题，为地方各类专业技术人才的继续教育、终身教育提供培训与教育基地。学术界有关高等教育大众化背景带来的规模扩张相关问题及建议等方面的观点还有很多，本书不再一一赘述。

由上述可知，高等教育大众化带来的种种问题的根源在于高等教育结构设置。尽管马丁·特罗提出了15%的量化指标，然而简单的规模扩张并不能涵盖高等教育大众化的全部。解决高等教育结构性矛盾，实现人才错位、高校分类，成为我国当下高等教育事业发展的重要工作。

二、"大学同质化"发展困境下国家政策的号召

"质"可以理解为事物固有的根本特征，这种特征在本质上区别于其他事物。"同质"则是事物间内部根本特征的一致性，在此基础上的"同质化"是事物本质趋向于相同的一种趋势。"同质化"通常会造成事物的重复及较低的市场竞争。当前"同质化"概念已广泛应用于各个领域，在教育领域中，"高校同质化"通常表现在高等教育发展的过程中，高校之间盲目模仿，导致其在办学理念、日常管理教学、培养目标方案等方面日益趋同的一种现象，就是我们通常所说的"千校一面"。

如前文所述，我国高等教育快速发展，不同层次、类型的大学屡见不鲜。我国高等教育已逐步上升到大众化发展层次，但此过程中，出现了高校发展的同质化问题。究其原因，其一，很多高校自身定位不准，分工不明，盲目追求升格；其二，高等院校评价标准和模式的单一化也是造成高教同质化的根本原因。为应付统一的考核标准，学校自然形成类似的工作内容和成果。当前评估体系总体上着重于学术评价，倾向于按照研究型大学进行考评。而高校日常管理和教学经费通常源于政府财政拨款，拨款的多少取决于评估的等级。那些能获得较高评价的成果和行为自然会引起其他高校的争相模仿，导致同质化现象的产生。

高校同质化不仅对学校自身带来不利影响，还会对学生的培养和发展、国家资源的利用以及社会带来不利影响。对学校而言，同质化首先会导致学校丧失自身特色，难以发挥独特竞争优势，致使学校教育丧失创造能力。

对国家而言，同质化的高校会使国家和政府的教育资源用在相同的领域和内容构建中，不能满足社会多样化的需求，这也造成有限教育资源的滥用和无效率。对社会而言，不同层次的人才在市场上都是有需求的，而同质化大学培养出了一大批具有相似专业基础和技能的毕业生，导致有些岗位千人竞争，而有些岗位空无一人，难以满足社会对多样化人才的需求，从而影响整个经济的可持续发展。对学生自身发展而言，同质化加大了毕业生的就业压力。相似的知识技能不仅难以应对多样化的社会需求，还导致就业竞争的增大。

为此，国家积极出台措施鼓励学校差异发展，避免同质化。2010年《国家中长期教育改革与发展规划纲要（2010—2020年）》的出台标志着我国高等教育由扩张规模向注重质量、注重高校特色发展的理念转变。纲要提出，学校层面要"建立高校分类体系，实行分类管理。发挥政策指导和资源配置的作用，引导高校合理定位，克服同质化倾向，形成各自的办学理念和风格，在不同层次、不同领域办出特色"；人才培养方面要"重点扩大高技能型、应用型、复合型人才培养规模"。此后，我国有关应用型大学的政策如雨后春笋般出现，新建本科高校顺应国家政策指引，积极向应用型大学转型。2012年，教育部印发了《关于全面提高高等教育质量的若干意见》，该意见要求探索建立高校分类体系，制定分类办法，促进高校办出特色。为解决高校特别是新建本科院校"同质化"的办学问题，大力推动其向应用型大学转变。

《2015年政府工作报告》中指出，要不遗余力地引导部分本科高校逐步向应用型大学转变。同年，相关政策文件进一步强调"加快部分普通本科高等学校向应用技术型高等学校转型"。2015年，党的十八届五中全会通过了《中共中央关于制定国民经济和社会发展第十三个五年规划的建议》，明确要构建产业新体系，鼓励具备条件的普通本科高校向应用型转变，推进产教融合、校企合作。2017年、2019年分别发布的"十三五"规划及

《国家职业教育改革实施方案》提到让具有条件的普通本科高校转变为应用型大学。中共中央、国务院2019年2月印发的《中国教育现代化2035》提出要持续推动地方本科高校转型发展，加大应用型、复合型、技术技能型人才培养比重。

在这样的政策背景下，很多高校尤其是新建本科院校和民办本科院校积极走上了向应用型大学转型的探索之路。相较传统综合性大学，新建本科院校和民办本科院校的学术研究基础相对来说比较薄弱，建校时间也短，教育资源不丰富，因此，在科研等诸多方面不占优势，无法追赶研究型大学的水平，难以走向研究型大学发展的道路。在此现实状况下，很多学校积极响应国家号召集中资源开展向应用型大学的转型。

表1-1 2011年以来我国有关应用型大学政策/事件一览

时间	主体	政策/事件	主要内容	备注
2012年3月	教育部	《关于全面提高高等教育质量的若干意见》	该意见要求探索建立高校分类体系，制定分类办法，促进高校办出特色。为解决高校特别是新建本科院校"同质化"的办学问题，大力推动其向应用型转变	
2013年6月	35所以应用技术类型高校为办学定位的地方本科院校	成立应用技术大学（学院）联盟	贯彻《国家中长期教育改革与发展规划纲要（2010—2020）》有关精神。致力于我国应用型大学发展	
2013年11月	中共中央	《中共中央关于全面深化改革若干重大问题的决定》	加快现代职业教育体系建设，深化产教融合、校企合作，培养高素质劳动者和技能型人才。创新高校人才培养机制，促进高校办出特色、争创一流	
2013年6月	刘延东	2013年全国职业院校技能大赛闭幕式上的讲话	鼓励推动地方本科高校向职业教育转型，使专业结构和层次结构与人力资源需求相适应	

续表

时间	主体	政策/事件	主要内容	备注
2014年2月	李克强	国务院常务会议上的讲话	建立学分积累和转换制度,打通从中职、专科、本科到研究生的上升通道。引导一批普通本科高校向应用技术型高校转型	
2014年4月	178所高校	《驻马店共识》	落实国务院"引导部分普通本科高校向应用技术型高校转型"的战略部署,探索"部分地方本科高校转型发展"和"中国特色应用技术大学建设之路"	在首届产教融合发展战略国际论坛上共同签订、发布
2014年5月	国务院	《关于加快发展现代职业教育的决定》	(1)引导普通本科高等学校转型发展。采取试点推动、示范引领等方式,引导一批普通本科高等学校向应用技术类型高等学校转型,重点举办本科职业教育; (2)独立学院转设为独立设置高等学校时,鼓励其定位为应用技术类型高等学校; (3)招生、投入等政策措施向应用技术类型高等学校倾斜	
2014年6月	教育部、国家发展改革委、财政部、人力资源和社会保障部、农业部、国务院扶贫办6部门	《现代职业教育体系建设规划(2014—2020)》	支持定位于服务行业和地方经济社会发展的本科高等学校实行综合改革,向应用技术类型高校转型发展,并鼓励本科高等学校与示范性高等职业学校通过合作办学、联合培养等方式培养高层次应用技术人才	

续表

时间	主体	政策/事件	主要内容	备注
2015年3月	国务院	2015年政府工作报告《中共中央 国务院关于深化体制机制改革加快实施创新驱动发展战略的若干意见》	引导部分地方本科高校向应用型转变。以人才培养为中心，着力提高本科教育质量，加快部分普通本科高等学校向应用技术型高等学校转型，开展校企联合招生、联合培养试点，拓展校企合作育人的途径与方式	
2015年10月	教育部、国家发展改革委、财政部	《关于引导部分地方普通本科高校向应用型转变的指导意见》	有关重要意义、指导思想和基本思路、转型发展主要任务和配套政策和推进机制等方面的22点内容	
	中共中央	《中共中央关于制定国民经济和社会发展第十三个五年规划的建议》	为贯彻落实党中央、国务院关于引导部分地方普通本科高校向应用型转变的决策部署，推动高校转型发展，提出"重要意义""指导思想和基本思路""转型发展的主要任务""配套政策和推进机制"有关内容。优化学科专业布局和人才培养机制，鼓励具备条件的普通本科高校向应用型转变	
2015年11月	教育部	《高等职业教育创新发展行动计划（2015—2018年）》	（1）体系结构更加合理。人才培养的层次、规模与经济社会发展更加匹配，专科层次职业教育在校生达到1420万人，接受本科层次职业教育学生达到一定规模，以职业需求为导向的专业学位研究生培养模式改革取得阶段性成果；	

续表

时间	主体	政策/事件	主要内容	备注
			（2）服务发展的能力进一步增强。技术技能人才培养质量大幅提升，高等职业院校的布局结构、专业设置与区域产业发展结合更加紧密；应用技术研发能力和社会服务水平大幅提高；与行业企业共同推进技术技能积累创新的机制初步形成；服务中国制造2025的能力显著增强	
2016年4月	国家发展改革委、教育部和人力资源社会保障部	《关于编报"十三五"产教融合发展工程规划项目建设方案的通知》	支持部分地方本科高校向应用型转型，加强实习实验实训环境、平台和基地建设，鼓励吸引行业企业参与，建设产教融合、校企合作、产学研一体的实习实验实训设施，推动技术技能人才培养和应用技术创新。到"十三五"末，建成一批直接为区域发展和产业振兴服务的中国特色应用型大学，提高我国应用型技术技能人才培养比例，明显增强学生就业创业能力和高校应用技术创新驱动发展能力	
2019年1月	国务院	《国务院关于印发国家职业教育改革实施方案的通知》	完善高层次应用型人才培养体系、打造双师型队伍、校企合作、启动1+X证书制度试点工作等内容	
2019年2月	国务院	《中国教育现代化2035》	持续推动地方本科高等学校转型发展。加强创新人才特别是拔尖创新人才的培养，加大应用型、复合型、技术技能型人才培养比重	

三、经济结构转型升级对应用型人才的迫切需求

当前,世界各国实体经济受到冲击,原有的生产方式遭到破坏,各国被迫进行产业转型与升级,在互联网技术的推动下世界迎来了第四次工业革命。中国在世界经济转型浪潮中的变革必定也应是全面的和整体的。经济变革引发了新职业的产生,社会也对职业素养提出了越来越高的要求。"中国制造2025"战略重点关注新兴信息技术与工业相结合,就体现出我国产业升级中对应用技能和创新发展型职业技术人才的需求。应用型人才不同于通常所说的普通高等教育本科层次人才,其知识结构和专业培养更加偏重于具体的实践和应用层面,要求除了具备基础的理论知识外,更要有高超的实践和操作能力,要能把理论转化为具体的操作与应用。

为此,党和国家提出高等教育要培养多达亿计的高素质人才和多达千万的专业人才,此外,还要培养大量的创新型人才。多层次多方位的人才结构才能与社会经济发展的人才需求相对应。但是长期以来,我国高等教育倾向于学术型人才培养,应用型人才供给明显不足,急缺的高水平应用型人才成为我国经济转型升级的瓶颈所在。因此,国家和社会迫切需要一大批能够满足经济发展和技术创新的应用型人才。高水平应用型大学的发展能够解决我国人才培养结构和质量与经济转型调整之间不适应的问题,提供应用型、创新型人才,从而融入产业转型升级和创新发展大背景下,推动技术进步,为社会经济进一步提供有效的人才支撑。

伴随着高等教育大众化的深入,国家经济结构的深刻调整以及产业转型升级,国家对应用型人才需求激增。《中共中央 国务院关于深化体制机制改革加快实施创新驱动发展战略的若干意见》《国家新型城镇化规划(2014—2020年)》、"中国制造2025"等国家政策都指出要积极推动应用型大学转型。推进部分大学向应用型转变已经成为我国高等教育发展的必然之选和时代命题。

四、高职教育深化发展及其与高等教育衔接的要求

高职教育的产生源于工业化的发展。随着工业化进程的开展，现代科技和技术加剧了城乡分化，中国开展市场经济建设以来，经济结构进行了调整，农村出现了劳动力过剩的问题。而这些过剩的劳动力因不能熟练应用现代技术而失业，面对农村贫困和农村边缘化的出现，我国提出要大力推进中等职业教育，同时积极发展高等职业教育以解决因技术原因导致的失业问题。但是传统的高职教育学习年限较短，不能有效满足整个社会对具有较高科学素养和知识技能应用型人才的需要。

教育部《面向二十一世纪高等教育宣言：观念与行动》中提出，高等教育需要为社会提供平等的机会，而高等教育对高职教育的衔接是重要的方面。应用型大学的广泛发展可以与高等职业教育进行有效沟通和衔接，进一步解决高职高专学生深化发展的问题。高职教育此前一直困于"断头教育"的场景之中，学位体系缺乏开放性和融通性致使高职学生难以延续原有的教育，不能实现更高层次的追求。应用型大学的产生可以有效改善高职高专学生深造的问题，从而为他们提高自己的教育层次提供可能的渠道和有效出口。

当前教育体系中高等职业教育和应用型大学之间分属不同的培养层次，具有不同的培养目标。但是两者也存在一定的关联性，主要体现在培养理念方面。高等职业教育的实质是一种普及性的技能教育，其目的在于促使和帮助受教育者获得自我生存的技能以适应社会发展和经济变革等因素对劳动力的需求，而普通高等教育则更为注重理论基础。高职教育和普通高等教育的关联性主要体现在两者都要以一定的学科知识为基础，这些基本的原理和理论在根本上是相通的，这也奠定了两者进行沟通衔接的基础。

在农业发展阶段，整个社会对劳动者的要求并不高，劳动技能通常简单且重复性强，对知识文化水平的要求也不高。随着社会的发展，技术不

断进步，社会岗位的复杂性不断增强，现代化、工业化及当前信息化的发展对劳动者提出了新的要求，技术人员不仅要掌握熟练的操作实践技能，也要求其具有更高层次的理论知识和创新能力。也就是说，更高的专业知识文化及应用技能的掌握和更新成为当前的需要，高职毕业生在基本知识和理论以及技术应用等方面面临着更大的挑战。应用型大学的发展可针对高职教育人员技能进一步提升、发展及更新的问题，为高职学生提供学习和深造的机会。总而言之，应用型大学的建设是对高职教育的一种提升。

五、高等教育系统"中部塌陷"亟须高水平应用型大学

高等教育的发展必须与社会相契合，高等教育人才的培养结构特征等也必须与社会和经济发展的需要相一致。国家对传统综合性、研究型大学的发展一直保有严格的控制和要求，这种制度的惯性使得研究型大学的发展路径一直比较平稳和清晰。而我们国家对应用型大学关注时间尚短，是伴随着市场经济发展和经济转型对某类型人才的需求而产生的。当前，应用型大学多以地方性院校为主，其办学基础资源的获取主要是由地方政府的财力和物力支撑。由于国家政策关注度的问题，地方层面和国家层面对应用型大学的要求还停留在合格性要求上，虽然其办学技术设施和师资力量能够达到基本标准，但是却无法实现更宽广和更高层次的发展，使整个高等教育在结构上呈现"中部塌陷"的现象。

应用型大学在我国教育强国策略中不可或缺。针对这一问题，我国积极开展顶层设计，实施高效的分类管理，并出台了一系列鼓励应用型大学发展的政策。在2016年，包括国家发展改革委和教育部在内的多个政府部门联合发布了《关于编制"十三五"产教融合发展工程规划项目建设方案的通知》，提到国家拟投资100亿元用来进行高水平应用型大学的建设。在中央政策出台的基础上，地方政府纷纷出台针对应用型大学的支持政策。各项政策聚焦应用型大学建设，助力高等教育系统结构的完善。

应用型大学的建设对我国高等教育具有重大意义，而这也构成应用型大学创新的理论与实践基础。

其一，应用型大学的建设是丰富高等教育类型的有效手段。为培养能够适应社会发展和经济转型的应用型、高创新性人才，很多高校采用了新型的教学模式，如选课制、主辅修制以及"模块化"课程等。这样的模式既体现出职业教育课程结构灵活性的特征，又前所未有地打破了传统高等教育基础课与公共课以及专业课之间的界限，实现了传统高等教育与高等职业教育培养的融合，而这种实质上的融合也就是我们所谓应用型大学的产生。应用型大学不仅拥有通常高等职业教育的特征，还具备普通高等教育的主体性特征。应用型大学具有不同于其他类型大学的培养体系与结构，能够通过高层次知识技能的结合适应社会多样化的需求。应用型大学与传统研究型大学和教学型大学的综合建设，能在极大程度上丰富高等教育的结构，改善高等教育人才培养单一化局面，为我国高质量高水平高等教育发展提供可行之路。

其二，应用型大学的建设也有助于优化高等教育区域性布局结构，从而为地区经济建设服务。目前，我国高等教育资源多汇聚在较大的、经济发展水平较高的城市，不少的非省会城市和较小城市没有本科院校，我国高等教育资源的地域分布属于一种不均衡不合理的状态。应用型大学的建设有助于高等教育体系的创新和多样化，为教育区域结构的合理化提供有效策略，对深化高等教育改革具有重大意义。应用型大学在我国创建和发展的时间不长，未形成一种完备的教育类型，但是我们应该意识到，这种新型的高等教育形式和类别在整个高教体系建设和完善中至关重要。

在中国，国家宏观政策的导向以及地方政府的协同统筹是应用型大学蓬勃发展的基础与关键要素。此外，应用型大学是经济社会不断发展在教育领域的产物。中国社会经济的发展、产业升级转型的需要对大学教育提出了要求，国家发展战略和中国经济转型升级需要不同层次、不同专业取向的人才，为适应需求，应用型大学应运而生。总而言之，应用型大学的产生是国际趋势、时代背景、政策推动、经济转型升级的需要，高等教育体系完善内生性需求等多重因素在教育领域共同作用的结果。

第二章

我国应用型大学发展的现状及分析

第一节 我国应用型大学的现状

在多重因素的推动下,当前我国已经形成高校向应用型大学变革发展的3种转变类型。从应用型高校转变前身看,包括部分老牌本科高校向应用型高校转变、部分升本较早的新建本科高校向应用型高校转变,以及少数其他新建本科高校向应用型高校转变。从我国大学自主转型积极性来划分,包括主动转型和非主动转型。顾名思义,"主动转型"意指该高校在深刻认识我国大学发展规律与社会需求之间密切联系的基础上,积极主动、坚定不移地探索应用型大学转型发展之路的办学活动;"非主动转型"则是指该高校在有关政策指引下被动接受转型为应用型大学的办学行为。从我国变革应用型大学的转变目标来看,初步形成了应用型、应用—研究(学术)混合型两个走向。应用型是我国大学变革转型的本质属性,其中部分大学以培养高质量人才、满足社会所需的应用型人才为办学定位,目标明确、培养路径清晰,逐步发展为高水平应用型大学;也有一些高校在建设应用型大学的基础上,同时兼顾发展研究(学术)型人才,即转型为应用—研究(学术)混合型大学。

我国高校向应用型大学转型发展,其人才培养、科学研究和社会服务定位也经历了不断变化的过程。

一、人才培养：从外部引入到中国特色

我国应用型大学人才培养目标的变革分别体现在层次性目标和内涵性目标两方面。其中，层次性目标的走向由外部引入的"应用、高级、技术"向中国特色的"应用型、高层次"方向发展；内涵性目标的走向则由以培养实践能力为主转变为将理论知识与实践能力结合后兼顾培养，再向以培养实践能力为主、突出创新精神和高素质人才培养的方向发展演变。

在我国应用型大学人才培养路径方面，分别从人才培养层次、人才培养规模、人才培养方案以及人才培养模式4个角度体现了由外部引入到中国特色阶段的演变走势。我国应用型大学人才培养层次结构分阶段逐步丰富完善；人才培养规模由外部嫁接阶段"量的扩张"发展为自主探索阶段"专业结构上实现质的转型"；人才培养方案也向更加符合自主探索阶段办学定位的开放式教学发展；人才培养模式向自主探索阶段"工程化""项目教学""模块化"等多形式的政、产、学协同发展。

二、科学研究：从灵活型、半稳定型到稳定型

我国应用型大学对于科学研究职能的认识，体现在开展应用型科学研究，务实应用型科研服务，促进教学、科研、社会服务协同发展等方面。随着社会经济与科研结合、企业产业结构调整，我国应用型大学在科学研究上逐步形成了灵活型到半稳定型再到稳定型3个层次的科研服务优化发展态势。

灵活型服务模式是我国应用型大学提供科研服务初期最常见的、阶段性的、松散性的一种服务模式。它以企业项目、合同等形式灵活地将产、教、研结合在一起，而不是形成结构化组织，其依赖于该项目或合同关系的建立和终止。灵活型服务模式多以科研合作、成果转化以及科技攻关等形式存在。

半稳定型服务模式是针对解决我国产、教、研协同发展服务不足和保障机制缺失等问题而产生的一种基于网络和集群化结构的过渡性科研服务模式。它介于灵活型和稳定型服务模式之间，具有更长期、持续的特点，却又未形成相对独立的、特定的经济实体，通过集聚相关创新主体来实现科研服务协同合作。半稳定型服务模式的表现形式有共建研发机构、大学科技园，以及新兴的协同创新中心模式和智库模式。半稳定型服务模式依托应用型大学的创新优势，有利于形成稳定的产、学、研相互融合的长期合作、发展关系。

稳定型服务模式指我国应用型大学在进行科研服务的过程中，与政府、企业等社会组织建立起稳定的合作关系，创办集产品开发、生产、经营等一体化的独立经济实体，尤其以生产创新性产品为核心。从灵活型到半稳定型再到稳定型服务模式的转变，以及构建多种服务模式共同发展的应用型科研服务体系，是我国应用型大学科学研究的发展趋势，也是探索的必然走向。

三、社会服务：从教学型到教学—服务型

社会服务是我国应用型大学的第三个社会职能，是遵循高等教育内在规律，直接服务于社会的活动。不同类型、不同领域的应用型大学，其社会服务职能的实现也有不同的侧重。就我国应用型大学而言，培养、输送应用型人才以服务地方和开展应用型科研服务皆是在履行其社会服务职能。

新中国成立后，我国涌现出一批早期的应用型大学。我国特有的社会主义制度，促使这批早期的应用型大学呈现服务社会并推进我国高校转型发展的重要职能。1983年，邓小平同志强调，教育要"面向现代化、面向世界、面向未来"，教学型模式开始发生转变；1991年，国家教委《关于加强普通高等专科教育工作的意见》的颁布，预示着我国应用型

大学向科学研究服务方向发展，即由教学型向教学—服务型大学转型发展；2010年《国家中长期教育改革和发展规划纲要（2010—2020年）》中提出，要充分发挥应用型大学在创新体系中的优势，鼓励应用型大学在知识创新、技术创新、国防科技创新和区域创新中主动承担服务社会的使命。

当前，我国高校的社会服务模式逐步由教学型向教学—服务型转变。因受不同时期的社会发展规划、产业结构、人才定位等众多因素影响，应用型大学社会服务模式和服务能力也都随之发展。横向看，教学、研究以及社会服务是我国应用型大学转型发展的基本职能。所以由教学型向教学—服务模式的应用型大学转型，其实质是确立教学与社会服务双中心，同时兼顾应用型科学研究，既保障自身稳定发展又得以服务社会的良性互动关系。

从产生动因和发展现状来看，我国应用型大学顺应了国际趋势、时代背景、政策推动、经济转型升级需求，高等教育体系完善内生性需求等多重因素驱动而产生。当前在多种转化路径下已经取得了重大进展，人才培养、科学研究及社会服务等多方面也随着自身发展的成熟和各方的努力呈现出日趋完善的特征，但我国应用型大学的推进仍然面临着多方面的发展困境。

第二节　我国应用型大学的特点

应用型大学是为地方经济建设服务的地方性大学。我国的应用型大学以应用型本科为主体，包括经由原有普通高等院校转型而来的应用型大学，也包括新建的直接定位为应用型的大学。应用型大学的建设以市场为导向，培养的是社会经济发展过程中各行各业所需要的专门人才。在数十年的发展过程中，我国的应用型大学不断作出调整，在培养目标、课程体系、教师队伍、教学方法、发展模式等方面都形成了自身的特色。

一、指向"应用"的培养目标

应用型大学的培养目标是能够熟练运用知识，解决生产实际问题，适应社会多样化需求的应用型与知识型人才。应用型大学同高等职业院校之间存在着一定的相似性，但是二者并不完全等同，应用型大学相对于高等职业技术学校来说，它指向的目标层次更高，所谓"应用"是一个比较综合的概念，简单来说是社会需要什么样的人才，应用型大学就培养什么样的人才。改革开放尤其是进入21世纪以来，社会经济结构几次发生变革，新兴产业层出不穷，尤其是高新技术产业占据国民经济发展的重要地位，第三产业所占比例扩大。基于社会经济结构的变革，原有的高等教育体系已不能完全满足社会生产的实际需要，势必要作出调整，应用型大学就是在这样的时代背景下产生、发展的，"应用"性质的目标指向同样是为了满足社会实际发展的需要。

"应用"指向包含两个方面的含义：其一，要从应用中来。应用型大学培养目标的确立要密切联系社会实际发展的需要，优先考虑的是迫切需要，即发展过程中的紧缺型人才。其次要考虑长效发展需求，任何一个行业要取得可持续性的进步发展，其中必有几个要素是基本性的存在，即便发展会因时作出调整，但根基不会变，也可以称之为支撑性专业，这些专业方面的长效需求也是应用型大学需要考虑的重点。其二，要到应用中去。培养出来的人才确实是社会发展所需要的人才，也确实能满足社会发展的需要，"是"和"能"是两个概念，"是"体现的是针对性，"能"体现的是有效性，二者缺一不可。一旦所培养出来的人才进入实际领域而没有实现预期的效果，还要作出调整。所以"从应用中来，到应用中去"还蕴含着一方面含义便是变化，因时因地作出调整才是实现"应用"的必要举措。

二、各具特色的课程体系

以培养应用型人才为目标的课程建设要围绕着加强学生的实践能力、提高学生的理论修养、强化学生的知识应用、提高学生的综合素质这一目标展开，课程建设强调具体性和可操作性。谈课程体系，首先要谈专业设置，应用型大学区别于研究型大学的其中一个很大的特点是专业设置的独特性，在应用型大学中，各项极具特色甚至是以前从来没有出现过的专业都有可能出现，比如茅台学院的酿酒专业、江汉艺术职业学院的小龙虾专业、深圳大学的高尔夫球场管理专业、云南师范大学的马铃薯专业、青岛农业大学的马科学专业等，这些专业都是随着时代的发展应运而生的，是针对当地经济发展的实际情况而设置的。除一些新设的具有应用性的专业以外，一些传统的专业也向应用型转变，比如物理、化学、统计学等专业，走向应用物理、应用化学、应用统计学。整个专业设置的结构性调整导致课程体系的多样化，不同的应用型大学所设专业有其自身特色，依据专业而形成的课程体系也各具特色，不同的专业形成不同的课程体系，完全从专业本身出发而设置课程体系，其共同点是注重应用性，也就是说大多会有实操类的课程。

构建起具有独特性的课程体系是一所应用型大学取得企业关注、社会认可的重要举措。课程承载着教学目标的指向性，基于教学目标从而设置课程体系，这是高校发展的内在逻辑。应用型大学面向的是社会各行各业各不相同的人才需求，不同的时代、不同的地域、不同的办学主体等要素都会影响到人才需求的类型，应用型大学需要做的就是在纷杂的需求中找准自己的定位，从而构建起具有针对性并具有时效性的课程体系，课程在具体设置环节必须考虑企业生产发展的各个环节，依据生产发展的阶段性要求设置系统性的课程体系。

三、"双师型"的教师队伍

应用型大学的师资建设是关键。由于应用型大学办学理念和办学定位的明确指向性，指向社会经济发展各行各业的实际需求，所以，在教师基本素质和能力的要求方面也有别于传统师资的基本要求，目标的实践性指向也加强了对教师实践能力的要求。在应用型大学发展的过程中，提倡"双师型"的教师队伍，"双师型"教师既要具备系统的理论能力，又要具备娴熟的实践能力。而实践能力的培养则仰仗于实操，所以，研究型大学的师资在应用型大学领域并不能完全胜任。为此，需要大力培养应用型大学的师资队伍，特别是要深入探索应用型大学的研究生教育工作，为应用型大学培养和输送合格的"双师型"师资。

"双师型"教师强调的是教师的全方位能力，除具备一般教师的基本素质之外，还应具备较强的行业性。也就是身为应用型大学的教师，应该对自己所教授行业的基本理论知识、内在发展逻辑、行业道德素养，甚至是行业企业文化等细致的问题有一个全面而系统的了解。除此之外，身为应用型大学的教师，还应具备极强的市场敏感性，任何一个行业、任何一个企业的发展都会受到市场调节作用的影响，市场的风向甚至会决定企业的存亡，所以，教师势必要对行业企业发展的市场环境有清晰明确的认知，这样才能保证自己所教授的知识及能力是市场切实需要的，并要具备根据市场需求实时作出调整的能力。

四、多样化的教学方法

应用型大学的教学方法要采用多种教学形式，注重案例教学法的应用。应用型大学的专业并没有很强的一致性，涉及社会生活的方方面面，企业生产的各个领域，所以教学方法也没有固定的模式。方法要从内容本身出发，内容不同方法也就不同，不同的学校、不同的专业、不同的课程有不同的教学方法，案例教学法只是常用的方法之一，因为应用型大学指向的是实操，而案例教学恰好可以提供操作演习的模板，所以广为应用。除案例教学法之外，项目教学法也是应用型大学中常见的一种教学方法。项目教学法适用于实操性较强的专业的学习，比如，食品专业某一类食物的制作就可以利用项目教学的方法，首先明确教学对象、学生学情等前提条件，然后确立教学目标、教学内容及教学方法，最后实施教学，在项目教学法的指导下，教学过程基本包含确定项目任务、制订项目计划、项目准备、计划实施、汇报评价等几个环节。这一教学过程是典型的理论与实践相结合，包含实操的环节，同时包括对理论的验证与探讨。

教学方法的多样性是保证教学活力的重要举措，也是调动学生学习积极性的重要方法，同时也是满足不同专业教学要求的重要保障。依据专业的特性确立行之有效的教学方法是应用型大学发展的重要环节。

五、产学研相结合的发展模式

应用型大学强调应用，产学研相结合模式下的校企合作是实现应用的有效途径。所谓产学研相结合，是指将生产、教学、科研结合起来从而培养人才，在这个过程中，应用型大学作为学生与企业之间联系的桥梁，起着关键性作用。

在产学研相结合的模式之下，企业具备一定的话语权，可以参与学校的课程开发和目标确立等环节，同时企业也应该承担起应有的责任，为学校提供教学的资源、实训的场地等。为了确保企业在这种发展模式中的积极参与，国家应该从政策方面确保企业能够在校企合作中获得利益，因此政府要对参与校企合作的企业给予一定的税收优惠甚至是资金支持，同时也可以给予企业在选拔员工、培训员工等方面优先权，这些举措都可以调动企业参与校企合作的积极性，从而更好地贯彻产学研相结合的发展模式。

在产、学、研相结合的模式之下,应用型大学的目标确立、专业设置、课程实施、科学研究都直接面向产业发展的实际需求。其一,当地企业发展需要哪一类型的紧缺型人才,应用型大学便培养哪一类型的人才,并为此确立课程体系,尽力实现培养出来的人才与企业需求的对接;其二,应用型大学的科研不同于传统学术型大学的研究,它的科学研究有更加明显的针对性且研究问题更为具体。一般而言,应用型大学的科研首先面向的是当地经济建设中出现的实际问题。"立足于当地的社会实际发展需要"是研究的出发点,"企业发展的有效措施"是研究的切入点。应用型大学的科学研究是要切切实实解决实际问题,研究的结果就是为了运用,所以研究问题必须要具体,研究过程必须要细致。研究成果的转化性明显比学术型大学要高,而要保证有效的转化性,就要在学校与企业之间建立密切的联系。

总之,中国应用型大学在长期的发展历程中已形成自身的特点,教学目标指向应用,教学内容多元,教学方法多样,师资队伍双师型,校企合作的发展模式,但在实际的发展过程中,各应用型大学之间存在发展参差不齐的状况,也有部分应用型大学的建设只停留在口号层面,这是接下来需要重点改进的地方。

第三节　我国应用型大学发展的经验总结

从我国应用型大学的产生到现在已经经过了数十年的发展,地方普通本科院校和新建本科院校向应用型转变已成为一种共识,我国应用型大学的建设取得了一定的成效,并形成了一定的办学特色,但是由于传统观念及社会发展条件等诸多因素的限制,我国应用型大学的发展就事实而言仍旧处于初步发展阶段，各个方面还不成熟，存在不少的问题。基于取得的成效和存在的问题，应用型大学在发展的过程中应注意以下几个方面的问题。

一、科学定位：明确相关概念

"科学定位"要解决的是理论指导层面的问题，理论指导实践，理论不清则实践困惑，所以先要明确应用型大学发展的相关理论。

其一是基本概念的问题。进一步明确应用型人才、应用型大学、应用型教育等相关概念，以提供理论层面的指导，尤其应用型大学直接面向的是当地社会经济发展，所以各应用型大学除符合一般应用型大学的基本定位外，还应结合当地以及自身实际情况有自己的特色定位，只有定位准确，才能进一步明确培养目标、人才培养模式等问题。要想进行科学定位，宏观上来说要对应用型大学本身、社会经济发展有清晰明确的认知，微观上来说每个学校要对自身的特色及条件、直接面向的实际需要有一个准确而直观的认知，才能在符合应用型大学的基本要求下建设独具特色且具竞争力的学校。

其二是发展逻辑的问题。每一项事物都有其固有的发展规律，应用型大学发展所涉及的各要素之间的系统性是必须要考虑的问题，如基本的理念、目标、教师、学生、教学等。而且要在"应用型"的大背景下来确定不同于普通院校的各要素，同时要考虑其间的契合度，这些都是需要进一步探讨并解决的问题。

而要想解决这一问题，就需要相关学者肩负起自身的担当，进一步去研究、去探讨，从而提供理论层面的可借鉴性成果。应用型大学本身也要具备自我探索的意识，最了解自己的永远是自己本身，结合现有研究成果，从自身实际条件出发，是应用型大学取得实质性发展成果的必由之路。基本理论问题解决之后，才能考虑接下来的具体操作问题。

二、政策导向：完善政策体系

我国应用型大学的发展与国家政策支持密不可分，虽然现在国家及地方政府出台了一系列引导普通高等院校向应用型大学转变的政策，但是与其他类型的高校相比，涉及应用型大学的政策还不够系统，也不够具体，需要进一步加强。比如，关于高等职业技术学校，国家出台了《高等职业学校设置标准（暂行）》（2000年），关于普通本科学校，国家出台了《普通本科学校设置暂行规定》（2006年），分别为高职院校和普通院校提供了明确的设置要求和运行标准。但是在应用型高校领域，并没有出台类似的文件，这就导致在实际的发展过程中会存在一定程度的轨道偏离，一方面是自我摸索的不科学性，另一方面是直接借用其他类型高校标准的不科学性。

首先，随着应用型大学的转型发展与扩张，一些针对性的标准文件必须出台，国家必须将这些院校考虑在内。可以专门制定应用型院校设置标准，也可以在《普通本科学校设置暂行规定》的基础上，增加应用型本科院校的相关内容。当然，院校设置办法只涉及最基本的标准，还应构建切合应用型大学运行发展的评价指标体系，为其基础设施、专业建设、师资队伍、人才培养、应用研究和社会服务等设定评价依据。

其次，国家需要出台一些"指引发展"性质的文件，即应用型大学转型发展的具体指导文件，可以仿效"211工程"、"985工程"、"双一流建设"高校等政策，也逐步确立应用型大学的示范院校发展文件，即应用型大学重点建设计划。建立试点，先发展一部分然后带动整体发展是我国的发展特色，各个领域都是如此。应用型大学的建设也可采取这样一种发展模式，设立应用型大学重点发展计划，在面向研究型大学的"双一流"建设和高职院校的"双高"计划之外，增设专门指向应用型大学的卓越计划，形成完整的一流高校建设体系。将会大大提高院校转型的动力，推进应用型大学快速发展。

再次，资金等各项资源的配置是保障高校持续向应用型大学转型发展的现实条件，所以国家需要建立应用型大学发展的专项基金，资金的保障是发展的最基本条件。

最后，在教师方面设置应用型大学的教师标准及培养方案，在课程方面开发适应应用型大学人才培养的多样教材，要针对不同地区、不同学校、不同专业提供具有针对性的譬如实践基地等方面的建设。

总之，国家政策要切实起到引导与保障的双重功效，宏观与微观相结合，既有方向引导性文件，又有支持保障性政策，更有指示发展性指令，构建起属于应用型大学的系统的政策保障体系。

三、实践改进：以市场促改革

应用型高校与其他类型学校相比，最大的特色是与实践需求之间实时而紧密的联系，所以在具体的发展过程中，应用型高校发展的第一原则是要以市场为导向。

首先，以市场促改革要实施"产学研"相结合的发展模式。市场需求的变化是社会经济发展自然而然的结果，产业界对于市场风向的转变，人才需求的倾向反应最直观、最迅速，所以产业界参与应用型大学的发展是有效的措施，"产学研相结合"是近来比较热门的提法，事实也证明产学研结合是应用型大学发展的有效途径，这就需要政府搭建平台，推动企业与学校之间建立紧密联系，如政府支持200所高校成立了应用技术大学（学院）发展联盟，作为改革创新、协作交流、学术研究和校企合作的平台；支持每年在驻马店举办的产教融合国际论坛，2017年有8家企业和20余所高校签署合作协议；中国通信业的领军企业中兴通讯与88所高校共建了ICT产教融合创新基地。在产学研相结合的过程中实现的是一种双赢。

其次，以市场促改革要发挥民间资本的力量，集中体现就是民办应用型大学的创建。民办应用型大学往往更能体现市场的实时需求，而且大多数民办应用型大学都是由当地支柱性企业支持的,所以可以有针对性地设置专业进行人才培养,并实现学生的有效就业,这是真正地从应用中来,到应用中去。所以国家要大力提倡民间力量创办应用型大学并为其提供政策支持。

最后,以市场促改革体现在应用型大学建设的各个环节。各应用型大学要想形成自身的办学特色也是基于此,从理念的确立到目标的确定,从专业的设置到教学的实施,从课程的开展到结果的评价,各个环节都要以市场为导向。

不论是理论层面的进一步探讨,还是国家政策方面的指引,最终目的都是要提高应用型大学的办学水平,以真正实现其为社会经济发展服务的目标。在这一系列过程中,引导人们转变对于应用型大学的看法并对其形成科学的认知,从而为应用型大学的发展提供"国家引导、社会认可、企业支持"的发展环境。

第四节　我国应用型大学发展的未来困境

我国应用型大学的产生是高等教育大众化背景下高等教育结构调整及社会经济发展的客观要求,也是大众化进程中产生的同质化高校实现自身差异化发展,提升学校竞争力的必然选择。多年来,在国家各项政策的支持下,各所应用型大学在应用型人才培养、匹配人才供给与市场需求等方面取得了良好成效。然而,由于起步较晚,历史底蕴浅薄,我国应用型大学在较短的时间内还无法完全应对急剧变化的社会形势带来的新形势、新要求,暴露出一些制约其发展的突出问题。

目标定位方面。人才培养是高校的根本任务,人才培养目标则直接决定着高校的办学方向及一切与其相关的活动方向。在我国应用型大学建立之初，有相当大一部分学校对人才培养目标的认识不清，或将其定位于高职高专层面，即未区分职业技术人才和高级应用型人才；或将应用型大学与普通本科的人才培养目标混淆，即把重心放在"升本"后的教育层次提升，关注"本科"二字而忽略了其"应用"属性。如今，我国应用型大学大多都已明确调整为应用型人才的培养目标，与国家政策导向保持一致，但应用型人才培养目标只是一个粗略的定义，不同地域、不同需求、不同专业都会赋予应用型人才培养目标差异化的内涵。

课程与专业设置方面。如上所述，应用型大学与普通本科、高职高专的人才培养目标不同，课程与专业设置自然也会存在很大差异。普通本科更多强调学术性、理论性，应用型大学无论是专业的设置还是课程的结构最终都要落在应用性、专业性上，需要培养精通专业领域理论知识、具备专业实践能力的人才。应用型大学与高职高专都具有实践属性、技能属性，前者较后者而言，区别在于学生毕业后的职业发展路径较宽、职位层次较高。由此，两种类型学校的课程与专业也自然有所不同。应用型大学的专业需要根据区域社会经济发展随之调整，实践课程的学习尤为需要企业的大力协助。然而，应用型大学目前主动因需调整专业设置的意识不强，不求精但求全；理论与实践课程结构不合理，理论主导、实践从属的情况依然存在；校企合作作为培养学生实践能力的绝佳途径却未受到企业、学生的高度重视，合作不够深入。企业认为学生只是一个"过客"；学生认为到企业实习只是"参观""打零工"。

师资与教学方面。相比普通高校，应用型大学急需兼具教学能力强、实践经验足的"双师型"教师。然而，我国"双师型"教师还存在较大缺口。应用型大学原有教师具有讲授理论知识的较高造诣，但将实践知识贯穿理论知识之中还显得有些力不从心。即便应用型大学也采取了一些诸如企业挂职、产研合作等方式来增强教师的实践能力，但实际效果不佳，这与教师自身观念及当前对应用型教师的评价考核有很大关系。由于应用型大学能够提供的待遇和平台有限，难以吸引外部能够提供实践教学的高层次人才。以上种种困境直接制约着应用型大学的实践教学工作，教师无法将所学知识与当地经济、产业情况有机融合，无法将企业中的实践知识与课本中的理论知识相互交叉。另外，在现有教学方式中，大多应用型大学仍以教师讲、学生听的传统授课形式为主，不利于培养学生对实际问题的思考，也不利于学生理论知识和实践能力的相互构建。

科研与社会服务方面。科学研究是高等学校的重要职能之一，大学职能从单一的教学到双职能的教育、科研，再到服务社会职能的出现已经充分说明，"象牙塔"并不能独立于社会而存在。对本身就以"应用"二字为名的应用型大学而言，更是如此。由于学校在建校初期对社会服务认识不足，自身定位偏差等原因，我国应用型大学的社会服务还存在着层次不够、主动意识不强等问题。应用型科研是应用型大学服务社会、服务区域经济社会发展的重要途径。然而，在发展应用型科研方面，我国应用型大学专职教师学术研究思想浓厚，加之外部科研评价导向，大多仍将科研重心放在个人兴趣及论文发表上，以致无法组成高水平的科研队伍，以研促教的效果甚微，应用型科研成果转化不足；在对接企业需求、助推企业解决技术难题方面还存在较大差距。随着我国对应用型大学建设与发展重视程度的不断提升，先行发展的欧美国家应用型大学备受我国教育部门及学者关注，成为我国高等教育领域的重点研究对象。

当前，我国经济发展已经进入了新常态，优化升级的产业结构对应用型人才的需求发生了重大变化，对应用型人才的培养也提出了更高的要求。良好的宏观环境已经为应用型大学的发展提供了绝佳契机。如何在机遇与挑战并存的经济新常态背景下，借鉴国外应用科学大学的优秀经验，进一步走好我国特色应用型大学的办学之路，培养出国家所需、地方所需的应用型人才，服务经济社会发展是现阶段所必须开展的重要课题。本书将基于现实和理论需求，通过对英国、德国、芬兰、美国、加拿大、澳大利亚、新西兰、日本、韩国和新加坡10国应用型大学发展历程、发展现状及实践案例的分析，深入探讨欧洲、北美洲、大洋洲和亚洲部分国家应用型大学建设和发展的启示，致力于为我国应用型大学的发展与完善提供坚实的理论依据与基础。

第二部分

欧洲应用型大学的发展经验

PART 02

第三章

英 国

英国全称为大不列颠及北爱尔兰联合王国，由英格兰、苏格兰、威尔士以及爱尔兰岛东北部的北爱尔兰共同组成邦联制国家。1535年，威尔士成为英格兰王国的一部分；1707年，苏格兰与英格兰合并为大不列颠王国；1800年，大不列颠王国及爱尔兰合并成为大不列颠与爱尔兰联合王国；1922年，爱尔兰共和国独立，爱尔兰北部仍留在联合王国内。

英国高等教育历史悠久，2020年QS世界大学排行榜的前10名，就包含4所英国大学，足见其高等教育实力。近年来，英国颁布的系列政策，对英国教育的发展特别是高等教育的发展产生了巨大的影响。英国作为曾经的"日不落帝国"，具有强大的经济地位，高等教育的辉煌与其息息相关。大学自治是其成立之初就具有的特征，同时国家政策推动更是保障了英国高等教育的发展。英国的高等教育与其他国家有所不同，英国传统大学、教会学校、世俗学校并存，使其独具特色，非常值得研究。

第一节　发展历程

一、产生背景

在20世纪初，英国是世界上头号强国，当时美国偏安一隅，德国的威胁还不为人知，俄国尚落后，日本刚刚露头，中国则被人宰割，世界其他国家都不能与英国匹敌，只有法国是英国的老对手，而此时显然已经位居下风。然而，20世纪末人们回头看，世界的变化竟如此之大！英国之前非常辉煌，在每一次的斗争中都是赢家，但最后却输得最厉害。现在很多人已经忘记英国曾经是世界上最强的国家，忘记了历史上的"英国时代"。我们可以对英国的政治、经济发展进行梳理，以此来看对英国高等教育的影响。

（一）政治背景

海在英国人的生活中是一个重要的因素，古代社会因海的便利带给大不列颠人开放的文化价值观，近代时期，大不列颠人为寻求财富而通过大海走遍全世界。中世纪的英格兰国王因海的屏障而不必保有常备军。近代初期这个民族比欧洲许多国家都更早地实现了政治统一。航海的便利和海的屏障作用同在，英吉利海峡把英国与大陆相隔，使英国既容易保持独立，又避免了岛国常出现的孤立、封闭和停滞。在古代，它把英国带到古代文明的摇篮地中海；它又给英国带来基督教、文艺复兴和宗教改革。16世纪以后，世界商业贸易的重心从地中海移向大西洋。曾经英国位于文明世界的边缘，突然变成处于世界文明的中心，因此更加努力奋发。这一切与海岛的独立、海的屏障和航海的便利息息相关。

大不列颠国家产生和统一在盎格鲁—撒克逊时代，受原始社会氏族军事首领公选制的影响，产生了"贤人会议"作为特有的中央机构，其成员主要是教士、贵族和地方官员，由国王主持，会期不定。"贤人会议"是一个民主性机构，具有行政、立法和司法权力职权，制约国王，也是国王的助手。管理制度是郡、区、村3级管理。1258年召开的牛津"国会"，决定把权力交给封建大贵族，引起市民们的不满，于是1265年孟福尔召开了由贵族、市民参加的等级会议，这成为英国议会的开端。之后，王权被议会限制，由资产阶级、新贵族控制，英国资产阶级革命开始。英国斯图亚特王朝复辟时期，在议会内部形成了代表不同阶级利益的政治派别。最终形成两个政治派别：辉格党和托利党。其中，辉格党代表新兴资产阶级和新贵族的利益，主张限制王权，提高议会权力；托利党代表地主贵族利益，维护君主特权。19世纪30年代，英国基本完成工业革命，社会阶级结构发生重大变化，形成两大对立的阶级——资产阶级和无产阶级。统治阶级在原托利党的基础上组成了保守党，以土地贵族为核心。在原辉格党的基础上组成自由党，以代表工业资产阶级利益的改革势力为主。20世纪初，工业革命不断发展和工人阶级队伍不断壮大，工党开始崛起。从1924年开始，工党取代自由党，与保守党轮流执政。

英国的王朝经历了改朝换代，已经有1000多年的历史，其权力也逐渐缩小，已经成为行政性的权力。1688年《权利法案》确立君主立宪制，英国王室被保留下来。2008年的一项民意调查发现，70%以上的民众仍然同意保留王室。英国王室在第二次世界大战中表现出的勇敢和尊严，使英国人民万众一心，克服了很多困难。同时，顺应历史发展，不断放弃让渡权力。

现在，英国为议会制君主立宪制的政治体制。君主为国家元首、军队最高统帅和宗教最高领袖，拥有权力来任免内阁首相、大臣与高级法官，召集和解散议会、批准和公布法律以及对外宣战、任免主教等。但是实际上，英国君主只是象征性、形式上的领导人，负责接待外国元首，可以对内阁的提案给予建议，但是原则上不可以驳回提案。国家权力的实际控制者是议会和内阁。议会由上议院和下议院两院组成，上议院没有多少实际权力，对下议院的议案只能搁置一段时间而不能驳回。它由贵族和英国国教的大主教等组成，目前总人数为825人，其中约700人为终身贵族；下议院是真正的权力机构，由650名通过选举产生的议员组成，两大政党通过竞选争夺下议院席位。获多数席位的政党成为执政党，负责组织内阁和行使国家行政权，并控制议会，掌握立法权；获少数席位的政党成为在野党，可监督政府或牵制政府的活动。内阁首相兼掌行政、立法大权,是英国政府的核心人物,由他选定内阁成员来担任国家核心部门,如外交部、国防部、财政部、内务部等部大臣以及大法官、枢密大臣等。英国有650个选区,每个选区的选民人数大致相等,由于英国由4个部分组成,历史上是4个不同的国家,因此,发展到现在仍然保有相当大的独立政治权利。

(二)经济背景

英国的经济发展,不得不提的是工业革命。工业革命,也称产业革命,是指资本主义工业化最初的历程。18世纪下半叶到19世纪中叶,英国资本主义生产完成了从工场手工业阶段向大机器工业阶段的过渡。英国工业革命的成功离不开两个方面,一是农业改革,二是航海业的发展。

其一,农业方面。英国在工业革命之前,甚至更早的时候,已经开始了农业技术改革,使英国农业一度成为当时最先进的农业,为工业革命提供了必不可少的条件。英国有重商的传统,制定《谷物法》,促进了农业发展。14世纪到15世纪,英国牧羊业发展快速,发生了"圈地运动",历史上称为"羊吃人"的时期。它推动了旧封建土地制的瓦解,建立了土地私有制,产生了新贵族,推动了农业经济商业化发展。在这个过程中,土地被集中在了新贵族手中,他们在经济利益上是和资产阶级利益结合在一起的,建立新工业部门。同时,被剥夺土地的农民,积累大量的廉价劳动力。早期的圈地运动是把耕地变成农场,但随着工业人口的增长,圈地运动的目的发生改变。英国农业改革的结果,保证了资产阶级农场制的发展。同时,它不是沿着发展农民经济的方向进行,而是沿着剥夺农民发祥地进行的。

其二,航海业方面。北海、英吉利海峡、凯尔特海、爱尔兰海和大西洋包围着英国。东临北海,与比利时、荷兰、德国、丹麦和挪威等国相对;西邻爱尔兰,横隔大西洋,与美国、加拿大遥遥相对;北过大西洋可达冰岛;南穿英吉利海峡33千米即为法国。英国总国土面积为24.41万平方千米（包括内陆水域）。其中，英格兰地区13.04万平方千米，苏格兰7.88万平方千米，威尔士2.08万平方千米，北爱尔兰1.41万平方千米。《航海条约》颁布，使得英国航海业空前发展，利用其海岸线长的优势，一直到19世纪初，发动了近200次对外战争，征服和掠夺海外殖民地。"日不落帝国"的旗帜，插到了各大洲。1600年成立了"东印度公司"，垄断了中英、印英之间的贸易往来，把印度种植的鸦片转卖给中国，赚取了丰厚利润。1610—1640年，英国的外贸额增长了10倍。一个近代英国逐渐建立起来，积累大量资金，更新生产过程，英国呈现一片欣欣向荣之景。经济学家威廉·配第得出结论："从业之利，农不如工，工不如商。"英帝国四处伸手，占领的殖民地越来越多，先后战胜了西班牙、荷兰和法兰西，号称"日不落帝国"。英国在殖民地间进行贸易往来，获得了不菲的收入。马克思这样写道："美洲金银产地的发现，土著居民的被剿灭、被奴役和被埋葬于矿井，对东印度开始进行的征服和掠夺，非洲变成商业性猎获黑人场所；这一切标志着资本主义生产时代的曙光。这些田园诗式的过程是原始积累的主要因素，随之而来的是欧洲各国以地球为战场而进行的商业战争。这场战争从尼德兰脱离西班牙开始，在英国的反雅各宾战争中具有巨大的规模，并且在对中国的鸦片战争中继续进行下去，等等。"[①]要生产更多的产品，赚取更多的利润，资本家不得不考虑，如何用机器去代替人手。于是，一场改进技术、改良机器的创新浪潮，在英伦大地悄然兴起。

"珍妮机"的发明是从根本上改变英国工人状况的第一个发明，棉纱的产量增加，新机器又降低了纱的生产成本，从而降低了棉布的价格，使得原本就在增长的需求量继续增长。随着18世纪棉纱和棉织工业的机械化，引起了有关纺织机器的改良和发明，出现了各种各样的机器，把手工劳动的阵地一个接着一个地占领下来。1782年，瓦特发明了蒸汽机，使机器从

[①] 马克思恩格斯选集（第2卷）[M].北京：人民出版社，1972：255.

根本上代替了人力。工业革命是资本主义生产力发展过程中最重要的一次飞跃，也是无产阶级形成的过程。到了19世纪初，英国城市人口已经超过了农村人口，在城市人口中主要阶级是相互对阵的工业无产阶级和工业资产阶级。

20世纪70年代初，英国社会危机四伏：物价飞涨、生产停滞、失业率居高不下。1979年，54岁的撒切尔出任英国首相，临危受命，推行自由经济，大刀阔斧地改革政府管制，推行福利制度。这本是用来调和社会矛盾的，但发展到现在，庞大的福利体系就如鸡肋，弃之可惜，食之无味，真可谓骑虎难下、苦不堪言。2016年底，英国宣布设立一项总规模为230亿英镑的国家生产率投资基金，用于在未来5年进行基础设施和创新方面的投入，并制定有利于科技创新的税收体制，以此来提高生产率，应对脱欧挑战。此外，英国政府加大对科技研发的投入力度以及对创新企业的扶持力度，提高创新成果在英国境内的商业转化率，使得科技创新创业成为强有力的经济增长动力。此外，英国政府继续推动"北方振兴计划""工业2050"等产业政策和地区发展规划，希望有效降低英国生产研发成本、物流成本和税收成本。政府承诺继续加大基础设施投资，新计划涉及4600亿英镑公共和私人投资计划。英国继续推进财政整固计划。实行稳定、可持续、负责任的财政政策，通过优化税收、打击逃税和避税行为、减少政府支出等手段恢复财政平衡，短期内将结构性赤字降低到2%，公共债务占GDP比率预计于2017/2018财年达到最高值后出现下降。2017年3月29日，英国政府启动脱欧程序。英国首相特蕾莎·梅决定于6月8日提前举行大选。英国脱欧后，英国未来经济发展存在较大变数。

（三）教育背景

英国拥有世界上最著名和古老的高等教育机构——牛津大学和剑桥大学。这两所大学历史悠久，举世闻名。它们不仅是英国高等教育的骄傲，也是世人梦寐以求的求学之所。然而，追溯英国的教育历史，比中国要短得多。英国在历史上，无数次被征服，早期的英国人并没有国民教育的观念，甚至在语言规划方面也没有固定的传统，直到文艺复兴之后，英语进入了现代英语时期，英国教育才开始了长足的发展。英国现行的教育制度是在1944年《巴特勒教育法》的基础上建立起来的。但在此之前，英国的高等教育已经有了长远的发展。

17—18世纪，英国处于封建时期，教育具有封建主义的特点，被认为是宗教活动或民间活动，政府不予过问。这一时期教育的主导思想是自由教育传统，也被称为"博雅教育"。纽曼在《大学的理想》中进行了阐释：大学是一个传授普遍知识的场所，大学的课程不应该局限在特定的专业和学科中，其目的应该是保证知识的系统化和完整化。此时的初等学校归教会掌管，且与中等教育不相衔接；中等教育阶段的公学和文法学校，甚至高等学府都带有经院主义特点。虽然资本主义经济发展对英国教育产生了一定影响，受到培根的唯物主义哲学和牛顿的科学成就的影响，大学中开始开设一些自然科学讲座，但由于封建势力的强大，这一时期英国高等教育的主要形式是中世纪的古典大学，最著名的是1168年创建的牛津大学和1209年创建的剑桥大学。英国工业革命极大地促进了资本主义的发展，对英国教育的发展提出了新要求。教育的发展需要得到国家的支持和协调，英国不再因此随着工业资产阶级直接参与政权，而是一反旧传统，从1833年起政府开始干预教育，采用财政补助和监督的方式控制学校，同时逐步建立起国家教育领导机构，出现了不同于旧传统的新的中学和大学。

19世纪末20世纪初英国称霸于世界，但第一次世界大战以后，战争的消耗和经济危机的打击，使得英国的经济、军事和国际地位不断下降。这段时间英国的教育发展总的来说是教育进一步国家化，"国家教育"基本形成。这一时期的指导思想为科学教育思想。斯宾塞认为，教育的目的是为完美的生活作准备，因此，教授给学习者的内容应该同时考虑个人、社会、政治和经济在发展、变化中的需求。这极大地促进了近代科学教育的发展，促进了教育改革。18世纪末掀起了新大学运动，伦敦新学院成立，这是英国第一所具有民主主义、自由主义精神，注重实科教学的新大学。此后，各大城市先后出现地方学院，如里兹学院、利物浦学院等。新大学都是私立的，学生多为工商业资产阶级的子女，不限教派与性别，许多是私立中学的毕业生。1944年教育法案公布，英国国家教育领导机构发生了新变化。原来的地方学院都陆续改为大学，后发展为高等科技大学。但原来的古典大学，如牛津大学、剑桥大学等，则仍然处于英国大学系统的金字塔顶端。

发展到现代，英国的大学按其水平、层次和不同特点，可以分为以下几种类型。

（1）牛津大学和剑桥大学。牛津大学和剑桥大学是英国最古老的大学，其历史可以追溯到12—13世纪。在19世纪伦敦大学成立以前的600多年时间里，牛津大学和剑桥大学是英格兰仅有的两所大学。

（2）伦敦大学。成立于19世纪的伦敦大学是目前除开放大学之外在正规大学中规模最大的大学。伦敦大学的联合学院已拥有大约10万名学生，它的不少学院，如大学学院、国王学院等，规模相当于一般的大学。

（3）城市大学。城市大学大多成立于19世纪到20世纪初，包括达勒姆、曼彻斯特、威尔士、伯明翰、利物浦、利兹、谢菲尔德、诺丁汉等十几所大学。历史上的城市大学在成为正式大学之前，都经历过一个过渡时期（短则几年，长则半个多世纪）。在过渡期内，这些大学称为大学学院。它们无权授予学位，其学生大多攻读伦敦大学的校外学位，学院的课程设置、课程内容和考试制度因此都要受伦敦大学校外学位要求的影响。城市大学设在重要的工业城市，与本地区的工业、经济发展有着密切关系。

（4）新大学。新大学是指在20世纪50—60年代创办的10所大学，包括基尔、苏塞克斯、约克、沃里克、东英吉利、肯特、斯特林、爱塞克斯、兰开斯特、北爱尔兰大学。10所大学中只有基尔大学是1950年以前就存在的。新大学由国家创办,自成立之日起就是正规大学,有权授予学位。创办新大学,主要是高等教育大众化和高等教育实验的需要。新大学注重克服英国教育过早和过分专门化的倾向,扩大学科领域,开设跨学科课程。

(5)技术大学。技术大学是20世纪60年代根据罗宾斯报告的建议,由原来的10所高级理工学院升级的大学。这些大学保留了进行高等技术教育的特点,同时发展社会科学方面的学科,形成综合性大学。

(6)原理工学院升格的大学。根据1992年《继续教育与高等教育法》,原30多所理工学院升级为大学。理工学院以满足地方工业经济发展为主要目的,课程设置齐全,侧重应用。

(7)苏格兰的8所大学。苏格兰的8所大学有4所是在第二次世界大战后建立的,其他4所是著名的圣·安德鲁斯大学、格拉斯哥大学、阿伯丁大学和爱丁堡大学,它们创建于15世纪。苏格兰的大学在管理体制、学制等方面都与英格兰和威尔士的大学有所不同。

二、主要历程

从上一节分类中可以看出,英国的应用型大学主要指的是新大学、技术大学,以及由理工学院升级的大学。1992年3月6日,英国议会通过了《继续教育和高等教育法》,此法案建议允许理工学院以及部分其他学院升格为大学,这标志着运行了多年之久的英国高等教育二元制体制被一个统一的高等教育体制所取代,这场变迁被称作"英国高等教育史上从来没有过的结构改革",是一场"静悄悄的革命"。这些学校为英国高等教育民主化、大众化的进程作出了重要贡献。

(一)英国应用型大学萌芽时期(第二次世界大战后—1964年)

第二次世界大战后,世界形势发生了新变化,"日不落"的大英帝国地位急剧下降,殖民地独立运动的蓬勃兴起,使其海外实力逐步削弱。埃德蒙·金叹道:"两次世界大战的惊人耗费以及后来所负的债务使得英国一贫如洗，为了偿付债务，海外的巨额投资也落入别人的腰包。从前附属国的解放，国外竞争性现代工业的崛起，以及技术革新军事实力中心的转移，使得英国有一阵子看上去就像一个解甲归田而囊中空空如洗的武士"。第二次世界大战以后，英国高等教育存在的主要问题有两个：一是发展缓慢，二是学科结构严重失调、科技教育滞后。为此，英国政府在战后发布了一系列政策和指示，大力发展高等科技教育，同时提供更有力的财政支持。

1944年《巴特勒法案》的发布，是战后英国教育改革的基本法，对英国教育的发展具有划时代的历史意义。该法案确立了整个教育体系中的职业教育，将职业教育纳入公共教育中。虽然该法案鼓励大力发展职业教育，但是受到"重文轻理"的影响，其效果并不理想。1945年《帕西报告》的发布，提出继续扩大职业教育规模，倡导建立一个以大学为核心的完整的专业技术教育体系，加强高等教育和产业发展之间的密切合作。正如Lord Cherwel所说的"这个国家真正缺少的，是可以被描述为像军官一样的，真正训练有素的技术人员，比如在其他重视科学的国家大量存在，诸如麻省理工学院等技术大学一样。要提高科技大学的数量，首先应该建立平等的标准"。在1951年10月25日的大选中，温斯顿·丘吉尔领导的保守党政府重新执政。政府发表了一份4页的高等技术教育白皮书，有3项主要建议：扩大现有技术大学；在特别财政援助下，适当发展理工学院的技术方面高级课程；根据国家工商教育咨询委员会的建议，建立一个新的理工学院。但是，这份报告没有得到真正的执行。

丘吉尔在伍德福德的演讲中曾说"胜利不属于人口最多的国家，而属于拥有最佳教育制度的国家"。1956年，政府发布了《技术教育白皮书》，指出科学技术的快速发展，促进了生产效率的快速提高，这在客观上就要求学校能够培养更多的科学家、工程师和技术员以适应经济快速发展的需要。同时，白皮书认为"技术教育不应过于狭窄地体现职业性，过于限制在一种技能和职业上,技术教育的范畴远远不止材料和机械的学习"。白皮书还规定大量的全日制和工读交替制课程应该在那些专门开设高级技术课程的学院中进行。

第二次世界大战后,英国人口出生率开始回升,20世纪60年代迎来了高等教育的扩张时期。学生对高等教育的需求量增加,社会和产业发展同样提出了高等教育的需求。在这种情况下,《技术教育白皮书》的颁布,成为英国战后高等职业教育的一个转折点。1956年政府发出"教育部35号通讯",决定将理工学院分为4个等级:地方学院、地区学院、大区学院和高级理工学院。之后,英国教育和科学部批准8所学院升格为高级理工学院,而这8所学院后成为英格兰和威尔士职业教育的骨干学院。1961年,教育和科学部利用中央经费支持高级理工学院。

(二)英国应用型大学的创立(1965—1973年)

在20世纪60年代之前,英国一直用大学和非大学来指代高等教育。1961年成立罗宾斯委员会,目的是审查英国全日制高等教育的模式。委员会建议扩大高等教育,以便到1980—1981年将有558000个全日制名额,其中346000个在大学。在1962—1963年仅有216000名全日制学生,其中118000人在大学。它的目的是减少对地方的竞争。20世纪50年代大约3.5%的适龄孩子进入大学,约占具有大学入学资格学生的75%。到60年代初,适龄孩子进入大学已经上升到4%,但这只占具有大学入学资格的60%。同时,建议给予先进理工学院大学地位,使这些大学教育可以在学术和行政上负责,数量计划为10所。[①]

《罗宾斯报告》的发布,揭开了高等教育大发展的序幕,有人称这个时期为"扩张时期"。但是一直以来,大学和非大学机构一直处于一种不平等的位置,而报告的发布无疑是要建立一个统一的高等教育系统。虽然在

---

① David A. Turner, John Pratt. Funding polytechnics in England: An application of non-linear programming [J]. Elsevier Ltd, 1995, 29(4).

本质上并没有改变原有大学的地位，但还是遭到了很多人的反对，他们担忧"这意味着更糟"，这种情况将会降低高等教育的标准。甚至认为，扩大高等教育的目的是政治性的。由此指出两个反对意见：第一，虽然保证了大学的地位，但是真正的扩张速度可能是无法估计的，一旦扩张超出了预期，在大学招生规模一定的情况下，只能扩大理工学院的规模；第二，委员会的职权范围和组成严重偏向大学。委员会的成员中只有一名来自地方当局，成员的思想习惯使他们认为高等教育是大学教育的同义词。由此，确定的是所有的改革应该在大学的指导下进行。普拉特和伯吉斯（1974）认为，这意味着罗宾斯并不是建议建立一个"统一的"高等教育系统，而是"一种最僵化的'二元'系统。因为他们对其身份的假设：高等教育和大学"。

因此，虽然《罗宾斯报告》名义上要建立统一的高等教育系统，但是在他们的假设里，理工学院与大学处于两个不平等的位置上，这使得两者之间的界限更加清晰。

10所高级理工学院升格为大学后，缓解了战后人口的高峰期。让人们意识到，理工学院既能维护传统大学的地位，使大学始终处于金字塔顶尖，同时投资少，缓解政府经费压力，促进了英国高等教育的大众化，能够"多快好省"地发展高等教育。由此，1965年，教育和科学部大臣克罗斯兰德，提出拟在英国高等教育领域实施"二元制"制度，计划成立30多所理工学院以作为非大学部分的主体。1966年，教育和科学部正式颁布关于《理工学院与其他学院的计划》，由此，二元政策确立。计划指出了理工学院的标准，包括对场所的可能需求、工业的需求、是否有住所和高素质的员工和大量的资本资源等。

理工学院的建立大体有3种情况：由原来的几十所各种专科学校，如理工学院、商业学院和艺术设计学院等合并而成，同时增加了一些新的科系和专业建成的多科性质的技术大学；在继续教育学院的基础上，扩大和新办一些技术学科，使继续教育学院更突出技术教育的特点；新办一批新兴学科，如电子计算机、系统控制、生命科学和工业系统等专业，这些专业对人才要求较高，需求量也大，是理工学院重点发展的学科。

表 3-1　1969—1973 年建立的 30 所理工学院

成立年份	多学科理工学院名称
1969 年	哈特菲尔德
	谢菲尔德
	萨德兰
	莱斯特
	布里斯托尔
	布里斯托
	朴次茅斯
	伍尔弗汗普顿
1970 年	金斯敦
	曼彻斯特
	普利茅斯，后叫西南
	北斯坦福德郡
	利兹
	兰切斯特，后叫考文垂
	格拉摩根
	牛津
	提塞德
	利物浦
	特伦托，后叫诺丁汉
	南岸
	伦敦市
	中伦敦
	泰晤士
	伦敦东北
	布莱顿
	赫德斯菲尔德
	伯明翰
	北伦敦
1973 年	米德尔塞克郡
	兰开夏

建立这些新机构的目的是满足国家日益增长的高等教育职业、专业和工业课程的需要。这些新兴的理工学院通常被安置在破旧的旧校舍中，但随着其声誉的提高，开始建造合适的设施，并与学生、父母和雇主保持了良好的关系。例如，为适应技术教育的培养目标，理工学院在招生时，十分重视学生的就业情况。很多学院与地方企业广泛开展合作，采用"订单"培养方式来进行招生，企业的需求就是学校的培养目标。学生以工读交替方式来学习。在学位方面，理工学院提供了各种类型的课程，学生毕业可获得不同的学位或资格证书。如攻读学位课程的学生在通过国家学术委员会组织的学位考试后，可获得与综合大学同样的学位。除此之外，学院还鼓励学生选修各种形式的"证书"课程，如国家高等教育文凭、国家高等教育合格证书以及学院文凭等。

（三）英国应用型大学巩固与发展期（1974—1981年）

在这一时期，英国高等教育的发展方向，一是二元制并行，二是建立大量理工学院。1969—1973年英国成立了多所理工学院，这使得英国高等教育的规模得到了前所未有的扩充。理工学院具有入学要求低、课程设置灵活、专业适应市场需要等独一无二的特征。1972年发布的白皮书并没有对理工学院政策提出重大修改要求，因此，高等教育二元体系将继续存在，大学和非大学机构都将扩大。白皮书接受了在公共部门建立教师教育的想法，并为CNAA课程的验证开辟了道路。白皮书也标志着一个简短的决策时代的结束。撒切尔夫人开始了与她的工党前任不同的政策方针。

据统计，1973年理工学院在校生人数已达159292人，且逐年稳步递增；到1981年人数已达206335人。表3-2呈现了6所理工学院学生数据，反映了1980—1981年间理工学院的学生规模。

表 3-2　6 所理工学院学生统计分类（1980—1981 年）

时间制 学院名称	全日制	工读交替制	部分时间制（日）	部分时间制（夜）	总计
伯明翰多科技术学院	3380	790	3520	1800	9490
布莱顿多科技术学院	3360	770	1400	800	6300
哈特菲尔德多科技术学院	870	1990	1380	90	4330
曼彻斯特多科技术学院	5530	1610	3560	1270	11970
米德尔斯堡多科技术学院	3120	2260	1160	750	7290
普利茅斯多科技术学院	2200	780	1330	280	4590
平均	3076	1367	2058	831	7333

1974 年对理工学院的教师提出了更加明确的资格条件，认为"发展具有理工学院特色的教师，不能只是单纯地去模仿大学的教师模式，应该有自己的世界观和独特的教学经验。能够拥护理工学院的教育理念并以自身的职业为荣，忠于职守并对未来理工学院发展充满信心。特别强调高级教师更应该热爱教育事业并具有广泛的社会经验"。因此，学院聘任教师注重的是实际的操作技能和工作经验，可以对学生的实训实验进行指导。学院还会对教师进行岗位培训，以此来提高教师的实践经验水平。同时，企业和工厂的管理技术人员走进校园，做兼职教师或开设讲座，让学生更加了解一线的情况和前沿问题。1974 年成立了理工学院发展委员会，以此来保障理工学院的发展和教师培训。

根据 1978 年模块课程委员会的提议，"理工学院需要一种更灵活的课程模式"。为了充分体现这一思想，大部分的理工学院都引入了模块化课程模式。模块化课程是指将课程分解成一系列的模块，每个模块都有相对独立的内容、明确的学习目标和考核方式。模块可以灵活组合，由一系列的模块组合成一个课程方案，每个模块相对独立，可以单独进行考核，这就使得学习者可以分段、分模块来完成学业而不必一次性完成整个学年或学位的学习。在模块化课程下学生选课方式更加多样化，可以跨学科选课，学习者可以根据个人的兴趣、能力来调整学习计划，掌握学习进度。

表 3-3　模块课程结构[①]

	学习方式	时间（年）	修课量（模块数）	授予文凭（学位）
第一阶段	全日制	1	≥ 10	结业证书
	业余制	2		
第二阶段	全日制	2	≥ 8	高等教育文凭
	全日制	3	≥ 16	文科/理科学士学位
	全日制	3	≥ 18	文科/理科荣誉学士学位
	全日制	4	≥ 27	教育学荣誉学士学位

模块化课程分为两个阶段，第一阶段属于通识学习阶段，完成学业颁发结业证书，当完成了这阶段课程或者获得免修第一阶段学习的资格后便可进入第二阶段学习。第二阶段课程修课量根据颁发证书的不同，选课方式也有所不同，比如要想获得高等教育证书，首先需要学生获得进入第二阶段的学习资格，然后在3年时间内修完所选专业的所有课程，并且还要求通过至少8个其他专业的课程。而要想获得文科理科学士学位则是在取得进入第二阶段学习的资格后，首先需到相关学位颁发部门注册，然后在3年时间内至少修完16个相关专业的课程。而要想获得荣誉学士学位，学生则要在3年内修完18个模块课程，教育学荣誉学士学位要求学生在7年内修完27个单元课程，且这些课程中要有8个模块课程为教育专业。

（四）英国应用型大学转型期（1982—1992年）

20世纪60年代，教育的理念是教育应发展个人潜力，加强经济上有用的技能和工业相关性的要求。1972年的白皮书认为，学生应该被赋予技能和知识，"更直接地与他们职业生涯有关"。到20世纪80年代初，政府、工业和教育必须共同努力，使合格人员的人数与行业的需求相匹配。

20世纪80年代初英国高等教育发展史的经费削减计划是历史上最大规模的一次削减行动，这引起了普遍的抗议之声，对英国高等教育发展产生

[①] Watson D, Brooks J. Managing the modular course: perspectives from Oxford Polytechnic [M]. Open University Press, 1989: 4.

了严重后果。学校之间竞争的加剧，教师待遇的降低等使高等教育质量下降。高等教育的发展不得不面临另寻出路的境地。

撒切尔政府执政以后，发布了名为《20世纪90年代英国高等教育的发展》的绿皮书。这是她执政以来第一份重要政策文件，绿皮书突出了5种主要变化：高等教育对经济的贡献增加；对进入者从高等教育中获益的能力要求增加；提高质量和标准；追求效率和物有所值；以及研究经费的选择性和规划。从中可以看出，高等教育与经济的关系更加紧密了，高等教育更有效地服从服务经济发展的需要，它标志着高等教育"准市场化"开始。甚至在绿皮书中预计将关闭一些学校，虽然最后关闭计划没有实现，但造成的影响不可小觑。

绿皮书给理工学院带来了发展的机遇，其一，理工学院产生之初就与经济发展有着密切的关系，它旨在发展一种与国家经济和工业需要相关的高等教育形式。这些学校对"学习实际应用"的关注，以及他们设计的课程的特点来适应工商业的需要；其二，因为科研水平是分配经费的重要依据，由此理工学院不断提高科研水平，缩短了与普通大学的差距，为后期的转型奠定了基础。因其灵活性，很多学院开始设立人文社会科学的一般课程，推动"学术追求"。

另外，大学也面临发展的压力。它们不得不适应市场的需求，逐渐开设满足经济发展的职业课程。理工学院和大学之间这种互相渗透，使得两者之间的界限逐渐模糊。这也被克拉克称为高等教育"学术漂移"，他认为"学术漂移与院校间的效仿在追寻合法性过程中具有强大能量"。随着理工学院与大学的教育目标、专业和课程设置方面越来越相似，使得理工学院不再满足于现有的地位，对地方教育当局的控制越来越不满，要求升级为大学的呼声越来越强烈。因此，二元制成为英国高等教育发展束缚的"绊脚石"。

1992年《继续教育与高等教育法》颁布，理工学院从此升格为大学，可以与传统大学公平竞争,通过大学基金委员会的科研评估计划来获取政府拨款,升级后的理工学院科研实力大大增强。我们可以看到,理工学院在发展的过程中从没有间断过对"学术"目标的追求,它们不甘心保持"非正统"的大学地位,不满足于过去只是培养技能型人才的定位,尤其是到学院发展的后期加强了对科研的投入,使得其与大学间的差距进一步缩小,进而加快了二元制向一元制变迁的进程。

第二节 发展现状

2016年,英国议会发布了《知识经济的成功:教学、社会流动和学生选择》白皮书,国家大学和科学部长指出"我们的大学是我们最宝贵的国家资产之一,既支撑着强大的经济,也支撑着繁荣的社会。智力资本和社会资本的力量,创造知识驱动竞争力支撑我们开放民主的价值观的能力和专业知识。然而,如果要继续作为一个知识经济国家取得成功,我们就不能停滞不前,也不能想当然地认为我们的大学在全球的声誉和排名中名列前茅"。报告还提到,要推进高等教育改革,首先,要采取行动,解决大学申请人缺乏明确的信息指导,以及一些学生在质量和结果方面的差异;其次,必须有一个开放和多样化的高等教育部门,它包括创新,其中优秀的教学与卓越的研究相匹配;最后,必须加强在研究和创新资金方面的战略思维能力,并提高承担尖端科技的跨学科研究能力。自1992年重大立法改革以来,高等教育格局发生了根本变化,英国大学制度进行了重大改革,以发挥其潜力。而最新的2017年《高等教育与科研法案》由王室签发成为法律,这个法案的颁布,主要包括以学生为中心,卓越的教学、准市场化,目的是提升高等教育教学质量、增强高等教育市场竞争力、强化高等教育质量监管。白皮书和法案的发布,对英国高等教育的发展尤其是应用型大学的发展产生了巨大的影响。

一、重视教学质量

为了提高高等教育的教学质量，英国政府提出了"教学卓越与学生成果框架"，制定了高等教育教学质量的框架。

评估首先需要明确哪些因素决定了教学质量，TEF教学质量、学习环境、学生成绩与收获作为评估的核心维度。一级指标教学质量，包括学生参与度、教学重视程度、课程严谨与广度、教师反馈4个二级指标；一级指标学习环境，包括学习资源、学术研究与实践、个性化学习3个二级指标；一级指标学生成绩与收获，包括就业与进修、就业能力与可转移技能、积极学习成果3个二级指标。每一个二级指标之下还有具体标准依据。

除了以上可以量化的指标之外，TEF还鼓励学校提供能够证明教学质量的具体材料，但是篇幅不能超过15页。

表3-4 TEF评估维度及具体标准

核心维度	参考点	具体标准
教学质量	学生参与度	教学为学生学习提供有效的刺激、挑战及讨论时间，让学生积极主动投入学习中
	教学重视度	学校文化能促进教学质量提高、认可并奖励卓越教学
	课程严谨度与广度	课程设计、开发、标准及评价均能有效地拓展学生的独立性、知识性、理解力及技巧，以充分发挥学生的潜能
	教师反馈	学生学习评估和反馈能有效地促进学生的发展、进步，提升其成绩
学习环境	学习资源	实体及数字资源能为学生学习提供有效帮助，发展学生的自主学习与研究能力
	学术研究与实践	学生能参与、接触学术研究或专业实践
	个性化学习	学生的学习体验符合自身需求，最大限度地提高了留校率、成长率和升学率
学习成果与学习收获	就业及进修	学生实现他们的教育和专业目标，特别是能促进其进一步学习或高技术就业
	就业能力与可转移技能	学生获得的知识技能是雇主看重的，可以提高他们的个人和职业生活水平
	积极学习成果	所有背景的学生都能取得积极的学习成果，特别是那些弱势背景的学生以及那些面临更大风险无法取得积极成果的学生

TEF期望高等教育提供精心设计的课程、强有力的标准、对学生的支持、职业准备和发展雇主需要的"软技能"的环境。这些"软技能"包括批判性思维、分析和团队合作的能力，以及学生学习能力的重要发展。优秀的教学形式可以是各种各样的，在各种类型的大学中。TEF的意图并不是来限制或规定卓越教学必须采取的形式。但是优秀的教学，无论其形式如何，都能带来出色的结果。这不仅仅是学习成绩和将来的经济收益，但毕竟优秀的教学不是发生在真空中的，它与学生未来的生活息息相关。教学质量应该是未来学生成功的关键因素之一。因此，质量将通过框架评估结果来分配资金。

二、学生中心

1998年，联合国教科文组织召开的世界高等教育大会，通过《面向二十一世纪高等教育宣言：观念与行动》。该宣言提出，国家和高等教育机构的决策者应将学生以及他们的需要置于中心位置，应将他们看作高等教育革新的重要的伙伴和负责任的一方，提供指导和咨询服务，以帮助学生实现从中等教育向高等教育的过渡，指导他们进行课程的选择，满足成熟学习者的特殊需要。

这次法案中明确规定新的监管机构——学生办公室（OFS），代表学生和纳税人运作，以支持竞争环境，促进选择、质量和物有所值，在这样做的时候，以便把学生放在如何管理高等教育的核心位置。法案明确支持学生选择，支持透明度，并确保高质量的高等教育体验，可供来自各种背景的学生选择。

同时指出教育统筹局在履行其职能时，必须顾及：保障英国高等教育机构自主权的需要；英国高等教育机构在提供高等教育时，须提高质量，并为学生提供更多选择和机会；如果竞争符合学生和雇主的利益，则须鼓励英国高等教育机构之间在提供高等教育方面进行竞争；同时也考虑到这些提供者之间的合作对学生和雇主的好处；需要促进英国高等教育提供者在提供高等教育方面的资金效益；需要促进英国高等教育提供者在接受和参与高等教育方面的机会平等；是否有需要以有效率、有效益及经济的方式运用资源，以及规管活动的透明、负责、适度及一致。由此，英国规定学生可以灵活选择适合自己的课程，制定了"学位学徒制"、"灵活、创新和终身学习"的原则。

学位学徒制，可以帮助雇主获得他们需要的最高水平技能，提高企业的生产力。学徒制将高质量的学位与工作培训结合起来，因此不再是职业院校的特色，包括在学士和硕士学位中。这个制度能否成功取决于企业与大学之间的合作，企业率先设计职业标准，同时可以考虑大学能够提高的创新和卓越的条件，这改变了大学设计和提供课程的方式。国家通过提供资金支持，来帮助大学收集企业的需求情报。自2015年启动学位学徒制以来，已经有40个大学与企业机构签订了学位学徒制合同，鼓励企业与大学一起合作，发展具有价值性和创新性的学位学徒制。

灵活、创新和终身学习。除了选择学习什么课程、在哪个大学学习以外，学生还应该能够对他们的学习方式进行选择。政府致力于增加学生的选择权，特别是以更灵活的方式，比如增加资助。另外，课程和大学转移也将加强高等教育作为社会流动的工具。如果可以有更多的转学选择，那么将有利于那些因为流动而造成辍学的学生。政府扩大对学生的财政资助，现在接受高等教育的学生比以往任何时候都多，政府致力于在这个成功的基础上再接再厉，加强对终身学习的支持。

三、激发市场竞争力

学生办公室通过征询学生对所有在册的高等教育机构的态度，以风险为基础，不同类型的高等教育机构采用不同的监管政策。如何创造条件，通过基于风险的监管方法，提高高等教育的整体质量和多样性，以便学生可以从更广泛的大学中作出选择。在过去的30年里，英国的高等教育经历了迅速而重大的转变。自1992年《继续教育和高等教育法》颁布以来，随着大学定义的扩大，提供者的数量不断增加。由于上届议会的一系列改革，现在英国的高等教育系统比以往任何时候都更开放和包容。但是，据巴莱罗与里宁在2016年发表的研究表明，开放大学与经济显著增长之间存在很强的相关性，如果英国人均大学数量翻一番，未来人均GDP将增长4%以上。

目前的制度倾向于保护现有的高等教育系统免受竞争，新大学面临着进入和扩大的重大障碍，导致现有的大学竞争力不足。为了提高高等教育质量，引入更多竞争，法案对此作出了规定，来确保选择、质量、公平的获得和物有所值，认识到高等教育给国家带来的许多经济和社会效益。如果监管得当，竞争激烈的教育市场将创造更强大、更高质量的提供者，这将进一步提高高等教育在全球的声誉，并将更好地为学生、企业和纳税人服务。因此，法案规定其包括以下几个方面的目标：使所有的高等教育机构能在一个公平的环境中竞争，不论其是否有悠久的历史与高知名度，从而使整个市场更加开放；使现有的高等教育机构更容易获得学位授予权与大学头衔；更多的高等教育机构能在政府部门注册，使整个行业更加规范；减少现有的和新进入的高等教育机构的行政负担，同时消除整个行业不必要的官僚主义和障碍。

英国政府采取这样的办法，一方面可以扩大高等教育的规模，使新建的大学能够更快地融入整个体系中，不受年限的限制；另一方面创造更加开放和公平的环境，刺激高等教育质量的提升。

第三节　英国应用型大学的发展启示

在知识经济时代下，新一轮科技革命蓄势待发，国际竞争日益激烈，培养大批创新人才，已成为人类共同面临的重大课题和应对诸多复杂挑战、实现可持续发展的关键。教育作为国之大计，承担着培养人才的重任，以培养不同类型、不同层次的专门人才为目标的高等教育，其重要性不言而喻。新中国成立以来，我国高等教育历经几十年的发展，取得了巨大成就。从高等教育发展规模来看，我国已经进入高等教育普及化阶段。据《2023年全国教育事业发展统计公报》显示，截至2023年底，各种形式的高等教育在学总规模4763.19万人，高等教育毛入学率60.2%。全国共有普通本科学校1242所（含独立学院164所），本科层次职业学校33所，高职（专科）学校1547所，成人高等学校252所，另有培养研究生的科研机构233所。英国高等教育采取改革措施，提升高等教育质量，保障其世界一流声誉，尤其是应用型大学发展路径及碰到的问题和对策，非常值得我们借鉴。

一、巩固大学的第一大职能，重视教学

大学发展到现在具有很多职能，但世界各国普遍达成共识的是三大职能：教学、科研和社会服务。科研的发源地是德国，社会服务职能的发源地是美国，而教学的发源地是英国。作为应用型大学，教学被摆在非常重要的位置上。提高教学质量方面我们可以借鉴英国。英国大学的课程是由专业课程和具体教学的老师共同设置的。但是在我国，大学课程尤其是应用型大学的课程设置非常随意，重复杂乱的现象严重。大学应该建立专门的课程设置专业机构，规划学校课程，以学生的专业和职业发展为中心，科学布局，循序渐进。既能照顾到基础学生，同时又能为想更进一步深造的学生提供机会和可能。

二、科学构建教学评估体系

我国的质量评估从2003年至今已有20余年的历史，以政府为主导，5年为一轮。《普通高等学校本科教学工作水平评估方案（试行）》中指出，评

估共设立7个一级指标和19个二级指标，评估结果设立4个等级：优秀、良好、合格和不合格。目前已经实施了两轮评估，2003—2008年为第一轮，2014—2018年为第二轮，第二轮评估是在第一轮评估的基础上进行完善的。这构成了我国目前的本科教学评估制度，对照英国《高等教育与科研法案》，会发现英国的评估指标和评估过程更加考虑学生一方意见，以学生为中心，其结果会与高校的资助和学费相联系。

三、增加学生课程的选择性，重视学生实践能力的培养

与传统大学培养理论性人才不同，应用型大学主要为地方培养具有实践能力的高素质应用型人才。这种应用性特征主要体现在课程设置和人才培养两个方面。很多应用型大学课程分为学位课程和文凭课程两种，具有多元化、层级化的特点。学位课程具有较强的理论性和学术性，难度较高，学生考核合格可获得。文凭课程职业性强，突出实践性和应用性，主要培养一般的专业技术人员，学制也短于学位课程，学生修满此类课程只能获得文凭而不具有学位。在设置课程前，应用型大学都要进行大量的需求调研，广泛征询企业的意见，由雇主来买单，增强教学的有效性，为地方提供优质的职业教育。

应用型大学尤为重视学生实践能力的培养，强调实践训练与未来就业的关系，实习环节课程一般占总课时的1/3以上，学生还有一年的企业实习，毕业设计题目也来源于企业实习所遇到的真实难题。这种对接行业企业用人需求来设置专业、课程并及时调控招生规模的机制，确保了应用型大学所培养的人才专业结构和素质能够满足当地经济发展需要。

应用型大学与社会经济发展具有紧密关系，通过培养专门人才与进行科学研究，促进国家经济增长与文化繁荣。随着时代的发展，经济全球化、知识经济、信息技术革命等都给应用型大学的发展提出了新的挑战，应用

型大学不仅需要扩大规模,更需要重视提升质量。在教学方面,需要培养与社会发展相符合的高素质专门人才,以满足国家劳动力的需求;在科研方面,需要不断进行科技知识创新,并将知识成果产品化,以提高国家科技竞争力。只有提升应用型大学质量,才能充分发挥应用型大学对于社会发展的促进作用。

第四章

德 国

德国是位于中欧的联邦议会共和制国家，由16个联邦州组成，首都柏林。领土面积357167平方千米，人口约8310万人，是欧洲联盟中人口最多的国家。由于著名文学家歌德、思想家马克思、社会学家韦伯等"大人物"均诞生于此，德国常被称为"诗人与思想家的国度"。2018年，德国GDP总计达3.997万亿美元，位居欧洲第一，世界第四，可见其经济实力，由此，德国又有欧洲经济"火车头"之称。此外，德国的科技实力也十分雄厚，20世纪初至今共有104位诺贝尔奖获得者，德国经济与科技的强大与其对教育的高度重视密不可分。正如美国黑人民权运动领袖马丁·路德·金所言："一个国家的繁荣，不取决于她的国库之殷实，不取决于她的城堡之坚固，也不取决于她的公共设施之华丽；而取决于她的公民的文明素养，即在于人民所受的教育，人民的远见卓识和品格的高下。这才是真正的利害所在，真正的力量所在。"

德国教育体系由初期教育阶段、中期教育阶段、进阶教育阶段、高等教育阶段和继续教育阶段组成。初期教育阶段为义务性教育，大多数联邦州为四年制，只有柏林与勃兰登堡为六年制。中期教育学校分为职业预校、实科中学、文理中学和综合中学。进阶教育学校包含文理中学的高年级和职业学校。高等教育机构由研究型大学、应用科学大学、行政学院、师范学院、神学院和艺术学院组成。其中，应用科学大学为以制造业立国的德国培养了大量的高级应用型人才，对国家经济发展、产业进步具有举足轻重的作用。德国应用科学大学是应用型大学领域中的一道标杆，被世界各国公认为是应用型人才培养高校的典范。

第一节　发展历程

德国应用科学大学是德国的高等教育机构，最初被称为"Fachhochschulen"（简称FH，缩写Hochschule，意为高等专业学院），后改名为"University of Applied Sciences"，我国学者多翻译为应用科学大学、应用科技大学等。与研究型大学相比，二者只是在办学类型和学校定位上有所区别，在人才培养、科学研究和社会服务上各有侧重，是德国高等教育体系中不同类型但同等重要的高等教育机构。

一、产生背景

德国应用科学大学产生于20世纪60年代末70年代初，是第二次世界大战后经济复苏的人才要求、高等教育大众化背景下的价值重构及第三次科技革命后的国际竞争意识提升等多种因素共同作用的结果。

（一）经济背景

1939年9月，第二次世界大战全面爆发。这场战争对全世界造成了前所未有的破坏和灾难，同时也让身为战败国的德国一统欧洲的梦想彻底破灭，经济受到重创，加之战前经历的世界经济危机，战后德国可谓是满目疮痍，百废待兴。时下，经济重建无疑是最迫切的任务。得益于社会市场经济体制的确立、美国"马歇尔计划"的援助、自身良好的工业基础和强盛的科学技术与教育等因素，如此满目疮痍的国家在20世纪50年代经济迅速复苏，创造出了世界公认的经济奇迹。1953—1963年，德国（如没有特殊说明，"产生背景"中1949—1990年所指德国均指德意志联邦共和国）国民生产总值年平均增长率为主要资本主义国家之首，以平均每年

6.7%的速度增长。而英、法同期的增速仅分别为2.7%和4.7%。20世纪60年代，德国赶超英国和法国，成为欧洲头号资本主义强国，世界第三大经济体。

按常理，经济的发展通常要求教育有着相应的发展，会对教育提出更高的质量需求。然而，德国在20世纪50年代的经济发展中却出现了"教育上的侏儒，经济上的巨人"的奇怪现象，直到60年代初经济增长速度减慢，教育系统培养不出充足的人力资源，逐渐显露出教育危机就是经济危机的危险信号。在德国一项关于世界高等教育水平的调查研究报告中显示，相比其他国家，德国的大学入学率排名位列世界倒数第三，这让德国意识到单一的高校体系已经无法满足企业、社会对不同类型人才的急切需求，自己身处教育困境之中。此时，无论是德国原有的高等教育还是中等、专科职业教育培养出的人才都无法满足企业界的需求。高等教育不能缓解高层次技能型人才的紧缺，反而由于培养目标单一增加了毕业生的失业率；中等、专科职业教育人才的理论知识欠缺，无论是培养目标，还是人才培养模式等方面都缺乏高等教育的特性。当时的教育结构已经不能很好地满足德国社会发展及产业结构升级下的人才需求。1960年，高级专业人员在就业人员中所占的比例在德国仅为10.8%，而在美国则是16.7%，加拿大是15%。为此，德国决定进行高等教育改革，力争培养既能同时具备理论知识与实践能力，又能快速将科技成果转化为生产力的高层次专业技术人员，这为区别于研究型大学，以培养高层次应用型人才为目标的高等专业学院的诞生奠定了基础。

（二）教育背景

早在1948年10月，由英国、瑞士、德国等国家人员组成的研究委员会共同撰写的《高等学校改革研究委员会关于高等学校改革的报告》提到，社会向现代化发展，但德国高等教育没有紧跟形势而转型，学校要想适应社会的现代发展，学生就要接受更高层次的教育，高等学校的大门应向每一个有天赋的学生开放。然而，研究委员会的这一建议并未得到德国的重视。在1968年即高等教育大众化进程以前，由于政府与大学的特殊联系，德国大学的绝大多数学者把国家看作学术事业性的唯一合法赞助人，并强烈抵制校外人士参与大学事务，从而使德国大学在绝大多数时期不受政府以外的社会经济需要的影响。也就是说，此时德国高校于社会而言是相对"独立"的，无论是教学还是科研工作只与"象牙塔"内的活动有关，与社会关系不大。20世纪60年代的德国还处于精英教育阶段，与同期的美国、日本等国家相比，接受高等教育的人数较少。

与此同时，放眼世界许多国家，如美国在第二次世界大战后，高等教育迅速扩张，大量中产阶级的孩子涌入高校，随后经历了前所未有的发展速度和规模，20世纪60年代初到70年代中期则进入了被称为大众化的高等教育时代。加拿大在第二次世界大战后，由于退伍军人福利计划的实施，使1945—1946年加拿大大学的注册人数增长了46%，1946—1947年，退伍军人在大学的注册人数增加到35000人，从此拉开了高等教育大众化的序幕，并在1945—1970年实现了精英向大众的转型。1966年，日本在美国和加拿大之后，率先于欧洲各国，跨越了高等教育大众化的门槛，其接受高等教育的人口占同龄（18～21岁）人口的比例已超过了15%。英国也正在掀起一场高等教育大众化运动，在1968年英国政府出台的《高等教育报告》中提出，到1980年，高等教育的毛入学率将达到18%。

经济的迅猛发展，需要有强大的人力资源作为支撑，高等教育大众化的发展道路是促进人力资源转化的有效途径。20世纪60年代初，在诸多国家的高等教育大众化趋势和战后人们尤其是工人子弟接受高等教育的迫切需求下，德国开始开展高等教育改革。因为历史上德国的高等教育总是与学术相联系的，学术与职业两种截然分割的不同类型机构，在某种程度上意味着身份和地位的差异，人们期待高等教育系统产生一个性质上的变化。

由此，德国开始试办学术与应用兼顾的综合高等学校，既能保留传统高等教育的学术性，又能满足人们接受高层次应用型教育的需要。

（三）科技革命

综观人类历次的教育变革与国际格局竞争之变，都与科技革命深度关联。教育为科技之母，科技反推教育发展，任何一方的强大都能提升国家的国际竞争力。英国能够在18—19世纪取代先前的荷兰、葡萄牙、西班牙等霸主，成为日不落帝国就与第一次科技革命紧密相关，科技革命使其独占鳌头，并因此将其他国家甩在身后，称雄世界。美国由于在第一次世界大战前引领了第二次科技革命浪潮，具备了成为世界首强的实力，而德国在此次科技革命中堪称佼佼者，可看作世界科学中心之一，从1851年到1900年，在重大科技创新和发明创造方面，有202项属于德国，仅次于美国，居世界第2位。可见，正是通过科技创新，德国实现了后来居上。第三次科技革命以原子能、航空航天和电子计算机三大技术为标志，作为这次科技革命发源地之一的美国显露出称霸世界的野心，而苏联也不甘落后，于1957年发射了世界上第一颗人造地球卫星，成为当时唯一能与美国竞争的对手。第三次科技革命不仅带动了各国经济发展的浪潮，同时引发了19世纪60年代以后的高新技术，即以科学的最新成就为基础、知识高度密集、对经济和社会发展起先导作用的新兴技术群，如信息技术、材料技术、能源技术、生物技术、空间技术等。其后，世界各国纷纷融入"知识密集型"的竞争中来，以此提升各自的国际竞争地位。

作为当时高等教育高地的德国，一直谋求科技与教育的世界最高水平，在科技革命的影响下，开始反思如何才能在激烈的国际竞争中稳住地位。为适应科技革命的发展，德国从60年代末开始优先发展新兴工业，电子工业、计算机工业相继产生。新兴工业的出现急需迅速培养出掌握新工艺、新技术的科技人才，然而，在洪堡教育思想的影响下，德国当时的高校人才培养方式根本无法适应社会发展的巨大变革。教育家们开始重新思考高等教育的定位，考虑改变原有单一的高等教育体系，创建新型大学以尽快解决掌握新技术和新工艺的高级科技人才短缺的问题，以此来满足社会的多样化需求，增强国家综合实力，提升国际竞争力。

二、发展历程

德国应用科学大学的发展经历了"战后萌芽阶段""动荡与发展并存阶段""统一发展阶段""国际化进程阶段"。

（一）战后萌芽阶段（1961—1967年）

1945年，在第二次世界大战中战败的德国分别由美国、英国、法国、苏联四国占领，并由四国组成的盟国管制委员会接管德国最高权力。其后，美、英、法三国占领区合并，并于1949年5月成立了德意志联邦共和国；同年10月，苏占区成立了德意志民主共和国。德国从此正式分裂为两个主权独立的国家，即德意志联邦共和国（简称西德）和德意志民主共和国（简称东德）。西德无论生活水平还是经济文化教育均明显领先于东德，并得到了16所大学和9所高等技术学校。

战后西德的经济虽然得到迅速恢复，但在20世纪60年代以后，其高等教育在经济、就业等严峻现实的影响下面临着极大的挑战，这引起了西德政界及教育界的高度重视，并在官方报告及学术著作中出现增设除传统大学之外的高等教育机构的呼声。由联邦和各州组建的学术委员会于1960年发表的第一部关于高等教育发展的建议书——《关于扩建学术性机构的建议书》中指出，虽然第二次世界大战之后高等教育得到抢救、重建和恢复，但是它必须面向未来，20世纪中期之后必须放开手脚开展大刀阔斧的改革，建议新建三所大学，并可能增加一所技术高等学校，并于1962年在新版建议书《推动建立新的高等学校》中再次强调建立新型高等教育机构。1961年，西德教育经济学家埃丁与其他两位教授在经合组织召开的会议上提交报告《1970年欧洲教育的目标》，这对于西德高等教育的发展有着重要的转折意义。报告相关观点彻底改变了西德传统高等教育发展观念，由原先的"学术思维"开始向"经济思维"转变。1964年，教育家皮克特在《德国教育灾难：分析和汇编》一书中对已经落后的德国教育发出严重警告，提倡国家应大力发展教育事业。1966年，学术委员会《重新安排学术性高等学校学习的建议书》首次以官方文件的形式承认了学生在学术追求之外，还有为职业做准备的学习目的；1967年，《关于到1970年扩建学术性高等学校的建议》正式提出要在大学之外创建新型机构。该建议对西德应用科学大学的建立及高等教育整体改革具有十分重要的意义。

同时，西德巴登-符腾堡州文化部出台"综合高等学校融合计划"，提出将学术性高校、艺术类高校和师范类高校、研讨班、工程学校和高级专业学校等不同类型的高等学校整合为"差异化的综合高等学校"，希望通过高等教育的普及化，使更多的学生在短时间内获得更高的学历，同时满足部分学生尽快就业和部分学生希望继续深造的需要。①综合高等学校被视为能够解决教育困境的有效办法，在改革期间遭到了始料未及的困难，各州都在改革不久停滞而搁置，最终被放弃。虽然这种初具应用科学大学形态的综合高等学校仅在德国高等教育历史上昙花一现，但其对应用科学大学的产生起到了巨大的促进作用。

（二）动荡与发展并存阶段（1968—1989年）

西德巴登-符腾堡州文化部出台"综合高等学校融合计划"，政界极力推动应用科学大学的建立。基民盟党于1968年5月在北莱茵州议会上提交了《专业高等学校法草案》，"社会民主党"也于6月在汉堡州议会上提交了类似法案，这引起了社会各界的关注。同年10月，西德各州通过了《联

---

① Goldschmidt, Dietrich/Hübner-Funk, Sibylle.Von den Ingenieurschulen zu den Fachhochschulen. Schritte zur Reform der Ingenieurausbildung [M]//Deutscher Bildungsrat（Hg.）. Gutachten und Studien der Bildungskommission. Klett：Stuttgart, Bd. 10, 1974：13, 27.

邦共和国各州统一专业高等学校协定》，全面规定了应用科学大学的性质、学制、学位等方面的内容，提出将专业高等学校建设成为"独立的高等教育机构"，学制一般为3~4年，达到12年中学毕业水平者方可报考。该协定在德国高等教育发展史上意义重大，伴随着这种非学术型的独立高等教育机构地位的确立，诸多工程师学校、高级专业学校向应用科学大学转型，各州也分别开始起草各自的《专业高等学校法》。专业高等学校受到西德青年的热烈欢迎，在校人数越来越多，这对传统性大学造成了巨大的冲击，也遭到一些人士的质疑，直接导致1969年西德政府并没有就应用科学大学法律地位的合法化与各州政府达成一致意见。但这并未影响应用科学大学的发展，1970年，西德就已建立起98所专业高等学校，占当时高等学校总数的46.4%。

为了更好地满足社会对于高技术型人才的需要，缓解应用科学大学和研究型大学之间的冲突与矛盾，1971年西德政府开展了"应用科学大学运动"，在全社会广泛宣传应用科学大学的优势，承认应用科学大学的地位。然而，好景不长。1973年石油危机的爆发再次使西方国家经济快速下滑，西德也深受影响，政府无力支付过去庞大的高等教育开支。随之还出现了大学毕业生失业或找不到对口工作，而劳动力市场还在抱怨缺少工程师和科学家的怪象。这使得大学在公众心目中的地位一落千丈，同时也暴露出人才供给错位的严重问题，社会急需能够满足劳动力市场需求的高级专业人才。

其后，西德政府将高等教育工作的重心放在解除人们对应用科学大学的担忧与顾虑、恢复高等教育信心、满足社会人才需求上。1976年，《高等教育总法》的出台为应用科学大学的发展开辟了新起点，应用科学大学的地位也正式合法。而至今广为人知的德国应用科学大学"不同类型，但是等值"的平等地位则是在1981年西德科学评议委员会对应用科学大学的定位说明中得到体现，并在1985年修订的《高等教育总法》中再次被提出。

"不同类型"是指应用科学大学与研究型大学的培养错位，以培养应用型专业人才为主要目标；"但是等值"是指二者地位相同，无等级之分。《高等教育总法》为应用科学大学提供了法律依据，为其发展扫除了障碍，西德应用科学大学从此进入了稳定发展的时期。1987年，西德拥有99个应用科学大学，最大的学校每年招收5万多名学生。

（三）统一发展阶段（1990—1997年）

1990年，分裂几十年之久的联邦德国和民主德国终于实现统一，如何真正实现包括动荡期后刚发展起来的高等教育在内的"内部统一"是德国各项工作面临的棘手问题。在西德应用科学大学刚进入稳定发展阶段之时，统一两德教育体制对其进一步发展有着至关重要的作用。根据两德统一条约的规定，1991年6月30日前，德国东部地区的六个州（梅克伦堡－前波美拉尼亚、勃兰登堡、萨克森－安哈尔特、萨克森、图林根以及柏林）要按照西德模式进行教育体制改革，逐步实现东西部教育体制一体化。同年11月，德国东部就建立了30多所应用科学大学，并于1992年正式开始招生。这进一步扩充了应用科学大学及应用型人才培养的规模，更好地满足了社会发展的需求。

统一后的德国应用科学大学立足于本国发展，并将目光置于欧洲及全世界。当时，国际上通用的是学士和硕士两级学位体系。而德国应用科学大学当时只有"DiplomFH-应用科学大学硕士"学位（一种介于英美国家的学士和硕士之间的学位）。这种学位一度被等同于学士学位，也很难得到其他国家的认可，严重阻碍着其国际化的发展。

（四）国际化进程阶段（1998年至今）

为了顺应国际化的发展趋势，德国随之开展了一系列与国际高等教育接轨的改革措施。1998年，德国再次修订《高等教育总法》，要求应用科学大学采用国际互认的"学分制"，学位体系改为学士和硕士学位。然而，由于当时德国将应用科学大学称为"Fachhochschule"，"Fach"带有职业含义，许多国家，包括我国在内，一度认为德国应用科学大学是专科层次的高职教育，或是比普通大学低一级的高等教育机构。为了消除国际误解，德国决定在应用科学大学的德语名称中删除"Fach"，保留"Hochschule"（大学），并将英文名称统一为"University of Applied sciences"。

1999年，欧洲29国共同签署《博洛尼亚宣言》。主要是要建立可比较的学位体系；建立欧洲学分转换体系；建立本科、硕士为基础的高等教育体系；促进师生和学术人员流动；保证欧洲高等教育的质量；在欧洲范围内促进高等教育合作。德国作为《博洛尼亚宣言》的第一批签署国，在应用科学大学的办学上不断地与国际接轨。进入21世纪，德国应用科学大学已经进入相对完善的成熟阶段，生源层次不断提升，发展成为集专业性、应用性、国际性于一体的高等教育机构。与1992年相比，德国2012年的应用科学大学数量几乎翻了一番，达到212所。2014年，德国高等教育学校共423所，应用科学大学已占其半壁江山，数量达241所，占比57%，明显高于研究型大学。如今，德国部分应用科学大学还拥有了博士学位独立授予权，正向着更高的层次发展。

第二节　发展现状

德国是联邦制国家，实行各州教育文化管理自治，在应用科学大学的管理上具有分权的特点。各州拥有应用科学大学的实质管理权，负责课程设置审批、师资标准确定、学校领导及教授评聘等事务；应用科学大学内部设立校务委员会和质量管理机构委员会。校务委员会由校长、教师、学生、校内职工代表等组成，负责学校的重大问题和财政预算、校长和副校长人选的商议等。质量管理机构委员会由政府人员、学校专家组成，负责考察学校教学管理等日常工作，州政府也将委员会提供的年度质量报告作为财政拨款的依据。联邦州主要负责对应用科学大学进行整体把控,颁布有关政策,制定教育制度,引导各州开展应用科学大学改革。

多年来,在这种分权管理的体制下,德国应用科学大学根据社会经济的发展变化和企业的实际需要,凭借与研究型大学的错位发展及高度实用性和应用导向的特点,为社会及企业培养理论知识丰富、实践能力强,并具备应用研究能力的高级应用型人才。应用科学大学培养的应用型人才与专科有所不同,其层次更高,理论知识的掌握程度更深,具备科学研究能力,且人才的职业发展也有所不同。除本科层次之外,德国应用科学大学还涉及硕士甚至博士层次的人才培养,最终目标是服务产业需求和经济发展。可以说,应用型人才是能够将理论知识应用于实践之中,运用科学理论知识和方法解决行业企业等实际问题的智力资源。

一、学生与教师的三重资格要求

德国将教育权下放到各州自治,应用科学大学学生的入学资格在各州的相关法律规定中略有不同。如巴登-符腾堡州在《州立大学法》、萨克森-安哈尔特州通过《萨克森-安哈尔特州高等教育资格条例》并结合《萨克森-安哈尔特州高等教育法》第27条,巴伐利亚州根据《巴伐利亚自由州大学和州认可的非州立大学的学习资格条例》第20~28条均对应用科学大学的入学资格作出了详细说明。整体而言,德国对应用科学大学申请者的资格要求集中在学历资格、实践经验和专业能力要求三方面。

在学历资格方面,要求达到高中(或相当)的教育水平。申请者主要来自文理中学、职业/专业中学、专业高级中学、高级职业专科学校和专科学院。其中,未接受过职业培训或不具备实践经历的申请者,如文理中学毕业生,要求必须具有与所申请专业一致的实践经历。不来梅应用科学大学的部分专业要求"学前实习",即在入学前全部完成或部分完成至少8

周的职业培训或学前实习,如土木工程学士学位要求学生在第三学期前提交实习13周的证明,其中,7周建筑业实习,6周建筑相关专业领域的工艺实习,如学生具备学校制定的建筑行业职业培训资格则可取代13周的实习期。[1]

专业能力要求是指对于某些学习领域,例如,艺术、艺术科学设计及体育等,除了一般课程要求外,还有特殊的入学要求。如不来梅应用科学大学建筑学学士学位课程中,申请者需要接受能力倾向测试来确定其创意和艺术能力。《巴伐利亚自由州大学和州认可的非州立大学的学习资格条例》第27条规定,除了符合基本资格要求外,还必须通过能力测试来证明与应用科学大学课程相对应的艺术才华和天赋,以便学习建筑和室内设计或紧密相关的学习课程。凡通过国家期末考试顺利完成公共或国家认可的室内建筑职业学校学业的学生,免考室内建筑技术课程或相关课程的能力倾向测试。通过了技术学院的设计专业的期末考试,并且相关科目成绩至少良好的学生,可以根据要求全部或部分免除设计学院或相关紧密课程的能力测验。

高中教育水平作为申请应用科学大学或大学的前提,但这并非硬性条件,各州也有关于不满足高中教育水平申请者的相关规定。图林根州作出了5项规定为没有高中文凭或入学资格的学生提供入学机会,如申请者完成联邦或州法律规定的至少两年的职业培训,并在与所需课程专业相关的领域中进行为期三年的全日制专业实践,可以通过1~2个学期的试用并合格后获取大学机会;完成国家认证技术员或国家认证业务经理的教育课程后也可以获取大学入学资格等。[2]值得一提的是,德国应用科学大学比研究

---

[1] Hochschule Bremen City University of Applied Sciences [EB/OL].[2020-04-04]. https://www.hs-bremen.de/mam/hsb/dezernate/d3/951_bau_b.sc._zulassungsvoraussetzungen.pdf.

[2] Thüringer Ministerium für Wirtschaft, Wissenschaft und Digitale Gesellschaft [EB/OL].[2020-04-04]. https://wirtschaft.thueringen.de/wissenschaft/studium/studienmoeglichkeiten/.

型大学接受了更多的"非学术家庭"学生。从这个角度来看，应用科学大学还起着重要的教育公平促进作用。

既有理论素养又有专业实践能力的教师是应用科学大学培养高质量应用型人才的重要前提条件。教授、兼职教师和教学专业人员共同组成了德国应用科学大学的师资队伍。德国对于聘任教授的标准、程序都有着十分严格的规定。第一，要具有独立科学研究工作的能力，这一能力通常由高于平均水平的博士学位（麦格纳或优等生）证明加以体现；第二，达到在相应专业领域运用科学知识获得特殊业绩的水平，应聘者需要具备至少五年的专业实践工作经验，其中，至少三年必须从事高等教育部门之外的实践工作。在满足前两项要求的基础上，应聘者还须满足第三项招聘要求，即具备丰富的大学教学经验。这与前两项要求共同构成应聘大学教授的三重资格。学校会在其试讲过程中对这一资格进行评估，而学生评价在评估中起到重要的作用，直接影响其后续是否任命。除了学生对应聘者的评价之外，能否成功被应用科学大学录用还会受到高校教授代表、学校科技人员代表的表决，以及技术人员代表、管理人员代表和校外企业代表建议的影响。

应用科学大学不仅对教授的任职资格要求高，对其承担的教学任务也有更高的要求，多数州的规定为每周18课时，接近研究型大学教授工作量（每周8课时）的2倍，这与应用科学大学的自身性质有关。如果教授承担的科研项目较多，最多可以减少每周8课时的教学工作量。另外，指导学生毕业论文、学术休假也可减少教学工作量，指导学生毕业论文最多可减少2课时，学术休假是指教授可以选择在一个学期内不参与教学工作，全身心投入到科学研究中去。应用科学大学教授在德国为国家公务员身份，薪酬为W2级，普遍低于传统大学。2017年教授每月平均工资为5671.96欧元。

受到严格的教授聘任条件、不具竞争力的薪酬、较高的教学任务等因素的影响，德国应用科学大学面临着教授短缺、招聘不足的问题。为了补充应用科学大学师资力量，德国联邦教育与研究部实施"联邦和各州资助教授的共同计划"，计划在2019—2028年投入4.3亿欧元以吸引更多的教授师资。同时，为了满足实践人才培养的需求，应用科学大学聘任大量企业专家、研究人员或管理人员（比重高达60%~80%）作为校内兼职教师，承担一定的教学任务和行政工作，为学生提供技术讲座、实操技能指导等，使人才培养工作更好地满足企业需求。

二、多方参与高校专业设置

德国应用科学大学以"应用"为主要特征，专业设置类型是否科学、结构是否合理直接影响学生就业、社会所需、学校之名。多年来，德国各所应用科学大学的专业紧跟地方产业结构及企业人才需求而变，呈现由最初以工程技术为主的单一专业领域范围，转变为现有涵盖经济学、机械制造与过程技术、信息学、社工、普通卫生健康科学、行政学、电子技术与信息技术、经济工程学（经济方向）、普通工程学、土木工程、经济工程学（工程学方向）、心理学、设计、建筑与室内装潢及法学15个领域的多样化专业。如代根多夫应用科学大学根据区域所在特点，设置了机电一体化、电气工程等专业，以满足马达生产厂等企业对人才的需求，又因社会严重的老龄化问题及国家有关能源政策，新增了应用健康科学、健康护理等专业，重点发展生物能源、能源设备制造等专业领域。巴特洪堡应用科学大学与法兰克福足球俱乐部、耐克、阿迪达斯等知名企业合作，依据企业需求开设了国际足球管理、全球体育管理专业。

"现代社会的问题往往十分复杂，这些问题通常很难被简单地归入某个单一的专业领域或学科。要想获得恰当的、整体性的问题解决方案，就必须借助于不同专业领域的、多种多样的方法来获得对问题的全面理解。在教学和科研中进行跨学科合作以及发展一种建立在这一基础之上的大学文化对我们来说变得越来越重要。"从上述明斯特应用科学大学的指导原则中不难看出，应用科学大学对跨学科学习的高度重视，同样体现在其专业设置原则上。德国慕尼黑应用科学大学设置了综合与跨学科研究系，专门为学生提供跨学科教育，针对性地发展学生个人技能优势。凯撒斯劳滕应用科学大学所在市为铁路转运中心，工业以机械制造、化学为主，该校开设了经济工程学、工程物流学等跨学科专业。

自应用科学大学建立以来，学校始终以培养应用型人才为目标，并将这一目标建立在应用型的专业基础之上。换言之，德国应用科学大学专业的设置还体现出了应用型特点。在德国，学校所在联邦州指导学校专业设置的结构、规模与数量，具体专业的增减都由学校自主决定。如德国北莱茵-威斯特法伦州克莱沃市拥有农产品集散中心，位于该州的莱茵瓦尔应用科学大学结合市场需求开设了农业科学、农业技术专业。莱茵瓦尔应用科学大学因其所在地设有葡萄园种植区而相应地开设了葡萄种植、葡萄酒品鉴等专业。

三、能力本位的模块化、双元课程体系

1999年，即德国加入"博洛尼亚进程"之前，应用科学大学课程分为基础课程和专业课程，基础课程考试合格后方可开始专业课程的学习。博洛尼亚的改革要求教学工作要更多地考虑就业方面的因素。这一转变得到了许多学者的关注，并建议课程开发应由教师、课程经理和参与此过程的其他参与者进行团体设计，要考虑学习者在实践层面的目标性，即在学习完成后应该做什么或者能够做什么。基于此种理念，科隆应用科学大学的能源与机械系统学院以"根据利益相关者的分析区分培训需求""大学类型/机构和战略方向""以过程为导向的方法，以课程的质量为导向的设计""以专家为中心的关于课程专业性、改革过程和结果的把握"4项因素为基本原则，并对学校副校长、14位教授、11位讲师、4位相关管理人

员、398名学生及外部专家顾问进行访谈调研后进行了该学院的课程改革与开发。应用科学大学这种以能力为导向的课程改革具体表现为模块化和双元制的课程模式。

  模块化课程是以学生就业能力为导向，由行业企业与学校根据每个专业培养目标将专业内相同主题的若干门课程组合为一个模块的课程组织方式。如表4-1所示亚琛应用科学大学的模块化课程。在该校工商管理专业课程安排中，前三个学期重点培养学生的基础知识和团队合作与沟通能力，如经济学、商业数学和统计学、语言和社交技巧课程。自第四学期开始，加入企业管理、人力资源、公司税等核心模块课程的学习。其中，第四学期包含2个课程模块，第五学期包含5个课程模块，学生可根据自己的兴趣从学校设置好的17个模块中任意选择7项（见表4-2）。在第六学期，学校称之为"流动学期"，每位学生根据自身情况自主安排流动学期的学习内容。可以选择在一家公司里实习，测试自己在学习中获得的知识的实用性，同时有机会体验职业生涯和实践经验；也可以选择将其作为研究学期，并通过进一步的专业和研究项目来加深自己的知识；还可以选择出国学习，提高自身国际化水平。在流动学期中，学校还为学生提供约100所合作大学中的一所大学的学习机会，提高学生的跨文化技能。第七学期，学校会通过安排实习、参与实践项目等方式使学生进一步深入了解专业实践内容。

表4-1 亚琛应用科学大学工商管理学士课程结构

第一学期	W/P	LP	第四学期	W/P	LP
工商管理/簿记基础	P	5	宏观经济学	P	5
商业数学1和统计1	P	5	资讯系统	P	5
语言/社交技巧1	W	5	运营管理	P	5
人员和组织	P	5	控制简介	P	5
商法1	P	5	高级模块1	W	5
经济学概论	P	5	高级模块2	W	5

续表

第二学期	W/P	LP	第五学期	W/P	LP
商法 2	P	5	通过业务游戏进行管理 有公司基础的企业管理学	P P	5 5
商业数学 2	P	5	高级模块 3	W	5
语言/社交技巧 2	W	5	高级模块 4	W	5
公司税	P	5	高级模块 5	W	5
会计 1	P	5	高级模块 6	W	5
成本核算	P	5	高级模块 7	W	5
第三学期	W/P	LP	第六学期	W/P	LP
微观经济学	P	5	流动学期	P	30
资讯科技	P	5	第七学期		
营销基础	P	5	实践项目	P	15
会计 2	P	5	学士学位论文	P	12
金融学	P	5	闭幕讨论会	P	3
统计 2	P	5			

注：W 代表选修，P 代表必修，LP 代表学分。

表 4-2 亚琛应用科学大学工商管理学士课程模块

模块	课程	模块	课程
1. 采购生产和物流管理	物流咨询与运营设计； 供应链管理； 采购管理与谈判； 生产管理； 面向过程的组织设计	2. 控制性	成本管理； 工业和功能控制
3. 创业精神	企业家精神——方法和手段； 创业实践	4. 欧盟业务	欧盟经济学； 欧盟业务； 欧盟机构和法律
5. 财务管理	企业融资； 企业财务； 金融市场和金融服务； 衍生金融工具	6. 工业品流通	工业品营销； 电子商务； 客户关系和工业服务管理； 销售管理
7. 国际业务	国际商务； 国际公司环境	8. 管理科学	统计程序、计划、优化、随机模型、预测、模拟

续表

模块	课程	模块	课程
9. 营销管理	电子商务； 战略营销； 对话营销； 在线营销技巧	10. 组织管理	组织和管理学； 应用项目管理
11. 人力资源管理	人事管理流程； 领导和个性； 国际管理培训； 青年管理人员发展计划； 绩效管理与薪酬	12. 会计学	最终分析； IFRS 会计； 评分会计学
13. 法学	劳动法； 国际商法； 信贷保护法； 购买权； 公司法； 继承法和继承税法	14. 公司税	公司税； DATEV 管理咨询； 国际税收； 转化税
15. 经济学	应用经济学； 经济政策； 创新经济学	16. 商业信息学	公司中的互联网； 电子商务； SAP 实践； 数字实验室； 数字化变革
17. 稽核	年度财务报表审计； 适当的法定审计原则	—	—

"双元制"也是以能力本位为目标的课程模式，主要有大学理论学习和职业教育相互融合、大学理论学习和企业实践相互融合、大学理论学习和职业相互融合、大学理论学习和职业并行4种类型。学者们普遍对前两种双元课程类型一致认可。而对后两种类型争议较大，有学者认为属于继续教育，而非高等教育中的双元课程。这种模式围绕学生未来就业能力的要求设置专业课程，课程结构具有基础宽、综合性、理论与实践并行等特点，极为重视专业知识与就业能力目标的关联性、知识的实用性及学生职业能力向纵深发展。实训师资或实践师资一般由企业提供，理论型师资由学校提供。

为了衡量学生在双元课程中的能力，应用科学大学开发出了以技术能力和个人能力为核心，以工具能力、社会能力、科学思考和采取行动的能力为辅助的科莫多尔（KoMo-Dual）能力模型（见图4-1）。技术能力反映了学生对本学科领域专业素养及整合多学科知识，运用跨学科方法解决问题的要求。个人能力包括学生将自己的思想转化为行为控制的自我能力和与团队成员协同工作的能力。工具能力中的"工具"具体是指学校获得的讲授知识和在工作中获得的实践能力，与此相对的运用科学知识的思考带来工作中的行动，即科学思考和采取行动的能力；社会能力强调个人能力和工具能力的灵活运用，反映在企业和学校中对身份转换的思考，对学生未来的工作具有重要的意义。通过双元课程，学生运用知识的能力实现从"明白""可以""评判"到"创新"的进阶式成长。

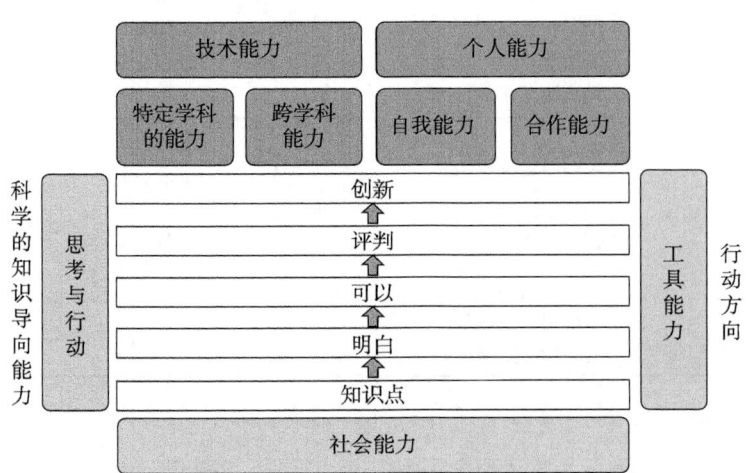

图4-1 应用科学大学双元课程的科莫多尔能力模型[①]

此外，基于应用科学大学设置的跨学科专业，应用科学大学成功地将跨学科的课程整合到了以前的独立学科中，形成商业心理学、商业信息学等跨学科课程。近年来，大多数应用科学大学还专门设立了由各个工作领域具有专业经验的代表组成的课程咨询委员会，各所学校的课程咨询委员

[①] Wolfgang ArensFischer, Katrin Dinkelborg, Guido Grunwald. Bedeutung der TheoriePraxisRelation zur Kompetenzentwicklung im dualen Studium [M]//Jingmin Cai, Hendrik Lackner.Jahrbuch Angewandte Hochschulbildung 2017.Germany：Springer Fachmedien Wiesbaden GmbH, 2019：187.

会每年召开一次会议，就课程相关问题进行交流与讨论，以形成课程改革与课程内容方面的建议，更好地促进大学教学与专业实践之间的合作。

四、研讨式理论教学与多形式实践教学

与理论课程和实践课程相对应，应用科学大学在教学形式上分为理论教学和实践教学两种形式，即使理论课教学，也会与实践相结合，让学生通过"做"将所学理论专业基础知识运用到实际工作中。理论教学通常以30~40名学生组成的小班研讨会的方式进行。课上老师会向学生介绍一个专题，并由老师讲授相关知识内容，学生对此专题进行思考、讨论、交流。这种小规模教学班的优势在于，教师能够很快地熟悉每位同学，很快地记住每个人的名字，通过课中与学生的互动了解学生特点，以便因材施教；在研讨会中的教学策略并非传统的教师单一讲授模式，而是基于对话让学生主动思考。

此外，模块化的理论教学也是德国应用科学大学的教学特色，与强调理论忽略实践的传统教学方式相反，模块化教学方式更加注重学生能力的培养，并将相关领域的理论知识融入其中。在模块化教学中，由应用科学大学的教授与相关企业共同商讨各模块的能力目标，根据每个模块的能力目标确定对应的教学主题，每个教学主题又由一门或者多门主题相关的课程共同构成。每个模块之间既是互相独立的又是彼此联系的，可以根据不同的专业，组合不同的模块，形成新的模块。德国很多应用科学大学也纷纷建立起了模块化教学系统。模块化教学系统可分为宏观模块、中观模块和微观模块。宏观模块由教学系统中的所有模块组成；中观模块由一个学期的所有模块组成；微观模块由基本的教学模块组成。[1]应用科学大学模块

---

[1] Z.Bocheng.Research and Application of the Modular Teaching System of German Fachhochschule：2012 7th International Conference on Computer Science & Education, Melbourne, July 14-17, 2012[C].New Jersey：IEEE, 2012.

化教学的构建过程见图4-2。

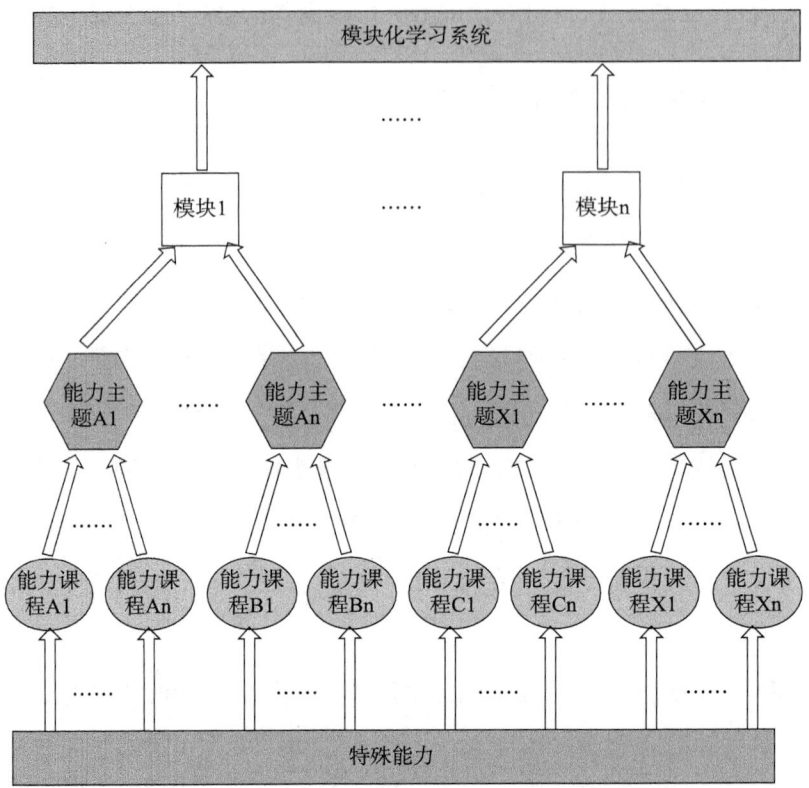

图 4-2　应用科学大学模块化教学的构建过程[①]

相比理论教学，应用科学大学更加重视实践教学，通常以实验课、实习课、项目课、学术旅行和毕业设计等方式进行教学。实验课旨在使学生在为其提供的工作场景中，运用理论知识解决实际问题，学以致用。有些应用科学大学的理论课与实验课的教学学时比例为2∶1，甚至1∶1，足见实验课的重要性。在学生具备基础理论知识后，学校通常会在最后一年安排学生到企业中亲身实践，在检验理论知识基础的同时，学生的创造与应

---

① Bocheng Z. Research and Application of the Modular Teaching System of German Fachhochschule: 2012 7th International Conference on Computer Science & Education [C]. Melbourne, New Jersey: IEEE, 2012.

用能力也会得到很大程度的提高，这样的实习教学很好地解决了学校与社会脱节的问题，相当于让学生工作后的实习在学校中提前完成，以保证学生一毕业就能立刻投入工作，省去企业培训环节。项目课的学习主题通常来源于应用科学大学的合作企业，这些企业会将其生产运营中遇到的需要解决的实际问题作为一个项目课的题目，由本企业的专业技术人员与大学教授共同带领学生组成的项目小组完成。这种方式将学和做进行了有机整合，形成交叉教学与应用研究互动发展的模式，为学生提供有效实践学习方式的同时，又为企业解决了实际问题，充分体现为社会服务的大学功能。学术旅行是通过让学生外出考察的方式，加强学生对本专业领域的了解，开阔视野。应用科学大学学生的毕业设计题目通常来自企业中的技术难题或实际问题，并接受企业专家和教授的双重辅导，具有很强的应用性和实践性。

无论理论教学还是实践教学，小组学习是其教学的核心内容。这种方式为师生的教与学提供了良好的沟通平台，并使双方能够更好地了解彼此，开展充分的研讨与交流，而教师在整个教学过程中由传统教学方式的"灌输者"变成了学习的"指导者"。

五、本硕博三级学位人才培养体系

伴随着1998年《索邦宣言》的签订及1999年博洛尼亚进程的启动，德国应用科学大学形成了现有的学士、硕士两级学位体系。2013年以后，部分应用科学大学拥有了博士学位独立授予权。

攻读学士学位的标准学习期限最少为3年，最长为4年。虽然学习期限不尽相同，但是一半的应用科学大学规定学习期限为七学期。攻读硕士学位普遍需要2~4学期。在应用科学大学未获得博士学位独立授予权以前，学生在完成硕士阶段学习后，需报考研究型大学或应用科学大学与研究型大学的联合培养攻读博士学位。

与研究型大学联合培养博士项目为应用科学大学学生的博士学习需求提供了一定的教育机会，但也出现了一些问题。如应用科学大学无主动权、研究型大学对应用科学大学学生的考核过于严格致使获得博士学位的人数较少等。为了走出应用科学大学的博士学位授予困境，进一步提高应用科学大学的办学层次、人才培养层次，设置应用科学大学博士学位独立授予权的呼声越来越高，并得到响应。德国石荷州的部分应用科学大学在2013年底被赋予独立博士学位授予权；2014年和2015年，巴符州和黑森州也先后提出赋予本州部分应用科学大学独立博士学位授予权的提议；2016年，德国黑森州富尔达应用科学大学（Hochschule Fulda）的社会学专业也具备了独立博士学位授予权。对于应用科学大学博士学位独立授予权这一新生事物，德国社会议论纷纷，争议不断。

六、良好的毕业生就业形势

由于德国应用科学大学从培养目标的顶层设计到具体专业课程的设置及教学实习的实施等方面均与企业实现无缝对接、按需培养，学生在毕业时大多都能找到与所学专业匹配、收入较高且相对稳定的工作。因学生实践能力很强，在工作中能够脱离培训直接上岗，极受企业各界欢迎。据统计，德国有将近2/3的机械电子工程师，2/3的经济工程师和1/2的计算机工程师毕业于应用科学大学，可见应用科学大学毕业生在劳动力市场的重要地位。这也是应用科学大学高质量人才培养的最佳证明。

应用科学大学的毕业生就业、收入等方面在某种程度上高于研究型大学。德国高等教育研究与科学研究中心（DZHW）自1989年开始，每四年对包含应用科学大学在内的大学毕业生就业情况进行调查，2016年关于2013届大学毕业生的调查报告显示：就业时间方面，65%的应用科学大学的本科毕业生和95%的硕士毕业生在完成学业后马上开始工作，研究型大学分别为25%、88%；首份工作类型方面，54%的应用科学大学的本科毕业生和60%的硕士毕业生获得的是永久性工作，综合型大学分别为32%、23%；应用科学大学80%的本科毕业生和87%的硕士毕业生从事全职工作，研究型大学分别为52%、67%；专业职位满意度方面，58%的应用科学大学本科毕业生和66%的硕士毕业生表示非常满意，研究型大学分别为50%、64%；工作满意度方面，应用科学大学毕业生的总体工作满意度均高于研究型大学；薪酬方面，应用科学大学本科生、硕士毕业生的第一份工作平均年薪为3.51万欧元、4.02万欧元，而研究型大学分别为3.02万欧元、3.85万欧元。

为了帮助学生确定职业发展方向，诸多应用科学大学越来越多地在校内建立职业中心，提供各种课程（修辞、时间管理、演示技巧等），建议（应用培训、应用文档审查）等服务，在学校职业中心的帮助下，学生能够顺利地完成从学校到社会的过渡，进入职业生涯。截至2011年底，大约30%的学校设立了约100个职业中心。职业中心不仅是学校和社会的连接点，还是寻找实习生和毕业生的雇主的联络点。如奥斯纳布吕克应用科学大学农业科学与景观建筑学院职业中心会定期组织相关会议，参与者有科学家、学生、毕业生，还有重要的公司代表，为学生和公司之间的联系搭建平台。许多学生在这里可以找到实习的机会和第一份工作。

七、多项资助计划促进科研创新发展

德国视教育、科学、研究和创新为促进经济、社会和技术进步的源泉，国家高度重视，不断加大研发投入，提升创新能力。2016年，德国研发投入总计922亿欧元，接近GDP的3%，超过美国及欧盟平均水平。在2018年9月制定的《2025年高科技战略》中提出，2025年的研发投入要从目前国民生产总值的3%增至3.5%。

伴随着1985年《高等学校总纲法》的修订，科学研究任务明确成为应用科学大学的第三使命，德国形成了以研究型大学基础研究为主和应用科学大学应用研究为核心的高等教育机构科研定位，二者之间的科研活动有所相同又有所不同，相同之处在于二者均是通过研究实现科技进步，科技进步又反作用于经济，增强国家利益；不同之处则在于研究型大学的科研活动侧重基础研究，而应用科学大学的科研是"应用型科研"，即以应用为导向，服务企业行业社会实际并能转化为生产力。

在开展应用型科研的准确定位下，应用科学大学以实践导向和解决现实问题为前提，积极与所在州的工业、企业保持紧密联系，开展工业、企业及社会所需要的"定制"科研活动，成为学术界和工业界的纽带。应用科学大学的科研活动得到了德国政府及社会各界的大力支持。德国联邦教育与研究部设立多个资助项目，拨出专项预算且不断加大科研资助力度。资助项目主要有：应用科学大学与企业合作研究计划（FHprof Unt）、年轻工程师资助计划（Ingenieur Nachwuchs）、老年生活质量的社会创新研究计划（Silqua-FH）和新技术研究计划（Profil NT），2017年的项目预算比2005年增加了5倍。另外，应用科学大学科研活动资助主体还有联邦州政府、研究委员会、欧盟、公共基金会、科研机构、企业及非营利组织等。

面向应用的科研只有成功转化为生产力才能实现其价值。为推动应用科学大学的科研成果转化，德国于2015年启动FH-Impuls计划，以此增强各所应用科学大学与所在区域的合作关系，促进科技成果转化，提升创新能力。2016年夏季，联邦政府启动了包含应用科学大学在内的"创新型大学"资助计划，联邦和州政府（资助比例为9∶1）提供了高达5.5亿欧元的资金，用于从2018年到2027年为期五年的两轮选拔，资助重点是"知识和技术转让"。所谓"创新型大学"，是建立在大学、商业和社会之间的合作伙伴关系基础上的，在积极支持创新力量和社会凝聚力的同时，大学自己也要面对复杂实践问题的挑战，重点在于其与相应环境进行深度和动态交换的复杂设计。正如莫斯布鲁格教授所言:"大学既是教育和培训的中心,又是创造力的中心:在这里进行研究,思考和发展新思想。目的是使这种创造潜能可用于最广泛的应用和转移。理想情况下,这是来自大学该地区的创新动力。"目前,该计划已为48所大学提供了资助,其中35所是应用科学大学。

在德国各界的支持下,应用科学大学纷纷设立校内科研研究所和技术转化中心,组建由教授、企业人员及学生等人员组成的科研团队,积极开展应用型科研,促进科研成果转化,助力当地企业发展。由于应用科学大学主要合作伙伴是区域企业,其科研动机从一开始就是为企业而生,科研成果也能充分满足企业实际需求,为企业开发产品、解决难题,学校在实现其社会价值的同时,也能为学校带来资金收入、设备赞助等。这再次印证了应用科学大学立足地方、服务地方的办学定位,实现了大学与企业共生、你中有我、我中有你的共赢局面。

综观德国应用科学大学50余年的发展历程,应用科学大学创办之初就将目标定位在培养某一领域既具备专业理论知识,又拥有较强的实践能力,解决工作生产实际问题的高等应用型人才。这一精准定位为学校人才的培养提供了基本遵循,各应用科学大学以此定位进行专业与课程设置、师资教学及科学研究活动,无论是学校的人才培养活动还是社会努力、政府倡导的方向,都围绕人才培养的核心"应用"及最终的去处"社会"而展开。其中,应用科学大学像一座桥梁将"象牙塔"里的学生与社会连接起来,社会中的企业与学校良好互动并开展深度合作,成就学校人才培养的同时也使自己获益,实现双赢,而政府则是创建桥梁的工程师,颁布的各项政策则是工程师手下的图纸。这种连接为国家培养出了高质量的应用型人才,也为社会提供了科学研究成果,在坚守与超越的角色之间寻得了平衡,充分体现了大学的社会之责。

第三节　德国应用型大学的发展启示

应用科学大学作为德国高等教育体系的重要组成部分，在政府、企业和高校共同构成的良好生态环境中，以实践和应用为导向，为社会培养了大量优秀的高质量应用型人才，充分体现了应用科学大学的社会职责，能够为我国应用型大学的发展及人才培养方面提供有益启示。

一、塑造应用型大学平等地位观念

从德国应用科学大学的发展历程不难看出，应用科学大学的迅猛发展始终伴随着法律法规的制定与完善。可以说，完备的法律法规体系为其"平等而不同"的地位及学校发展提供了坚实保障。德国以修订《高等教育总纲法》增加相关法律条款的形式保障应用科学大学的高等教育地位，这一地位得到了政府、社会和企业界的认可与支持。

我国当前仍然存在着"重学轻术"的思想，提到"技术""职业"，人们普遍认为是低层次的学校，是考不上学术型大学的无奈之选。没有明确的法律法规的指引，应用型大学的发展就会陷入质量难以保障、社会不认可的尴尬局面。虽然我国将应用技术型大学定位于与学术型大学同等的高等教育机构，但因其办学性质的职业取向，平等地位在社会中的落实与认可还有待解决。由此，可进一步制定、实施相关法律法规，对应用型大学的人才培养目标定位、教师准入资格、企业应担之责等予以明确规定，确保应用型教育平等地位的有效实施。借助报纸、网络等大众媒体，对当前国家发展应用型大学的政策进行宣传，对优秀毕业生的典型案例进行报道，给予舆论引导；引导学生、家长、学校逐步转变对应用型大学的认识与看法，营造全社会注重应用型大学教育发展的良好氛围。

二、构建能力本位的人才培养模式

德国应用科学大学的毕业生之所以备受企业欢迎,与其始终将学生职业能力培养放在首位的能力本位教育理念密切相关。德国应用科学大学能力本位的培养理念从学生入学之初就已开始,"前置实习"使学生获取对专业领域工作及其所需能力的直观了解与体会。进入大学,能力本位的教学方式能够增强学生的能力培养。项目教学以学中作为基本理念,使学生在与企业实际紧密相关的项目中进入工作状态,培养学生发现问题、分析问题、解决问题的能力;学生在实习期真正走进企业,以员工的身份工作,通过实习中的所见、所感、所学切实提高实际工作能力、人际交往能力、环境适应能力等;毕业论文题目通常来源于企业中的实际问题,完成毕业论文的同时提高了专业理论知识的转化能力,能力本位的教学依托于相应课程而开展。德国应用科学大学从应用型人才能力目标出发,从全景观的视角将专业领域内的课程划分为若干个模块以对应满足不同的能力要求,每个模块相互独立,又共同组成一个整体,避免了传统学科课程之间的脱节现象。

21世纪是信息时代、知识经济时代,对人的要求也不再局限于学历层面,而是向着能力要求转变。2016年到2018年,OECD与世界各地的政策制定者、研究人员、学校领导、教师、学生和社会伙伴合作制定了未来学生所需要的能力框架,旨在使各国的课程设计和开发过程更加系统化、科学化。这预示着能力本位的人才培养要对各阶段的课程及教学等方面开展一场深刻变革。作为服务社会经济发展的应用型大学必然要主动顺应形势,转变培养方式,以能力本位为导向培养人才。首先,要树立能力本位理念。这种理念要贯穿于应用型大学人才培养模式的全过程。其次,要制定能力本位人才培养方案。与以往从学科或知识角度设计人才培养方案不同,能力本位的人才培养模式需要从学生本身、行业及社会需求出发,获取学生毕业后所需要的个体能力、岗位能力与素质能力，相应地形成人才培养方案。最后，实施能力本位人才培养模式。这涉及能力本位的系统化课程、能力本位的教学方式方法、能力本位的师资队伍及能力本位评价体系的构建。其中，课程是能力本位人才培养模式的核心；教学方式方法是能力本位人才培养模式的中介；师资队伍是能力本位人才培养模式的关键；评价体系是能力本位人才培养模式的衡量标准。

三、发挥企业在大学的多角色作用

双元模式是德国应用科学大学人才培养的最大特色。这里的双元是指学校和企业共同参与人才培养，相互依存，各有分工。学校在培养学生的过程中，始终与企业保持紧密联系，如果说学校是人才的摇篮，那么企业则是学校生存、发展的依靠，是培养应用型人才的加速器。从学校层面来看，企业专家是应用科学大学高校理事会的重要成员，参与决定高校的战略发展规划和学科专业设置，共同制定人才培养方案，使学校的办学方向紧跟社会发展，实现与区域产业结构接轨。有些企业专业人士还会担任学校咨询委员会的成员，为新专业的开设及专业课程设置提供咨询服务。企业还会为学校教学及科研发展提供科研经费、共同建设实验室、捐赠或提供实验设备、实验材料等。从学生层面来看，企业主导学生的实践学习工作，为学生提供前置实习、学期实习的工作场所，通过前置实习使学生增加实践经验，为入校后的理论学习奠定基础；通过学期实习更新实践知识，帮助学生发现自身的不足，有目的、有重点地开展学习活动，多数学生在学期实习期间便能获得以解决企业实际问题为研究对象的毕业设计题目。经过真实工作场所的体验与学习，学生能够获得未来从事专业领域工作的相关能力，实现学生思维向工作思维的转变，交际能力也得到相应的提高。在学生实习期间，企业还会为学生提供实习补贴。对企业而言，也有助于发现潜在合适的员工，社会责任得到充分体现。从教师层面来看，企业为学校补充了大量实践教学师资,解决了教师不足的问题。在校内,来自企业的教师以兼职教师身份授课,授课内容紧贴企业工作实际,将企业中的前沿知识与问题带入学校。在校外,企业专家以辅导教师的身份为实习生专业辅导,学生在获得毕业设计题目后,相关领域专家还会为学生提供毕业设计专业指导,与校内学生导师共同完成毕业设计的指导工作。德国应用科学大学的校企合作模式和办学的成功经验得到世界各国的认可。

在我国,校企合作的重要性早已引起了我国政府的重视,并在实践上得到不同程度的实施,高校与企业合作培养学生也在我国相关政策中倡导多年,但鉴于各种因素的影响,实施效果并不尽如人意,高校并未与企业之间形成互动合作,存在产学脱节、学非所用等问题。能否开展深入的校企合作是决定我国应用型大学办学之路的重要因素之一。这种合作不是"走过场",而是真真正正地开展一种渗透到培养高级应用型人才过程的方方面面,能够满足学生成长就业需要、学校订单培养、企业满足自身需求的培训模式。与企业的合作建立在双方长久信任关系的前提之下,可借鉴德国经验,在学校管理层设置企业代表席位的方式推进校企的互信合作,邀请企业代表作为学校委员会的一员,参与学校的决策和管理;聘用企业优秀技术人员或管理人员到校任教,担任兼职教师,德国应用科学大学中的企业兼职教师高达60%;与企业开展项目合作,针对企业的一些技术岗位开展对口培养,同时企业应向学生提供实习岗位。

四、扩充应用型大学科研与知识技术转让经费来源

大学作为汇聚我国科技创新和科技成果的主体,是服务社会经济发展的重要力量,对国家实施创新驱动发展有着举足轻重的作用。"真正增强地方高校为区域经济社会发展服务的能力、为行业企业技术进步服务的能力"是我国对应用型大学社会服务的期待。

创新依赖于知识技术的转化,知识技术来源于高水平的科研。德国应

用型大学的科研工作之所以开展得卓有成效，与政府的高度重视密不可分，前文介绍到的多项科研支持计划就足以证明。德国政府对知识技术转让也实施了高额资助，德国经济与能源部启动的"通过专利和标准进行知识与技术转让（WIPANO）"技术资助项目，总资助金额高达2300万欧元，企业、大学和大学以外的研究机构均可申请。德国政府对科研和知识技术转让的资助力度很大，但同时发现德国应用型大学的科研资金及知识技术转让资金来源是多渠道的，研究委员会、欧盟、公共基金会、科研机构、企业及非营利组织都是应用型大学的支持资金来源，明斯特应用科学大学通过其高质量的知识转让和合作伙伴也获得了很高的第三方资助金额。当前我国应用型大学的主要经费来源是纵向研究经费和横向研究经费，经费来源较为单一，如何拓宽应用型大学科学研究和知识技术转让的经费来源渠道是当下亟须思考的重要问题，而建立应用型大学众筹网站，采用科研众筹模式（又称学术众筹）的方式为丰富我国应用型大学科研资金来源提供了一定的借鉴。具体而言，科研工作者需要先在众筹网站上进行路演，发布自己拟研究项目的研究意义、思路、方案、成果形式及所需要的资金。大众投资者累计投入的资金达到预期的额度之后，资金筹集阶段即告一段落，研究工作者可以使用这些资金进行研究，研究结束后，所有捐款者都将获得一份实验日志并分享实验结果。

五、激励跨学科团队组建，建立精细化知识技术转让专门机构

知识不能成功转化为对人类生活和经济发展有利的实际方案就失去了其存在的意义和价值。知识技术、科研成果能够成功、及时、高效地转化就显得尤为重要。大学知识技术转让是将知识技术转化为生产力的主要方式，是提高国家经济创新能力、提升国际竞争力的重要途径。通过前文对明斯特应用科学大学的介绍，可以看出其知识技术转让活动呈现以下几个突出特点。

第一，跨学科。明斯特应用科学大学的内部8个研究所和4个外部机构均为跨学科，为了激励团队开展跨学科研究，该校还采取了相应的激励措施。现代社会问题十分复杂，仅靠个别单一学科很难提供高质量、高水平且能切实解决实际问题的有效方案，跨学科研究已经成为全世界高等学校发展的重点任务。然而，我国应用型大学的跨学科研究仍处于起步阶段，能够真正开展高水平跨学科研究的团队数量更是甚少。各学科文化冲突、沟通平台缺乏、研究人员积极性不高等问题严重阻碍着跨学科研究团队的建立，如何有针对性地采取措施促进跨学科团队组建是当前面临的主要任务。主要措施包括以下3个方面。一是激励措施。国家层面可以将应用型大学专项荣誉、研究团队集体荣誉和突出贡献的个人荣誉相结合，自上而下地提升应用型大学、跨学科研究团队和研究人员的积极性；学校层面要完善跨学科激励制度，不以论文和研究成果为单一考核标准，对跨学科团队的不同成果，如出版物、演讲、研讨会等展开不同形式的奖励措施，自下而上地推动跨学科研究团队的组建。二是营造跨学科研究氛围。学校和国家对跨学科研究成果要加大宣传，促进跨学科研究的意识形成，倡导合作之风，使其逐渐改变偏见思维和研究习惯。三是搭建跨学科交流平台。学校可通过定期召开跨学科研究学术沙龙、学术论坛，辅以线上线下同步参与方式，为研究人员参与论坛提供便利；成立跨学科研究工作领导小组，为跨学科研究人员解决问题、扫清障碍，同时发挥学校跨学科研究智库作用，为大学管理层提供跨学科研究的意见建议和相关决策。

第二，精细化分工。当前，我国多数应用型大学已经建立起了"服务地方办公室""技术转让办公室"等，并配以团队致力知识技术转让工作。但与德国应用型大学案例介绍的"创新三角"相比，我国应用型大学的知识技术转让机构还处在初级发展阶段，不少学校是在国家政策号召下迅速响应，用挂靠科研处等其他部门的方式建立起了知识转让机构，这就致使学校的知识转让机构呈现了职能分工粗放、人员非专业而不够精细的弊端。

明斯特的"创新三角"是一个全链条式的知识转让机构,每个部门与知识转让的各个环节相对应,如顶层负责设计,营销中心负责推广,在此之下又细分出了科学对商业(S2B)、科学对社会(S2S)、科学对创新(S2S)的子部门,还设有专门负责知识转让的公司。当前,我国应用型大学最重要的任务是建立专业、分工明确的知识转让机构。初期优先考虑团队式的方式:熟悉技术成果的经纪人(技术支持)+市场设计(需求调研和市场分析)+具备商务谈判和投资潜质的经纪人+专利方面人才(专利转化和申请)。随着业务的不断发展和经纪人专业能力的提高,再将每个团队中分工一样的经纪人归为一个部门,最终建立清晰的组织架构和部门分工,合理的部门分配为:综合办公室、产业技术部、投资融资部、信息咨询部、知识产权部。

此外,明斯特应用科学大学将知识技术转让作为大学发展规划的一部分,这体现出顶层设计的重要性,其职能不仅限于专业的知识技术转让相关业务,还有一些非正式的联系,比如,举办公司日、奖学金庆祝日来加强与外界的联系。这对我国应用型大学的顶层设计和知识技术转让机构的功能拓展也带来了一定启示。

第五章

芬 兰

芬兰国土面积33.8万平方千米，人口552万人，是位于欧洲北部的一个"小巧玲珑"的国家，首都赫尔辛基。芬兰有着绝妙绚丽的自然景观，加上古朴典雅的城市建筑，使这个国家既有高雅浪漫的古典气息又有国际化都市的现代风韵，因其森林资源丰富，湖泊众多，素有"北欧锯木厂""千湖之国"之称。

早在100多年前，英国作家崔蒂在其著作《行过芬兰》(Though Finland in Carts)中就对芬兰的教育作出过积极评价，芬兰国家的未来仰仗于其出众的教育制度。100年后的今天，作为福利国家的芬兰，教育备受推崇，人们将其看作成功教育、一流教育体系的代名词。在首次经济合作发展组织（OECD）发起的国际学生评估项目（PISA）测试中，从不倡导考试和竞争的芬兰却位居榜首，且在以后连续多次测试中名列前茅，这让芬兰人自己都始料未及。芬兰基础教育的成功迅速得到了世界各国的广泛关注。同时，人们也开始了对其高等教育领域，特别是颇具特色的应用科学大学（多科技术学院）成功经验的深入探究。

本章介绍芬兰应用科学大学的产生背景与主要发展历程，并以"介绍与案例"相结合的方式展现芬兰应用科学大学发展的优势特色、以坦佩雷应用科学大学为典型案例，呈现其创业教育课程内容、教学方式与师资培训方面的优秀经验。在上述基础之上，获得对我国应用型大学发展的启示。

第一节 发展历程

芬兰应用科学大学产生于20世纪90年代,最早以英文"Polyechnic"(中文释义为"多种工艺的")命名,因其最初由多所、多学科的职业教育机构合并而来,时称多科技术学院。其后,受德国应用科学大学更名的影响,包括芬兰在内的各欧盟成员国陆续将本国同类性质的高校更名为"University of Applied Sciences"。2016年9月14日,芬兰统计局正式发布信息:"未来理工教育统计将以应用科学教育大学的名义出版(Polytechnic education Statistics will in future be published under the name University of applied sciences education)。"学术界多将"University of Applied Sciences"翻译为应用科学大学、应用科技大学或应用技术学院。本书认为,"science"意为"科学、科学类",从应用科学大学的创办目标及内涵来看,应用科学大学除具备培养应用型人才的功能外,同时还具备应用科学研究功能,"科学"比起"技术"一词更为适合、贴切,且在芬兰包括本书介绍到的其他国家,都将其看作与研究型大学地位平等、不分高低的高等教育机构,保持名称上的相对统一更能将这种观念体现出来。因此,本书在此章及其他章节中也均统一采用了"应用科学大学"一名。

一、产生背景

任何一国经历的重大教育变革必然有其深层次的内部原因与外部原因,芬兰高等教育体系中应用科学大学的出现也不例外。其产生背景离不开国内政治、经济、社会背景的影响,同时也离不开国际背景下自身发展的需要。

（一）政治背景的影响

芬兰是多党制国家。当今芬兰的主要政党由芬兰中间党、民族联合党、芬兰"社会民主党"、芬兰人党、绿色联盟、芬兰左翼联盟、瑞典族人民党、芬兰基督教民主党和现在运动政治团体组成。现有政党结构是历史不断变化的结果，无论党派结构发生了怎样的变化，历史经历了如何的变迁，强调个性和效率的部分政党在芬兰历次的教育改革中都发挥着重要的作用。20世纪80年代末，右翼芬兰民族联合党和20世纪90年代初非社会主义党这两个政党的执政使得芬兰社会价值观发生了变化，芬兰所有主要政党都日益注重管理责任、个性培养及决策权力下放。

芬兰政府素来重视教育，秉持这样一种理念：国民教育水平能够促进国家经济发展，无论在任何情况下，教育发展都应放在首位。基于这种政府理念，芬兰各政党达成一致意见：教育政策必须将国家利益放在第一位，不能成为政党轮替的牺牲品，正是这个英明理念保证了芬兰教育政策在战后70年的连贯性，即使在执政党更替、政治倾向有差异的情况下，优先发展教育的政策始终未受影响。芬兰部分政党的价值观及其对于教育发展理念的和谐统一，为应用科学大学的产生奠定了一定的政治基础。

芬兰是典型的北欧福利国家。在这种制度的影响下，政府负担着很多社会服务工作，包括为高等教育机构提供办学经费和学生学费，为高等教育机构职员负担工资等，约有2/3接受过教育的人在公共部门任职。随着20世纪60—70年代高等教育机构数量的增加，芬兰高等教育大众化时代的到来，原有制度的弊端便逐渐显露。加之芬兰于1995年加入欧盟后发现本国的政策和欧盟其他国家所倡导的以市场为导向的政策存在很大冲突，而后者显然更有助于当时教育事业的发展。为了与国际接轨，提高国际竞争力，芬兰开始实行鼓励竞争的政策，这对应用科学大学的产生也有一定影响。

（二）经济衰退的驱动

一个国家高等教育的发展与其经济状况息息相关。高等教育能够促进国家的经济发展，而经济又反过来对高等教育产生影响。经济水平制约着高等教育发展的规模和速度，经济结构决定着高等教育结构，经济条件还影响着高等教育的内容和手段。经济因素是芬兰进行高等教育改革、建立应用科学大学的直接动因，也是主要原因。

第二次世界大战前，芬兰是个落后的农业国家。在20世纪50—70年代，芬兰实现了由农业国向工业国的转变，且经济稳速增长。1989年，芬兰的国民生产总值全球第四。其后，受苏联解体及西方经济衰退的影响，芬兰于1990年下半年出现了经济萧条甚至停滞的现象，出口率仅三年时间就下降了11.4%，从1989年的5.1%下降到1990年的0%，又在1991年暴跌至-6.3%。经济与就业往往相伴而生，经济繁荣，能够促进就业；经济衰退，就业出现困境。芬兰的经济衰退使失业人数大批量增加，失业率从1990年的3.2%上升到1991年的6.6%，1994年达到顶峰，高达16.6%。[①]90年代初，失业人数占总劳动力的20%，为经合组织成员国中最高。[②]面对国内经济下滑所带来的严峻形势，芬兰政府开始思考如何才能减少失业，使经济得到复苏。

对此，芬兰一方面大力促进知识密集型工商业的发展，与之培养大量高级人才，从而实现向知识经济社会的转变；另一方面通过增加高等教育规模推迟部分人员的就业时间来缓解当时日益增加的就业压力。产业结构的转变将对人才的培养模式提出新要求，教育规模的增加对原有高等教育机构造成了学生容量的挑战。在此背景下，芬兰政府决定结合原有的职业

---

① OECD.Polytechnic Education in Finland：Reviews of National Policies for Education [R]. France，OECD，2003：142.

② OECD.Polytechnic Education in Finland：Reviews of National Policies for Education [R]. France，OECD，2003：30.

教育体系，开展高等教育结构改革，创办多科技术学院（现称应用科学大学）。相较于研究型大学，应用科学大学更注重实践性与应用性，比职业教育机构能够提供更先进的教育培训。事实证明，这一改革举措是成功的，芬兰很快就走出了经济困境，居高不下的失业率也得到好转。国内生产总值从1991年的-6.3%增长到1993年的-1.1%，并于1994年开始迅速跃升，从此一直超越OECD和欧盟的平均水平；总失业率从1994年的16.6%下降到2000年的9.8%，总就业率增长14%。[①]

（三）社会现实的需要

造纸业和造纸机械业是芬兰在20世纪50年代的主导产业。为了满足国家进出口贸易的需要加之其地理特性，芬兰于60—70年代实现了以现代造船业和先进装备制造业为主导的产业结构调整。70—90年代，受世界信息技术革命的影响，芬兰在继续发展传统工业的同时，开始大力发展电子通信、办公自动化设备等高新技术产业。得益于产业结构的调整，芬兰在1994—1998年，国内生产总值平均每年增长5%，[②]经济逐渐复苏。与此同时，芬兰出口产品类型也在逐步发生变化。在2000年，电子产品出口量接近芬兰总出口量的三成。[③]

高新技术产业的发展，改变了芬兰的产业结构，极大地促进了芬兰的就业。1996—1998年，仅信息行业就创造了约1万个新的就业机会。[④]同时，产业结构的调整也带来了新兴岗位的用人需求。图书馆、银行、学校、医

---

① OECD.Polytechnic Education in Finland：Reviews of National Policies for Education [R]. France，OECD，2003：144.

② OECD.Polytechnic Education in Finland：Reviews of National Policies for Education [R]. France，OECD，2003：23.

③ OECD.Polytechnic Education in Finland：Reviews of National Policies for Education [R]. France，OECD，2003：26.

④ OECD.Polytechnic Education in Finland：Reviews of National Policies for Education [R]. France，OECD，2003：24.

院等公共场所都在利用现代信息和通信技术方面进行服务，急需大批高新技术行业人才。然而，当时的教育结构体系并不能适应这种产业结构转型所带来的人才供给变化，特别是职业教育领域。此外，芬兰在80—90年代进入了老龄化社会。随着老年人数量的不断增长，整个社会对老年服务的重视程度日益加深，劳动力市场对社会福利和保健工作的专业人员需求迅速增加，需要大量的职业技能型人才。

简而言之，芬兰产业结构的调整及人口结构的变化直接影响了劳动力市场需求，从而对芬兰的高等教育结构体系特别是职业教育产生了间接影响。教育决策者们认为，有必要根据社会实际需求改革职业教育和高等教育结构体系，在原有的中等职业教育基础上建立更高层次的职业教育，培养专业性、实践性更强的专业人才，以此适应劳动力市场人才需求的急剧变化，解决未来一些行业面临的劳动力短缺问题。

（四）教育提升的引力

从芬兰的国内形势来看，建立应用科学大学主要源于两方面的考虑，一是增加高等教育入学机会，二是提高职业教育与培训水平，以应对社会人才所需。这两方面的考虑在"经济衰退的驱动"和"社会现实的需要"中得到了较为充分的体现。再从国际背景来审视芬兰创办应用科学大学的目的，还与第三方面考虑有关，那就是提升高等教育的国际竞争力，增强国家竞争力。

1976年，欧洲委员会颁布的《教育领域的行动计划》为欧洲共同体成员国的国际合作奠定了较为完善的制度基础，标志着高等教育国际化的正式启动。此时的芬兰并非欧洲共同体成员，但在国际高等教育大势的影响下，于20世纪80年代初致力于加强本国及其研究人员的国际交流。直到1991年加入伊拉斯谟计划，芬兰才开始正式推行高等教育学生交换工作，大力促进教育各方面的国际合作与交流，以期提高芬兰的国际化程度。然而，研究型大学作为主要的高等教育机构，学校类型单一，授课语言单一，这在很大程度上制约着国际学生及研究者的交流。所以，在90年代初期，到芬兰进行交流的学生和研究者并不多。

随后，芬兰先后于1995年和1999年分别加入欧盟和博洛尼亚进程，这为芬兰教育的国际化发展提供了更大的发展空间，但对体制较为僵化的职业教育而言，则机遇与挑战并存。由于芬兰的职业教育体系很难被描述与掌握，特别是中等后职业教育所扮演的角色和地位很难确定，这就使国际比较和借鉴很难进行，芬兰的职业教育乃至整个教育体制也很难实现国际化。此时需要一种高等教育机构既能化解职业教育僵化的国际矛盾，又能满足国际学生接受高等教育的多样化需求，使芬兰的高等教育更好地与国际接轨。作为与研究型大学平行、比原有职业教育层次更高的应用科学大学应运而生。

二、主要历程

芬兰应用科学大学在20世纪90年代的高等教育改革中诞生。事实上，早在20世纪80年代，芬兰就曾与这种新型高等教育机构"擦肩而过"。尽管应用科学大学比它原本会出现的时间晚了10年，但在接下来30余年的发展中，芬兰紧抓机遇，由最初的"尝试办学"发展为现在的"全国办学"，应用科学大学与研究型大学相互平行、互相补充，共同构成了芬兰高等教育体系的两大支柱。

（一）从萌生到实验阶段（1978—1990年）

早在1981年，经合组织对芬兰进行教育审查时，就提出应建立与研究型大学并列的多科技术学院，而官方认为此项建议是不切实际的，并未采纳。这与芬兰1974—1987年的职业教育改革和中等后职业教育改革有很大关联。这场改革主要集中在3个方面："第一，根据1978年议会通过的《中等教育发展法》，把职业学校作为中等教育的一部分进行改革，其主要目标是按社会和劳动力市场需求不断扩展职业教育的内容，进一步增加人们接受职业教育的机会；第二，按照1983年颁布的法律对职业学校的投资体系进行改革，根据这部法律，国家和地方当局对职业学校的投资开始按比例进行，而且各个部门要依法各司其职；第三，对职业教育的立法进行全面修订，并把原来一些零散的规定和条文统一收集到职业教育大法之中，便于在职业教育领域更好地依法治教。国家职业教育委员会由于其特殊地位，直接推动了职业教育的改革，使职业教育的体系结构与经济发展密切相连，并成为整个教育系统中不可缺少的一部分。"

然而，到了20世纪80年代末，芬兰面对社会劳动力市场结构的变化，原有的职业教育显然有些"力不从心"，培养出的人才并不能很好地满足人才需求，而原有的高等教育机构又是以培养研究型人才为目标，与社会需求更是相差甚远。政府意识到当下形势的高等教育结构改革对国家教育的发展极其重要，同时受国际环境的影响，决定参照德国、荷兰等国家的做法，建立研究型大学、多科技术学院"二元并存"的高等教育结构。通过整合职业学校，并相应地改进教学方法、提高教学水平，以此提高多科技术学院在国内的吸引力，响应社会对职业技能型人才的新要求。然而，这一改革方案并未得到社会各界的理解与认可，甚至让政界人士、新闻界、大学和职业教育机构感到十分诧异，对国家是否具备建立这种高等教育机构的潜力表示高度怀疑。面对公众的质疑，政府建议芬兰教育和文化部，高等教育结构改革从试验阶段开始。

（二）从试验到正式阶段（1991—1999年）

1991年，芬兰《中等和高等职业教育法》的出台标志着高等教育结构的正式改革。在这场改革浪潮中，芬兰将85所职业教育机构迅速合并、重组，并建立起了22所"实验性质"的多科技术学院，试图通过"尝试办学"的方式探索创办应用科学大学的可行性路径，以此获取建立永久性二元结构高等教育体系的丰富经验。与传统职业院校相比，多科技术学院的层次更高；与研究型大学相比，多科技术学院更加注重实践与应用。

1994年，经合组织再次对芬兰高等教育政策进行审查，审查报告建议"应在至少五年的时间内逐步建立多科技术学院永久性体系，并由教育当局提供支持措施、设定质量标准"。在第一批"试验"性质多科技术学院的成功办学经验以及国内、国际均对其高度评价的基础上，芬兰加快了永久性多科技术学院的建设进程。1995年2月，《多科技术学院法》正式通过，文中明确指出多科技术学院和研究型大学同属芬兰高等教育体系，这标志着多科技术学院在高等教育体系中地位的正式确立。同年，政府制定了推动多科技术学院改革工作的战略措施，决定停止高中后职业教育，均以多科技术学院的形式培养人才，同时，政府规定每个多科技术学院必须经历试验阶段，并在此阶段有高质量教学水平和良好区域发展作用，才允许被授予永久性"经营执照"。经过4年的探索与坚持，社会各界对多科技术学院的怀疑、质疑变成了认可、好评。多科技术学院的学生人数也逐渐增加。

1996年8月，第一所"永久性"多科技术学院在政府的许可下投入运营。在整个90年代下半叶，政府每年都会给那些"合格"且经历过"试验"的多科技术学院颁发"永久性"办学许可，并成立了高等教育评估委员会（FHEEC）负责多科技术学院运营许可的评估工作。高等教育评估委员会按照教学环境、教职人员质量、优势领域、教育功能的辐射范围、与研究型大学及与其他多科技术学院的合作、国际化程度等指标对学校进行评估，评估通过后，由高等教育评估委员会形成申请建议报告提交教育部。

（三）从正式到提升阶段（2000年至今）

在2000年，芬兰有80%的中等后职业学校转化为了多科技术学院。同年8月，所有"试验性"多科技术学院都转成了"永久性"的正式高等教育机构。政府为多科技术学院投入了1.7亿欧元支持教师资格、图书馆和信息服务、在线学习环境和国际化方面的发展，并设立了短期目标，要在2001—2003年实现年均约1500名教师进修学习、7000名学生到国外学习或实习。

2001年，芬兰政府又将原有的250所高中后教育机构合并，加上在此之前创办的多科技术学院，共形成了29所"永久性"多科技术学院，专业覆盖人文教育、自然资源、技术通信、商业管理、旅游餐饮家政学、卫生保健与社会服务及文学七大领域。接下来，在博洛尼亚进程背景下的高等教育改革中，芬兰又增设了多科技术学院硕士学位，并于2002年秋开始学位试点工作。2003年，议会对《多科技术教育法》进行修订，再次明确芬兰实行高等教育双轨制，多科技术学院和研究型大学同为高等教育的组成部分，此时多科技术学院的数量也由2001年的29所变为了31所，分布如图5-1所示。

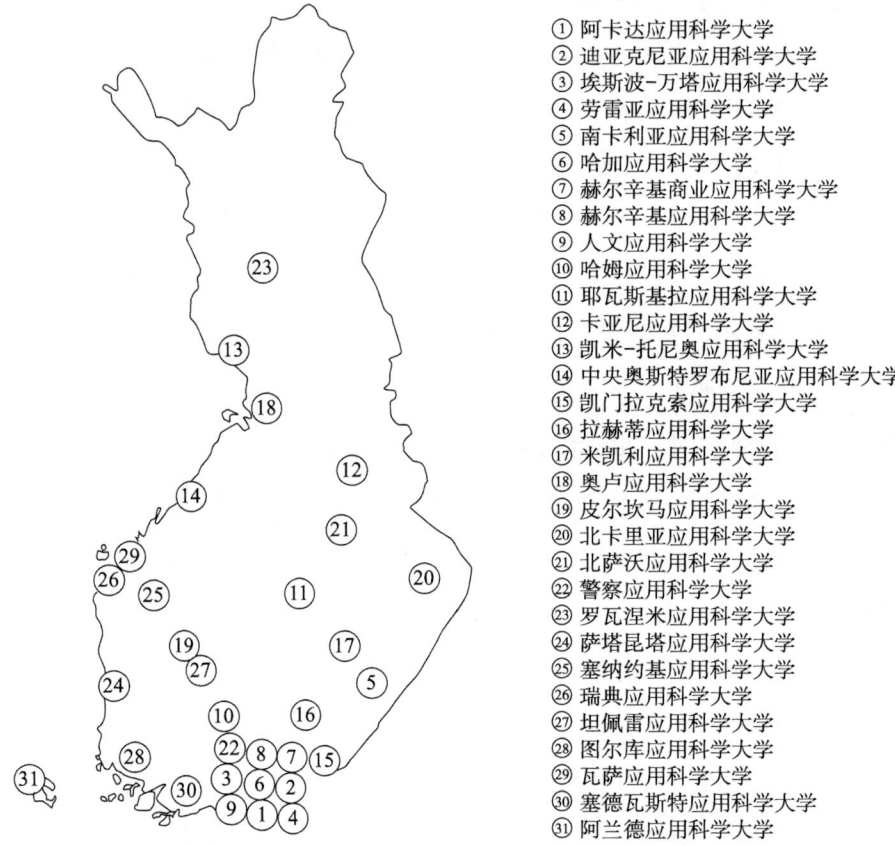

① 阿卡达应用科学大学
② 迪亚克尼亚应用科学大学
③ 埃斯波-万塔应用科学大学
④ 劳雷亚应用科学大学
⑤ 南卡利亚应用科学大学
⑥ 哈加应用科学大学
⑦ 赫尔辛基商业应用科学大学
⑧ 赫尔辛基应用科学大学
⑨ 人文应用科学大学
⑩ 哈姆应用科学大学
⑪ 耶瓦斯基拉应用科学大学
⑫ 卡亚尼应用科学大学
⑬ 凯米-托尼奥应用科学大学
⑭ 中央奥斯特罗布尼亚应用科学大学
⑮ 凯门拉克索应用科学大学
⑯ 拉赫蒂应用科学大学
⑰ 米凯利应用科学大学
⑱ 奥卢应用科学大学
⑲ 皮尔坎马应用科学大学
⑳ 北卡里亚应用科学大学
㉑ 北萨沃应用科学大学
㉒ 警察应用科学大学
㉓ 罗瓦涅米应用科学大学
㉔ 萨塔昆塔应用科学大学
㉕ 塞纳约基应用科学大学
㉖ 瑞典应用科学大学
㉗ 坦佩雷应用科学大学
㉘ 图尔库应用科学大学
㉙ 瓦萨应用科学大学
㉚ 塞德瓦斯特应用科学大学
㉛ 阿兰德应用科学大学

图5-1　2003年芬兰31所应用科学大学分布图[①]

---

① OECD.Polytechnic Education in Finland: Reviews of National Policies for Education [R]. France, OECD, 2003: 56.

2005年《多科技术学院法》再次修订，多科技术学院被正式赋予硕士学位授予权，正式进入拥有学士—硕士二级学位体系的高等教育时代。在2014年《应用科学大学法》的修订中，应用科学大学的组织形式发生改变，成为具有独立法人资格的有限责任公司。

经过多年的发展，应用科学大学经过不断地合并、优化、重组，形成了现有的24所应用科学大学（占芬兰高等教育院校总量的65%），分布于芬兰南萨沃、韦斯特米斯等20个行政区域。其中，22所应用科学大学以有限责任公司的形式运营，2所归内政部主管，详见表5-1。

表5-1 芬兰应用科学大学学校名录

序号	学校名称	运营形式
1	阿卡达应用科学大学	有限责任公司形式运营
2	中央应用科学大学	
3	迪亚索尼亚应用科学大学	
4	哈格－哈里亚应用科学大学	
5	人文应用科学大学	
6	海门应用科学大学	
7	于韦斯屈莱应用科学大学	
8	东南应用科学大学	
9	卡亚尼应用科学大学	
10	卡雷利亚应用科学大学	
11	拉赫蒂应用科学大学	
12	拉普兰应用科学大学	
13	拉瑞尔应用科学大学	
14	赫尔辛基城市应用科学大学	
15	奥卢应用科学大学	
16	萨塔昆塔应用科学大学	
17	北萨沃应用科学大学	
18	塞纳约基应用科学大学	
19	坦佩雷应用科学大学	
20	图尔库应用科学大学	
21	瓦萨应用科学大学	
22	诺维亚应用科学大学	
23	奥兰德应用科学大学	内政部授权下运营
24	警察学院	

第二节 发展现状

芬兰应用科学大学与研究型大学的定位不同,有着自身特殊的任务和使命,从建立之初至今,始终以培养专家型人才为目标,灵活设置专业课程,以服务区域经济发展为导向,满足社会人才所需,并积极开展应用型研究工作,形成了促进区域经济发展的强大推动力量,带动了芬兰国家的整体发展。

一、定位专家型人才,细分人才培养目标

从芬兰《应用科学大学法》中对应用科学大学使命的描述可反映出应用科学大学的培养目标。《应用科学大学法》提到,应用科学大学是根据工作、生活及发展的需要,为专业的专家型职业提供高等教育,并开展应用研究、创新活动和艺术活动,促进工商业和区域发展,振兴本地区产业结构。不难看出,芬兰应用科学大学培养目标的设置前提是根据工作、生活及发展的需要,旨在为学生提供未来就业所需的技术培训;目标在于为个人发展提供知识保障,培养与职业领域相匹配的专家型人才;最终落脚点是为区域发展提供人才储备,将应用研究成果转化为生产力,促进区域经济的快速发展。

在专家型人才培养目标的指导下,芬兰应用科学大学为本科、硕士不同层次的学生设定了涵盖通用能力和领域专业能力的差别化、层次化培养目标,还设置了同一专业在不同学年中的阶段性目标,按阶段培养学生的通用能力和领域专业能力,达到层层递进、步步深入的效果。

二、注重工作经历，申请资格体现实践要求

芬兰应用科学大学学士学位的申请除了需要满足语言技能要求之外，还需要满足以下申请条件之一：①完成芬兰预科考试；②国际学士（IB）文凭；③欧洲学士（EB）文凭；④毕业考试（RP）文凭或德国国际中学毕业考试（DIA）文凭；⑤三年或三年以上职业资格；⑥芬兰职业高中学历及以上资格或基于能力的专业职业资格，或具有可比性的先前资格；⑦国外高等教育学习资格。我们可以发现，在学生的入学申请标准中，证明其实践经验的职业资格可与其他考试文凭同等资格对待。

在硕士研究生申请标准上，应用科学大学更注重实践能力。申请者除了要具备学士学位资格或其他相当的高等教育学历，还要至少拥有两年工作经验（2020年以前需要3年工作经验）。在手工艺品、通信、美术、戏剧、舞蹈等专业领域中，可以用艺术活动或所获得的成就代替工作经验。

三、开展职业跟踪，优质就业纳入绩效资助

芬兰教育统计局数据显示，2015年应用科学大学的学生总数为139727人，相比1995年（31557人）增长了3倍之多。学生的就业形势也十分乐观，甚至高于研究型大学，应用科学大学的毕业生在毕业1年后的就业率远高于研究型大学毕业生的就业率，其中，本科教育阶段毕业生的就业率均在80%以上，硕士教育阶段毕业生的就业率均高于90%。应用科学大学的高就业率一方面与其培养定位符合社会经济发展的需求有关，另一方面也离不开国家对学生就业工作的高度重视。

芬兰教育和文化部将就业作为对应用科学大学资金资助的绩效指标之一。在应用科学大学的资助模型中，教育、研发与创新、其他政策目标分别占比79%、15%和6%。其中，就业、学生反馈分别占教育的4%和3%。2016年6月，教育和文化部在关于将优质就业纳入大学资助模式的提案中

还要求应用科学大学由原来每两年一次的职业跟踪调查改为每年一次。职业跟踪调查的对象是毕业5年后的学生，内容主要包括毕业生的基本信息、收入、学生对所得学位的看法、5年内的工作情况及学习工作对接需求是否匹配等内容，目的在于衡量毕业生对所接受高等教育的满意度、利用大学所学知识在工作生活中获得技能的机会等。毕业生回答的内容相关数据和人员反馈数量都会对应用科学大学的资助金额产生影响。

四、严格教师准入，注重教师专业发展

芬兰《应用科学大学法》规定，应用科学大学可以自行聘任全职教师，也可根据实际需要聘任兼职教师、专家及领域相关人员，学校教师资格要求和职责服从当地政府法令规定。从教师类型来看，应用科学大学主要有高级讲师和讲师两种类型；从工作方式来看，应用科学大学教师主要由全职教师和兼职教师组成。这与传统研究型大学中的教授、副教授、讲师和助教的教师结构显然不同。

教师在芬兰拥有较好的福利待遇及较高的社会地位，其任职资格也有着较高的要求。应用科学大学的高级讲师需取得专业相关的博士学位或副博士学位；讲师需拥有硕士学位或专业学位。除必备的学位资格，全职教师还要求具备不低于3年的相关领域工作经验；没有教育学培训经历的人员，必须在入职之前具有3年的教育学课程学习的经验。兼职教师主要是学校从企业专门聘请的具备较强实践技能和丰富实践经验的工程师等专业人员。校长必须拥有博士或副博士学位，还要具备行政管理经验和较强的语言表达能力，但也存在因教学实践造诣很高而被破格任命的情况。这反映出应用科学大学不仅注重学生实操能力的培养，在选拔人才上也极为重视实践经历。

芬兰十分注重应用科学大学教师的专业培养，定期组织教师培训、进修及深造，投入大量资金用于教师发展，以此来提高其教育教学水平，挖

掘教师在整个职业生涯中的无限潜力。教育和文化部长桑尼·格拉恩·拉索宁曾讲道:"世界上最好的教师是芬兰教育质量的最终保证。要保持对教师工作的强烈赞赏和信任,让每个年龄段最聪明的年轻人都愿意选择教师职业","对教师教育的投资也是应对我们教育系统面临的挑战的最佳方式"。

各所应用科学大学可向国家申请专项资金用于提高在职人员的职业素养。基本所有一线教师,作为薪资协议的一部分,每年都需要参加在职培训。每隔几个学期还要到与其任教的相关领域的企业单位"工作",一方面,帮助教师及时更新、丰富原有的专业知识;另一方面,也可将工作领域中的问题与实际经验带回学校当中,防止理论与实际相脱节。另外,学校还为教师创造国际交流机会、提供教师交换项目,使教师开阔视野,拓宽思维,保持教师队伍的生机与活力。

由于相当多一部分应用科学大学是一些职业教育机构合并、重组而成,原有学校的师资队伍资格条件不能很好地与应用科学大学的要求相契合,在一段较长的时间内,提升师资队伍整体素质是应用科学大学所必须解决的难题。对此,芬兰应用科学大学为这些教师提供了5年的过渡期,以便其在此期间获得与应用科学大学相应的资格与学位。教育和文化部也为之作出了大力支持,推行名为"专业发展项目"的专项扶持项目,提供教师继续教育、帮助获取学位及教师发展相关培训。

五、坚持工作场所学习理念,开展小组式创新教学

在教学方面,芬兰应用科学大学采用"工作场所学习"模式开展教学,有些学校也有着自己独到的教学模式与方法,如拉瑞尔应用科学大学的LbD模式、图尔库应用科学大学的创新教学法等。无论何种教学模式、教学方法都离不开理论与实践的结合,离不开"工作场所学习"理念的指导。"工作场所学习"模式就是将理论与实践的学习分散到更加适合的学习地点,理论学习在校内,实践经验的获取到校外,类似于我国的校企合作。

不同的是，即便在校内，应用科学大学也会为专业理论知识的学习提供一个真实的工作学习环境。由于应用科学大学担负着培养应用型人才、引领创新活动的重任，其教学中也尤为注重创新元素的融入。

图尔库应用科学大学（TUAS）的创新教学法

芬兰第一所大学诞生于1640年，但应用科学大学则于20世纪90年代初建立。毋庸置疑，两个培养目标截然不同的高等教育机构无法采用相同的教学方法。换言之，传统大学的教学方法并不适用于应用科学大学，加之芬兰教育和文化部在《2010—2012年高等教育机构总体纲要目标》中对高等教育机构的创新要求，图尔库应用科学大学（TUAS）试图基于国家政策、区域战略纲要和自身优势来开发出适用于应用科学大学的教学方法。

根据芬兰教育基金会的论点，"应用科学大学的学风应是由浅而深的学习发展，包括基于小组和网络的学习。应用科学大学的宗旨是通过考虑经济和工作生活来支持区域发展"。一些教育学者，如Kirschner等人指出，"学习任务的复杂性是帮助教师选择适合基于小组学习活动的重要因素，当需要采用多学科方法或专业知识来解决问题时，小组学习是个不错的选择"。Freyens和Martin（2007）强调，"通常必要的知识是在一个社会环境中，由于高效和多层次的管理活动而创造的。网络学习还扩展了传统的协作学习，包括电子网络和数据库"。基于国家考虑和以教育理论为基础，TUAS创造出了该校"个人、小组和网络学习"的创新教学法模型（图5-2）。创新教学法包括6项内容，教育年轻人、支持专业成长、研究与开发、艺术工作、成人教育和教师培训。这些任务都涉及"个人、小组和网络学习"。讲堂和考试中的个人学习扩大到小组学习，包括创业培训、应用研究与开发和社区服务。网络学习不仅包括实际工作环境中的活动，如实习，还包括电子网络和平台。此外，学生还要经常参与同其他高等院校的学生一起合作的学习活动等。

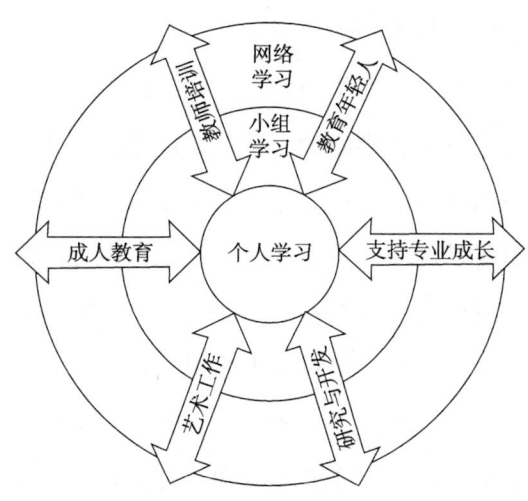

图 5-2　基于个人、小组和网络学习的创新教学法

　　TUAS这种创新教学法的理念来源于应用科学大学法对应用科学大学使命的有关要求，具体理念为：①多场作战。客户的需求通常不遵循单个学科、学位课程或特定的研究领域。创新可以通过网络项目中不同的团队和组织单位来创造。应用科学大学的多领域院系可以促进应用研究与开发。②应用研究与开发。研究的项目利用区域知识和创新网络与教育相结合。研究和开发的结果不仅通过出版物进行评估，而且还基于它们如何为客户增加价值。③灵活的课程。教育发展是以创新教育学和质量保证的战略纲要为基础，确保战略目标的实现。灵活的课程还应使企业实践和国际活动成为可能。④创业精神。通过将创业精神和社区服务融入教育，促进创业精神和社区服务，这是对工作生活需要的回应。在学位课程期间，灵活的课程为创业研究提供了支持。创业培训的目的是培养学生创业的能力。⑤国际化。学院内的每个学位课程都提供国际课程。研究的目的是为学生提供在国际网络和商业活动中的能力。

六、专业设置对接社会需求，学分制课程体系与国际接轨

　　芬兰应用科学大学专业涉及人文与教育、文化、社会科学、商业与行

政、自然资源与环境、技术、通信与运输、自然科学、社会服务、健康与体育等领域。以社会人才之需为导向，实现学校专业设置与区域产业结构严密对接是芬兰应用科学大学的最大特色。以社会人才之需为导向决定了其专业设置必须是职业性的，目的在于学生能够在相应的专业领域内"对口"工作，并运用所学的专业知识解决专业工作中的问题。与区域产业结构对接则体现出了应用性、区域性的专业特点。区域性直接决定着应用科学大学专业的差别性，每所应用科学大学根据各自所在省、区产业结构的特点设置本校的特色化专业，共性之处在于专业都是立足区域、扎根区域、服务区域，即应用性。这种将专业设置和社会需求相衔接的方式既避免了应用型大学之间的同质化发展倾向，又能为所在区域提供人力、文化资源支撑。例如，坦佩雷市曾是芬兰最工业化的城市，后由于新的城市计划的实施，其工业区被餐馆、商店、运动减肥中心以及博物馆取而代之，坦佩雷应用科学大学设立了社会和健康服务及建筑领域相关专业。随着芬兰老龄化社会的到来，很多应用科学大学都将关注点聚焦在与老年人生活健康相关的专业领域（见表5-2），如芬兰东南应用大学就设置了老年护理、理疗、足病学等专业。但专业的不断推陈出新并不意味着要摒弃传统行业相关专业，该校还保留着传统的林业领域相关专业。

表5-2 芬兰应用科学大学主要的关注领域

序号	学校名称	关注领域
1	阿卡达应用科学大学	北欧区域合作；健康与患者安全；智能解决方案；信息分析（大数据）；文化
2	中央应用科学大学	综合服务和商业；工业过程和生产技术；信息网络和内容生产
3	迪亚索尼亚应用科学大学	社会工作；医疗保健、诊断；口译
4	哈格-哈里亚应用科学大学	服务；销售；创业
5	人文应用科学大学	社区融合；青年人指导；翻译与通信；文化生产与管理
6	海门应用科学大学	金属薄片；生物经济；智能服务；专业技能管理
7	于韦斯屈莱应用科学大学	教育和商业；生物经济；网络安全应用；综合康复治疗

续表

序号	学校名称	关注领域
8	东南应用科学大学	可持续的人类幸福；数字经济；林业；环境与能源；海洋技术与交通；俄罗斯研究
9	卡亚尼应用科学大学	智能解决方案；家庭护理；体验型活动；企业管理；生产系统；游戏和测量应用
10	卡雷利亚应用科学大学	人类幸福；可持续能源与解决方案
11	拉赫蒂应用科学大学	人类幸福；智能工业；环境设计
12	拉普兰应用科学大学	服务业和创业；自然资源的合理利用；跨国合作
13	拉瑞尔应用科学大学	商业信息技术；酒店管理及服务设计；护理；安全、安保和风险管理；服务业务管理；社会服务；服务创新与设计；全球卫生与危机管理；领导变革
14	赫尔辛基城市应用科学大学	清洁技术与生物经济；人类幸福与康复；创意经济与城市文化；健康建筑；智能科技
15	奥卢应用科学大学	未来健康和人类幸福；能源、自然资源和环境；智能学习；创新产品和服务；创业和新业务
16	萨塔昆塔应用科学大学	食品；智能与节能系统；人类幸福；创业
17	北萨沃应用科学大学	可再生能源；水安全；食品生产；人类幸福科技应用
18	塞纳约基应用科学大学	商业文化；粮食与农业；卫生保健与社会工作；技术
19	坦佩雷应用科学大学	创业和新业务；智能机器和设备；社会和健康服务；节能与健康；建筑
20	图尔库应用科学大学	人类幸福；未来技术创新大学；创新教学法
21	瓦萨应用科学大学	出口产业；智能机器；电器工程设备和系统；健康和人类幸福
22	诺维亚应用科学大学	老年人健康和生活条件；可持续能源技术；自然资源管理；舰船方针；文化与产业
23	奥兰德应用科学大学	电子设备；工商管理；酒店管理；IT；机械工程；护理；海军上尉计划
24	警察学院	国内治安

表 5-3 东南应用科学大学专业分布表（2020 年）

1. 工程制造和建筑	学士全日制	学士兼读	学士在线	硕士
生物产品技术	√	√		
屋宇装备工程	√	√		√

续表

建筑工程	√	√		
电气与自动化工程	√	√		
能源工程	√	√		
环境技术	√	√		√
土木工程	√			
物流	√	√		√
轮机工程	√	√		
轮机工程、船舶技术	√			
工艺与材料技术	√			
工艺技术		√		
基于数据的健康服务开发				√
项目和销售管理				√
技术管理				√
2. 信息和通信技术（ICT）				
智能信息系统		√		
电子服务和数字归档		√		
信息管理和数字归档		√		
商业信息技术	√	√	√	
网络安全	√			
游戏编程	√			
信息技术	√			
3. 健康与福利	学士	学士兼读	学士在线	硕士
公民活动和青年工作	√	√		
紧急护理	√	√		√
临床				√
保健和社会服务发展与领导				√
紧急护理开发和管理				√
基础数据的健康服务开发				√
健康促进				√
领导和发展青年教育				√
多元提升功能能力				√
非政府组织和青年工作				√
社会服务				√
福利促进				√

续表

	学士	学士兼读	学士在线	硕士
老年护理		√		
卫生学	√			
护理学	√	√		
理疗	√			
足病学	√	√		
社会服务	√	√		
4. 服务				
海洋技术学位课程	√	√		
旅游服务业学位课程	√	√	√	√
基于数据的健康服务开发				√
海事管理				√
5. 商业、行政和法律	学士	学士兼读	学士在线	硕士
多语种管理助理	√			
业务数据分析和可视化	√			
商业物流	√	√		√
商业管理	√	√	√	
市场营销	√	√		
基于数据的健康服务开发				√
创业与商业能力				√
未来业务运营管理				√
6. 林业				
自然资源	√	√		
林业业务运营				√
7. 人文艺术				
生物产品设计	√			
服装与服装设计	√	√		
木材设计		√		
平面设计	√			
室内建筑和家具设计	√			
产品和服务设计	√			
文化艺术恢复	√			
服务设计				√
基于数据的健康服务开发				√

芬兰应用科学大学学位体系由学士学位和硕士学位组成（见表5-3），使用欧洲学分转移与累积系统（European Credit Transfer and Accumulation System，ECTS）衡量学生的工作量。通常情况下，学生获取学士学位需要3.5～4.5年，对应210～270学分。

图5-3展示了学士学位（210学分）各学习内容的结构分布情况。主要包括基础研究（60学分）、专业研究（90学分）、选修课（15学分）、论文写作（15学分）和实践培训（30学分）。学士学位课程包括基础研究、专业研究、实习和论文。基础研究为专业学习、公司实习以及实践性的论文写作奠定理论基础。在专业研究的学习中，学生获取专业领域内的职业知识。选修课则可使学生的个性得到发展。学生在实习期间，通过真实的工作环境熟悉其专业领域的工作任务，理论指导实践，实践反哺理论。在最后的论文中，学生在加深专业领域知识理解的同时，也是对其将理论知识付诸实践能力的考验，实现二者的相互融通。

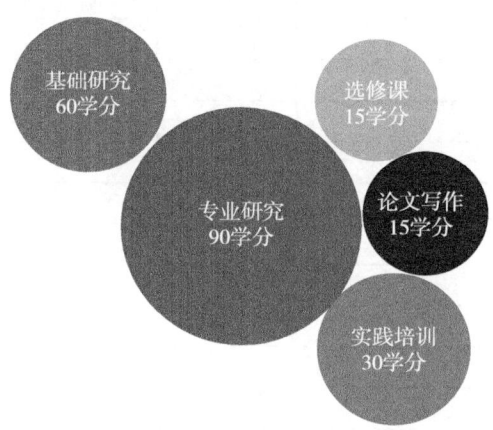

图5-3　芬兰应用科学大学学士学位
（210学分）学习内容的结构分布

获取应用科学大学的硕士学位大约需要1.5～2年。硕士学位由60个或90个ECTS学分组成。图5-4展示了硕士学位（60学分）各学习内容的结构分布情况。主要包括高级专业研究（30学分）、选修课（5学分）和论文（25学分）。

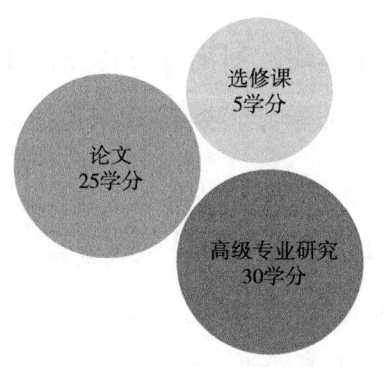

图 5-4　芬兰应用科学大学硕士学位
（60 学分）学习内容的结构分布

以东南应用科学大学平面设计专业为例，该专业课程包括核心能力研究和补充能力研究两个模块，共计240学分。核心能力研究（135学分）具体包括：专业设计（15学分）、语言（15学分）、研讨会（15学分）、应用艺术（15学分）、可视化（15学分）、方法（15学分）、创意经济（15学分）、实用培训（15学分）、本科论文（15学分）。补充能力研究（105学分）的很大一部分将在具体的现场项目中实现。具体包括：平面设计（15学分）、公司身份（15学分）、广告代理公司（15学分）、RDI项目（15学分）、实用培训（15学分）、选修（30学分）。

该专业的课程如下：①基础学习，包括学习和职业规划、设计思维、作品集、芬兰语沟通技巧、专业英语、专业瑞典语、产品图形设计、版式、颜色和表面、艺术和设计历史、精美艺术、交际、摄影和图像处理、图形设计软件、演示和插图技巧、研发技能、用户理解、数码绘画、未来研究、设计创业、从创意到创新21项课程。②专业学习，包括出版物图形、网页设计、信息图形、徽标和设计指南、企业形象、海报工作坊、广告、插图、广告活动设计、项目与研究、品牌建设11项课程。③实践训练，包括基础训练和高级培训。④学士学位论文，包括想法与计划、实施、报告、评估和介绍3部分。

拆除阻碍欧洲高教一体化的围墙
——透视欧洲学分转换与累积系统（ECTS）[①]

欧洲学分转换系统是欧洲委员会为促进欧洲国家高等教育系统学分互认和转换而制定的系统，目的在于提高各国高校学生的学术流动性，增强欧洲教育系统的国际吸引力。

欧洲学分制最早产生于20世纪80年代欧盟发起的欧洲大学生流动计划，即著名的"伊拉斯谟计划"（Erasmus Programme）。根据袁松鹤《欧洲学分体系中ECTS和ECVET的分析与启示》，当时，欧洲国家意识到，欧洲各国由于在历史、文化、社会、教育理念和教育体制方面的多样性，在学制设定、课程组织、教学语言、学位授予方面各不相同，学分计算方法千差万别，为实现学历互认，迫切需要一个共同的学分计算与衡量标准。于是欧洲委员会于1989年开发了欧洲学分转移体系，用于衡量、比较和转移学生在不同国家和高等教育机构的学习成果。在"伊拉斯谟计划"实行的初期，欧洲学分制仅具有学分转移的单一功能。

后来，随着博洛尼亚进程的深入，欧洲学分制也得到了长足发展。《博洛尼亚宣言》的目标之一就是要在欧洲范围内推广和使用统一的学分系统，并且使这一学分系统具有兼容性的特点，能够覆盖终身学习的各种教育活动。根据2003年出版的《实现欧洲高等教育区——柏林公报》的资料，2001年的《布拉格公报》和2003年的《柏林公报》分别强调，里斯本公约国不仅要将欧洲学分体系用于学分转移，而且须将其用于学分累积。这样，欧洲学分转移体系逐渐增加了学分累积的功能。也就是说，学习者在未完成全部教育课程的情况下，也可以用学分来衡量和累计部分学习经历带来的学习成果，便于将来在合适的时机进一步完成学业或继续深

[①] 宗华伟.拆除阻碍欧洲高教一体化的围墙——透视欧洲学分转换与累积系统（ECTS）[N].中国教育报，2012-03-30.

造。因此，欧洲学分不仅可以在空间上实现跨国、跨院校转移，还可以在时间上实现跨学习阶段持续计算。因此，这套学分体系又被称为"欧洲学分转换与累积系统"（european credit transfer and accumulation system，ECTS）。

《欧洲学分转换与累积系统使用指南》显示，综合欧洲大部分国家的情况，一学年正规全日制学习的学习量大概为1500小时，一个欧洲学分对应25小时的学习，因此，通过正规全日制在校方式学习的学生，如成功通过测评，一学年应获得60个欧洲学分。根据每个国家学制的不同，一学年分成两个学期的国家，每学期的学习量为30个欧洲学分；一学年分为3个学期的国家，每学期的学习量为20个欧洲学分。此外，每个国家还可以自主调整本国欧洲学分与学习时间的量化关系。比如，德国规定1个欧洲学分需要30小时的学习量，芬兰规定1个欧洲学分需要27小时的学习量，而比利时、希腊、波兰等国家则规定1个欧洲学分的学习量可在25~30小时浮动。

七、应用型科研服务工作、生活和区域发展

应用型科研是应用型大学开展社会服务的重要途径。2003年，芬兰《应用科学大学法》要求应用科学大学应具备技术与研发功能，并将其与教学放在同等重要的位置。法案提出，应用科学大学的任务是开展应用研究与开发工作，以服务学校教育并支持工作、生活和区域发展。2014年后，芬兰又在其基础上增加了创新功能，形成了现在应用科学大学以自身科研即RDI（research, development and innovation）为依托的社会服务模式。这种科研活动与研究型大学存在些许不同。从科研性质来看，应用科学大学的科研活动是专门针对学校所在区域的政府和产业实际需求而开展的技术研发和创新活动。从科研目的来看，一是促进本校教育；二是服务区域。如迪亚索尼亚应用科学大学的RDI活动就结合所在区域特点，将该校的研

发和创新活动集中在社会保健、卫生、口译等方面，致力于通过研究促进包容性和共同性、防止贫穷和排斥、改善客户的服务途径、开发服务和服务系统。

另外，应用科学大学的科研活动尤为注重学生的参与性，甚至有些学校还为学生单独设立了科研项目。在学校看来，在行业专家、专职教师的指导下，学生通过这种方式可以提升学习、吸收、创造与工作相关知识的能力，也有助于毕业后快速适应以专业知识为基础的工作环境。研发和创新活动得到了芬兰应用科学大学的高度重视，每所学校都设有专门的RDI管理机构，负责人由行业企业专家担任。有些应用科学大学还会将本校开展的研发、创新活动有关的研究和项目报告等成果出版发行。

应用科学大学的社会服务功能还体现在对社会重大事件的责任感和使命感。阿卡达应用型大学在新冠疫情期间，还为那些失业和暂时下岗的人提供免费的开放学习课程，这充分体现了应用科学大学与支持工作、生活及区域发展的充分融合。

芬兰RDI"十步法"科研范式

芬兰RDI"十步法"与我国地方应用型本科高校科研过程表面看起来大体相同，但其中的项目申请、项目落实、成果应用3个步骤差异极大。

项目申请。芬兰应用科学大学RDI项目来源主要是所在市域行业企业急需的技术研发与创新项目，包括当地政府开发与建设项目、当地行业企业技术研发与创新项目，此类项目占学校科研项目总数的85%以上。同时各应用科学大学也积极争取芬兰科学院（AF）、国家技术创新局（Tekes，隶属芬兰就业与经济部，该局所提供的项目全是应用型项目）的项目。

项目落实。项目落实主要是RDI科研项目分解落实到living-lab教研项目。项目落实场所，一是校内相关实验室、实训室、研发中心等研发基地，一般采用ling-II项目模式，专职教师为主、企业专家为辅共同带领学生在校内开展技术研发活动，研发项目直接演化为一个或若干个专业教学项目。二是校外技术研发需求单位的实验室、操作车间、技术研发中心等研发基地，企业专家为主、专职教师为辅指导学生在校外开展技术研发与创新活动。在芬兰应用科学大学，科研与教学不是相互分离而是浑然一体的。

成果应用。由于RDI项目绝大多数是来自所在市域政府或企业的应用型技术研发与创新项目，都要直接面临研发成果的应用问题。项目经理与学校教师一直跟踪项目应用过程，遇到问题及时处理，直到商业用户满意为止。芬兰应用科学大学非常重视成果应用的过程，一是因为通过成果应用，能够发现更多、更高水平的后续应用型技术研发与创新项目；二是因为鼓励师生利用已有研发成果进行创新创业，对有较大市场发展潜力的项目，学校给予重点指导和重点支持。

第三节 芬兰应用型大学的发展启示

从前文对芬兰应用科学大学的产生背景、发展历程与现状介绍可以看出，芬兰应用科学大学是国家经济发展、社会进步、服务产业结构升级的必然产物，也是其适应高等教育体系结构调整的客观要求。如今，芬兰应用科学大学与研究型大学共同担负着人才培养、科学研究及社会服务工作。它们如同两个平行的支柱共同支撑起了芬兰的高等教育体系，践行着各自的初心和使命。

将芬兰应用科学大学与我国应用型大学的发展历程进行比较后发现，两国应用型大学的发展背景具有一定的相似性。第一，发展的起始时间大致相同，均发端在20世纪90年代。第二，发展背景类似，都是为推动经济发展，满足产业结构转型过程中对高技能专业人才的需求。作为与我国应用型大学发展背景有着诸多相似之处的国家，芬兰应用科学大学的成功经验对我国具有十分有益的启示。

一、细化的培养目标是人才培养的重要起点

芬兰应用科学大学从创办之初就将目标定位于专家型人才的培养。为实现这一目标，应用科学大学首先将这一目标切割成若干部分，细化到不同的专业中、深入不同的课程里、分散于不同的阶段上。这些专业目标、课程目标、阶段目标又会再作出进一步的细分，但最终都将落在"专家型人才"的总目标上。这种细分目标的方式方法在坦佩雷应用科学大学的课程设置目标中也得到了充分的体现。

我国要培养与社会发展相适应的、能够应对产业需求的应用型人才，这是毋庸置疑的。受应用型大学所在地方的产业特点影响，每个地方、每个行业所需要的应用型人才不尽相同。那么，这些差别化的应用型人才分别需要具备什么样的通用能力与专业能力呢？受切割培养目标的启发，我国应用型大学可将应用型人才作为培养总目标，发散出与其相对应的关键能力，这些关键能力再继续向外发散、细分，最终形成一个以总目标为核心，由若干项关键能力要求组成的圆。这与我国核心素养教育理念有着异曲同工之妙。各应用型大学可在深入调研的基础上，了解各行各业人才所需，考察社会对人才能力的要求，并结合专家意见，根据自身及服务地域的实际情况制定出符合本校的独具特色的人才培养目标，建立符合本校培养目标的具体能力要求，用实际需求倒逼我国应用型学生通用能力和专业能力的培养。在这种应用型大学"核心素养"培养策略下，学生对本专业、本领域的学习能力有着更为直观的认识，方便教师有目的性地开展教学，最重要的是，最终培养出的人才能力符合地方、社会要求。

二、行动导向是教师开展教学的有效方法

联合国教科文组织通过的《国际教育标准分类法》对教育进行了重新定义,将"教育是有组织地和持续不断地传授知识的工作"改为"教育被认为是导致学习的、有组织的及持续的交流"。这里的学习是指个人在主动获取信息、加工知识并理解以及技能方面的能力提升;组织可以理解为动词,是发起的一种行为,也可理解为名词,指由两个或更多人组成的团体;交流是指组织中人的学习思想与知识、学习策略等信息的沟通与转移。简而言之,传统的单向传递不再是教育的重点关注对象,现在的教育更加强调双向的沟通与交流,双向可以指教师和学生之间,也可以指学生之间,学生的主体作用受到重视。

行动导向正是符合上述教育理念的一种教学方式,通常以团队、小组为重要授课媒介。芬兰应用科学大学创业教育中的"个人、小组和网络学习""实践中做""对话中学"的教学方式则很好地体现了行动教学的优点。学生可以从实践中、工作场景中获取理论知识,再将理论知识转化为工作能力,最终实现理论与实践的融合、学习能力向工作能力的迁移。这种教学方式虽在我国已经实施,但实际效果不佳,主要原因在于过多关注学生的主体性,而忽视了教师在这种教学方式中的组织、管理以及必要时的主导作用;过多地强调了倾听者的身份,而忽视了指导者的重要作用。同样,这种行动导向的教学方式依然可以运用于学生毕业论文写作中。与国外应用型大学对比,我国应用型大学学生的毕业论文在一定程度上存在内容空泛、沿袭研究型大学写作模式、实践性不够突出等问题。毕业论文对学生来说像是一种魔咒,学生对此毫无动力和兴趣,只是将其看作毕业的筹码。究其原因,学生没有深入走进实践,没有体会到在实践中发现问题、解决问题的强烈成就感。借鉴芬兰经验,重视学生在科研项目中的参与度,让学生真正加入学校、教师的应用型科研项目中,这样在增加学生兴趣的同

时也能增加毕业论文的实用性、应用性。

三、系统的课程体系是创业教育的关键所在

创业教育在芬兰不是高等教育专属，而是贯穿于整个教育体系中。每个教育阶段的创业教育侧重点不同。在高等教育阶段侧重于创业意识和创业态度的培养，更加强调创业能力的训练和企业家精神的塑造，而目标清晰具体、体系完整的课程是实现这一创业教育目标的有效载体。学生进入学校即便没有马上结成团队创办公司，但有关创业教育元素的课程从一开始就体现了出来。我国应用型大学学生大多在三年级和四年级才能接触到创业教育有关课程，而在此之前，多数学生对创业教育没有清晰明确的认识，甚至只是将其理解成表层的为了缓解大学生就业压力的一种做法。这十分不利于学生创业意识的培养，也将直接影响到其创业态度的形成。

我国应用型大学应当建立起一套系统的、目标清晰的创业教育课程体系，选择适合的创业教育模式。芬兰坦佩雷应用科学大学"企业家学园""Y校园"效仿的是美国的聚焦式和普及式中的磁铁式创业教育。聚焦式只在个别专业开设特有的创业教育课程；磁铁式是通过特定的院系（一般是商学院）开设面向全体学生的创业课程，吸收各个院系和专业的学生参加。"企业家学园"模式，即聚焦式的教育，对象群体不是那么广泛，但能够照顾专业特殊性，而"Y校园"模式则可在多样化教育群体中实现资源共享。我国2012年《普通本科学校创业教育教学基本要求（试行）》中要求高等学校面向全体学生广泛开展"创业基础"必修课，这意味着磁铁式或普及式中的另一种形式——辐射式是在初期较为合适的创业教育模式。

从"创业基础"的课程名称及随之发布的教学大纲可以看出，这是一门面向全体学生的普及式课程。从应用型大学开展的情况来看，多数高校基本按照国家规定的下限（2学分，32课时）开设"创业基础"课程。先

修课程多为"大学生心理健康指导""思想道德修养""法律基础"。"大学生职业发展与就业指导"课程既是先修课程又是唯一的一门后续课程。虽然我国已由最初将创业教育看作缓解就业压力的手段上升为国家服务层面，是服务国家加快转变经济发展方式、建设创新型国家和人力资源强国的战略举措，但是部分应用型大学相应课程还在按照以前的方式实施，这不利于创业教育目标的实现。因此，对各应用型大学来说，构建一个完整的、系统的创业教育课程体系是当下开展创业教育的首要工作。"创业基础"多在一年级开设，可为全体学生的创业教育奠定基础。在二年级时，可借鉴坦佩雷应用科学大学的创业教育模式，由学校选拔一些具有较强创新、创业意愿和潜质的学生进行分流，由专门的创业学院对其实施专业教育，进一步深化其创业知识、培养其创业态度、提升其创业实操能力，鼓励学生以团队的方式创办公司，持续经营。同时，为未分流的学生构建创业教育与专业教育相融合的课程体系，以便为其在以后的创业中奠定扎实基础。也就是说，同一所应用型大学要配以两套创业教育课程体系，一套在专门的创业学院实施，一套是为那些暂未展露创业想法的学生提供的专业教育+创业教育课程。

四、专项职业追踪是应用型大学与社会需求对接的重要途径

立足地方是我国应用型大学发展的根本，这就需要应用型大学主动服务地方经济社会发展，而实现这一路径的根本就在于学校的一切活动，如培养目标、专业设置、课程安排等，都要根据区域经济社会发展的需求进行。芬兰应用科学大学正是如此，学校将目标定位于培养行业的专家型人才，将专业领域与所在区域相匹配，并随时依据社会、区域需要主动调整专业设置，开设相应课程，保证学生就业的同时又能很好地满足社会需求，服务国家经济发展。应用型大学要满足社会需求、适应社会需求是毋庸置疑的，但如何才能知道社会需求，以及自身需要如何调整才能适应社会需

求呢？也许有人认为，芬兰很多应用科学大学会邀请行业企业专家共同设置学校专业，倾听专业声音便是了解"象牙塔"之外世界的最好方式。诚然，行业企业的专家参与到应用科学大学的专业设置、课程建设活动中是十分有益的，但有一种能与专家声音相媲美的方式是被大家所忽略的，那就是毕业生的职业追踪。

从前文的介绍了解到，芬兰应用科学大学会在其学生毕业5年后，对学生进行职业追踪调查。衡量毕业生满意度只是开展这项工作的目的之一，更重要的是帮助学生了解5年内学习与工作是否能够对接匹配。芬兰教育和文化部还将应用科学大学的就业纳入其资金资助模型，并将原来两年一次的职业追踪调查改为每年一次，可见芬兰对毕业生反馈的重视程度，而就业作为政府资助大学的绩效指标也成了一种国际做法。我国也可借鉴芬兰毕业生职业追踪机制，重点从单位性质、行业特点、岗位类型、职位层级等维度对毕业生就业去向进行详细调查，一方面能够测量不同专业学生毕业后的工作满意度，考量其预期差距；另一方面还能考察市场对应用型人才的需求，对人才供需差距进行深度剖析，以便完善应用型大学人才培养工作，提高应用型大学学生专业能力与市场人才需求的匹配度，增加服务经济发展的贡献度。还可借鉴国际做法，将职业追踪结果作为衡量应用型大学绩效的重要方式，促进我国应用型大学的转型发展。

第三部分

北美洲应用型大学的发展经验

PART 03

第六章

美　国

美国是一个建国只有200多年历史的移民国家，现有国土面积900多万平方千米，人口3.33亿人，全国除了首都华盛顿哥伦比亚特区，共分为50个州，下设3144个县。美国的经济、科技高度发达，其国内生产总值高居世界第一位。

美国拥有完善的高等教育体系，高等教育事业发达。全国拥有各类高等学校4000多所，教师80多万名，在校学生2000多万名。美国高等教育的管理权在联邦各州及地方各级政府，联邦政府没有高等教育的直接管理权，主要通过相关立法、资金资助、项目委托等形式，对高等教育的发展给予支持和引导。美国高等教育机构的类型多样，从资金来源和办学目的上来看，主要包括公立大学、私立大学和私营大学三种类型；从办学形式上来看，主要分为大学或理工学院、四年制学院、社区学院、职业技术院校四类；按照卡内基高等教育机构基本的分类体系，美国高等教育机构可从层次上分为博士型高校、硕士型高校、学士型学院、学士副学士型学院、两年制学院、专修学院等类型。

美国高等教育的基本特点是单轨、多元。高校层次丰富、类型多样，既有一大批在科研和人才培养方面处于世界顶尖水平的高校，又有主要面向社区、为社区培养人才的社区学院。在强调高等教育的应用性、树立服务经济社会发展意识方面，不同类型和层次的高校具有共识，但不同高校在推动应用型人才培养、服务经济社会发展的程度和方式方法上有所不同。本科层次大学、两年制学院以及专业学院将自己的职能主要定位于培养适应地方经济社会发展需要的应用型人才,因而专业设置的应用性、与产业和职业的联系更加紧密。而一些博士型高校、硕士型高校则通过设立应用技术与应用科技学院,设置应用型专业,提供应用型专业学位课程,开展与科技、经济密切相关的研究项目并推动其成果的转化,加强与政府、企业和社会之间的联系等方式,体现出应用型特点。当然,美国还有一些独立的应用型理工学院和专业学院,直接以技术、职业或应用命名,明确应用型属性,但并未体现在正式的分类体系中,也没有独立出一个系统。综上所述,美国多种类型的高等教育机构共同承担着提供应用型服务、开展应用型教育、培养应用型人才的职能,目前已形成了以社区学院为主体,包含独立的应用型理工学院和专业学院,以及综合大学应用科技学院和职业学院的层次清晰、定位明确的应用型高等教育体系,为美国的经济和社会发展提供了强大的动力。

第一节 发展历程

美国应用型大学的产生与发展与美国政治经济发展紧密相连,伴随美国高等教育的发展历程,受到美国特有的思想文化环境的影响,同时具有其特有的发展逻辑与发展脉络。

一、产生背景

(一)政治、经济背景

美国是在殖民地的基础上独立建国的。美国建国之始,工业文明已经开始产生,工业革命正在萌芽酝酿,科学技术正在以一种前所未有的姿态蓄势加速,高等教育也即将发生历史性变革。

1607年,英国人在北美设立了第一个殖民地,开始了北美长达150年的殖民地时期。1620年11月，第一批清教徒在新英格兰地区的普利茅斯港，签订了《五月花号公约》，奠定了未来美国的基础。1775年，北美爆发反对英国殖民者的独立战争。1776年7月4日，在费城召开的第二次大陆会议发表《独立宣言》，宣布美利坚合众国正式成立。1783年，独立战争结束，英国承认13个殖民地独立。1787年，通过美国宪法，成立联邦制国家。19世纪初期以来，随着领土快速扩张、西进运动的蓬勃开展，交通运输建设、农牧业、矿业等发展显著，有力地促进了美国的工业化进程，使美国实现了由农业经济向工业经济的转型。1861—1865年，美国爆发南北战争，消灭了奴隶制。1869年5月10日，横贯北美大陆的中央太平洋铁路在犹他州的普罗蒙托利接通，美国工业化的列车从此进入快车道，工业突飞猛进地发展，世界经济文化重心逐步移向美国。第二次世界大战期间，美国全面推行以政府干预市场为主要手段的"罗斯福新政"，推出了一系列政策，促进了美国经济的迅速复苏。战后，随着轴心国的战败、英法实力的衰退，美国和苏联成为超级大国，世界被分成了东、西方进行"冷战"的两大阵营，美国经济迅速崛起，科技加速发展，综合实力首屈一指。20世纪80年代末至90年代，随着东欧剧变，苏联解体，冷战结束，国际政治经济形势发生深刻变化，政治多极化、全球化全面推进，信息化加速发展，社会生活发生深刻变革。进入新世纪，特别是金融危机后，美国和欧洲等国认识到经济虚拟化的严重弊端，开始重视调整产业结构，为重塑竞争优势，实现"再工业化"，奥巴马政府在以信息技术为核心的新科技革命的引导下，重振美国制造业，于2011年提出《保障美国先进制造业的领导地位》，2014年发布《加速美国先进制造业报告》。这些对高等教育的结构与人才培养提出了新的要求。

（二）教育背景

美国的高等教育始于殖民地时期，起步于1636年哈佛学院的创办。整个殖民地时期，小型学院缓慢地发展，到1789年，虽然人口已达380万人，但是殖民地学院只有9所，注册学生数只有1000名。

建国初期，由于新的政治、经济和社会发展形势的迫切需求及其所提供的新的发展环境，美国高等教育在战争所造成的废墟上实现了迅速恢复、重建与发展，掀开了高等教育的迅速发展，同时也是转型发展的新篇章。从1790年至19世纪中叶，随着西进运动和人口迁移，各地兴起了创办小型学院的热潮，先后创办了500多所小型学院，但这些学院中的很大一部分并不具备高等教育机构的创办条件，未能生存下来。其间，除主要由教会举办的学校以外，州立学院和大学开始出现，逐渐兴起了州立大学运动。1819年，弗吉尼亚大学创办，这被认为是美国第一所真正意义上的州立大学。到南北战争前，美国27个州中已有25个州建立了共66所州立大学。州立大学的建立为美国高等教育与经济社会发展实现紧密结合、实现高等教育的转型提供了动力，也有力地推动了高等教育的迅速发展。

到1869年，高等教育机构的数量约为240个，注册的学生数6100人，相对于当时3800多万的人口，机构数和学生数仍然不足，机构类型仍然相对单一。学院的课程不再只是为少数将成为政府官员或牧师的人设计，而是向着多样化、职业化、专业化的方向发展，但古典课程仍然具有很大的影响。

南北战争结束以后，美国政治形势趋于稳定，社会比较安定，经济开始腾飞。美国开始了由农业社会向工业社会的过渡，工业化、城市化和现代化水平不断提升。以电力的广泛应用为代表的第二次工业革命使生产方式、生活方式发生了重大变革，极大地推动了科技在生产生活中的应用，高等教育的功能拓展成为高校顺应时代需求、实现转型发展的现实课题。一大批从德国留学回来的有识之士把德国大学融教学和科研于一体的大学理念带到美国高校，推动了美国高等教育的转型，一批新型大学与学院纷纷建立，建立在英国模式基础上的传统学院也开始由精英模式向现代大学转型。在《莫里尔法案》的强有力推动下,大学服务社会的观念逐步确立,直到1904年,查尔斯·范海斯出任威斯康星大学校长,明确提出威斯康星大学的主要使命是为社会服务。至此,大学的教学、科研、社会服务三大职能开始确立。特别是第二次世界大战期间,美国军方与大学合作进行科学研究和先进武器研发,通过政校合作,一批高校迅速崛起。

第二次世界大战后到20世纪80年代,受人力资本理论观点的影响,高等教育投资能够带来社会收益和个人收益的观点得到认可,政府和个人对高等教育投入的热情空前高涨,而战后人口的快速增长,以及《退伍军人法案》《为民主服务的美国高等教育:总统教育委员会报告》《国防教育法》《美国高等教育法》等一系列法律、报告的推动,使高等教育的社会需求显著增强,高等教育得以大规模推广,进入了马丁·特罗所称的高等教育大众化时期,高等教育也进入了发展的黄金时代。高等教育注册人数大幅增加,高等教育机构大量增加,类型更加多样。到1975年,高等教育学校的总数达到2700多所,入学人数1100多万人,授予各类学位近170万人。高等教育的功能继续分化,社区学院更多地承担了满足日益增多的高等教育需求的职能,成为大众化的主力,而研究型大学则实现了升级,一大批在国际很有影响的大学快速成长。

自20世纪80年代以来,高等教育机构数量的增长开始放缓。由于经济出现了低迷,导致政府财政的紧张,高校特别是公立高校获得政府的财政支持减少,高校的经费收入更加多元,公立高校也开始通过市场化的方式,通过扩大合作、吸收社会资金来推动学校的发展,不同高校的功能定位出现分化和融合的趋势。高等教育的职能更加多样,内外部关系更加复杂,美国高等教育进入了多样性、复杂性和综合性阶段。特别是进入21世纪,在以信息技术为主要特点的第四次工业革命的深刻影响下,在政治多极化、经济全球化、区域一体化的背景下,教育与经济、科技、产业、社会的联系更加紧密,教育对政治、经济、社会与文化的影响更加显著,教育的重要地位再次凸显,"21世纪的教育问题,其实就是经济问题",地方企业需要什么样的人才,高等教育就培养什么样的人才。为应对高等教育国际化中出现的新问题与新挑战,美国提出了"全面国际化"发展战略,将国际化的理念渗透到学校定位、价值体系与发展战略,将国际化实践融入教学、科研和社会服务各方面。美国高等教育的开放度和吸引力达到了历史新水平。由于网络信息技术的助力,高等教育形态也发生了深刻变化。

二、主要历程

美国应用型大学的发展历程伴随人们对高等教育功能认识的不断深入,伴随美国经济社会发展与高等教育联系的不断加强,伴随接受教育需求重心的不断增强,也伴随美国整个高等教育近390年的发展历程。

(一)应用型教育思想的萌芽(殖民地时期)

殖民地时期,由于生产力水平不高,生产方式比较单一,职前的教育培训并不必要,大多数行业,如农业、商业、手工业、贸易等,都是在做中学,通过模仿和学徒的形式传承,即使专业性较强的职业,如律师和医生,也大体通过上述方式培养。至于神学方面的知识,多数人是从家庭和教堂获得的,学院作为职前教育的途径并没有多大吸引力,入学人数很少。随着科学精神的发展以及宗教的多元化,特别是殖民地经济的日益活跃,崇尚实际、实用的经世致用之风在殖民地后期逐渐兴起,实用型人才逐渐成为社会急需的人才,传统的以宗教传播为重任的高等教育不可避免地向培养实用型人才的高等教育转变。殖民地后期建立的费城学院、国王学院和罗德岛学院无论是在建校宗旨、创办者主体,还是在对师生的信仰要求等方面,都出现了显著的变化。一是创办者主体的多元化,创办者主体并不拘泥于某一个教派,而是努力吸收不同教派的成员参与学院的建设和管理,并不同程度地放宽了在教师聘任和招生方面的教派限制。二是办学宗旨和课程开始关注到社会的现实需要,有识之士已经意识到高等教育要为社会和国家培养人才。1749年,富兰克林在《关于宾夕法尼亚青年教育的建议》中提出,理想中的教育是能教给学生最实用的知识,那些他们想从事的几种职业所必需的东西。史密斯提出,学院的定位是开展实用性知识的世俗教育,学院的根本目的是使年轻人成为写作、演说、表演与生活的大师,简而言之,就是使他们成为有道德和爱国的公民。1754年5月2日,费城学院在史密斯校长的带领下,开始了对课程体系的系统调整,1765年提出的"自由教育计划"大量增加实用课程,被认为是美国高等教育史上第一家不以宗教为目的的世俗化课程计划。1765年创立的费城学院医学院是北美殖民地的第一家医学院,"在大学和各类职业中还没有形成后来明确的专业划分的时代,提供了一个把大学正规科学教育迅速推向前进的、类似于苏格兰模式的规划"。

(二)应用型大学的起步(美国建国至19世纪中期)

随着时代的发展与国家的独立,高等教育本身也在发生着深刻的变化,具有促进社会发展的重要力量的实用性和专业性课程受到鼓励,在新型的公立高校的带动下,高等教育开始了应用型变革。

进入19世纪的美国被迅速卷入第一次工业革命的大潮,急需科学技术的大力支持,熟练的技术工人在经济和社会发展中的作用越显重要,学徒制已经不能满足技术培训的要求,这促使美国高等教育发生方向性的转变,开设与社会生产和生活关系更为直接和紧密的更加实用的技术与工艺课程,以造就能够在工业生产和其他领域发挥作用的应用型人才。"工业技艺的知识成为一种好的教育必不可少的组成部分的时代已经来临,仅仅依靠在大学或学院中设立科学课程或教席,已经不能满足这一要求,必须建立独立的高等教育机构来培养工业技艺方面的专门人才。"在这样的背景下,从18世纪末19世纪初开始,美国的一些政界人士开始酝酿成立各种技术学院。1812年,来自宾夕法尼亚的科学家、国会委员会主席西伯特(Adam

Seybert)在众议院发表长篇报告,强调实用科学知识、技术和工艺对国家的作用,希望国会议员们能以一种"国家的视野"来推进有用的知识与技艺的增长,并希望联邦资助技术学院的建立。他认为,技术学院就是"人类勤劳与智慧的记录本",在英国、法国和德国,技术学院已经遍布整个国家,美国决不能落后于时代的潮流。19世纪初,各种专业学会纷纷组建。如1802年成立于纽约市的美国美术学院、1805年在费城成立的宾夕法尼亚美术学院、1807年成立的波士顿学会等。这些都为接下来技术学院的发展营造了氛围,奠定了组织基础。

专门技术学院的建立。在美国高等教育史上,1802年建立的西点军校堪称技术学院的典范,其不仅是一所培养士兵和军官的专门军事院校,还标志着一种新的高等院校类型的出现。不同于其他学校,西点军校完全没有古典和宗教知识的课程,也不是靠死记硬背来获得知识,而是强调理论和应用相结合。"有充分的证据表明,西点军校的毕业生在勘探、绘图、开凿运河、架设桥梁、铺设道路和铁路方面的贡献是无与伦比的。"除了军事院校,其他类型的技术学院也开始酝酿。1787年,卫理公会在马里兰州创办了科克斯伯里学院(Cokesbrey College),其教育的目的在于让学生成为农业和建筑方面的专业技术人员,园艺和木艺的训练正式进入高等教育课程,专业技术教育由此开始正式进入高等教育。同年,拉什在哥伦比亚杂志发表文章呼吁建立"乡村学院",并制订了针对乡村生活的教育计划,以培养合适的农夫和农场管理者。1797年,南卡罗来纳州的一位法裔医生德拉豪在遗嘱中捐出2600多英亩的田产用于建立一所拉什描述的农业学院。这是南卡罗来纳州第二所高等教育机构,也是美国最古老的农业学院。

据不完全统计,到19世纪20年代,美国至少已有9所技术学院,其主要目的都是培养农工商业的专业技术人才。加德纳学院、俄亥俄技术学院就是当时两所比较具有代表性的技术学院。

除了专门的技术学院,综合性大学也开始设立专业的技术学院或学系,甚至文理学院也开始建立独立的工程系或工程学院。早在1814年,哈佛大学就设立了拉姆福德伯爵教席,专门教授如何将科学知识应用于实践。1847年,劳伦斯捐资5万美元帮助哈佛大学建立了劳伦斯科学学院。1851年,哈佛大学正式开始授予科学学院的毕业生科学学士学位。耶鲁大学谢菲氏尔德科学学院的前身是应用化学学院,1852年开始授予毕业生学士学位。此外,联合学院1845年创办了民用工程系,布朗大学1852年组建了应用科学系,达特茅斯学院于1852年建立了钱德勒科学学院,宾夕法尼亚大学于1855年建立了生物系、工艺与制造系。高等教育中的专业技术教育在时代的呼唤中登上了历史舞台。

特纳的工业大学计划。特纳是美国著名的古典学家、植物学家、社会活动家和虔诚的宗教徒。1851年,他先后发表了"为了工人阶级的州立大学计划""工业大学计划"的演讲,阐述其关于创建工业大学的思想。特纳认为,进入大学不应是富家子弟的特权,现有的高等教育,是为了满足专业阶级尤其是牧师的需要而开办的,落后于社会现实,其所教授的内容并不适用于工人阶级,工人阶级应该拥有理解他们事业中的科学和艺术的能力,以及有效地应用和拓展这些知识的能力,这些能力在现有的学校教育中无法得到满足。要面向农业、商业和其他行业中需要教育资助的人建立学院,只收取基本的费用。为了工人阶级的利益,这些学院要开设职业课程。特纳主张,联邦的每个州都应为工人阶级建立州立大学,从而在全国形成工业大学体系,建立起独特的工业大学制度。工业大学的课程必须与当地的经济建设相适应,体现应用性。通过赠地办州立大学,既为劳动阶级开拓了接受高等教育的机会,又在农业、机械等方面对新型大学的课程设置提出了具体要求。

在他的积极推动下,1853年,伊利诺伊州议会通过了工业大学计划,倡议向联邦的每个州拨付价值不低于50万美元的联邦公共土地,以便在每个州建立一所工业大学。1857年,伊利诺伊州立师范大学创建,虽然并未设立农业和工业教授职位,但特纳的计划至少部分得以实现。1867年,特纳协助创办了伊利诺伊工业大学,1885年更名为伊利诺伊大学。

（三）应用型高等教育体系的基本形成（19世纪中期至第二次世界大战结束前）

在美国应用型大学乃至高等教育史上,《莫里尔法案》是一个具有转折意义的标志性法案。1862年,《莫里尔法案》获准通过。该法案提出,"本法的目的是向州和准州拨出公共土地,以使它们能开设重视农业和工艺教育的学院","在不排除其他科学和古典学科并包括军事战术学科的情况下,教授与农业和机械技术相关的知识","以促进工人阶层在追求生活和职业发展中的自由和实用教育"。该法案明确了按各州议员的人数,从联邦政府那里得到赠与的土地。但是赠地收入用来建立州立大学,而且必须开办农业和工程技术专业。为了保证更多的人享有接受教育的权利,《莫里尔法案》要求在赠地学院里必须消除种族歧视,并进一步扩大学科设置。

该法案实施后,联邦政府共拨地1743万英亩用于赠地学院的建设。其中,有28个州单独设置了农工学院,其余的州将土地拨给已有的州立学院成立州立大学,或者在州立大学内增设农工学院。赠地学院的学科领域,一般主要有艺术和科学类、教师教育类、农学类、建筑学类、商贸类、牙科学类、工程学类。这些以农学作为基础、大力发展应用型学科、推动应用型人才培养的赠地学院构建了美国公立高等教育的新体系。《莫里尔法案》签署时,美国34个州中只有16个州拥有自己的高等教育,受益于该法案,一大批州立大学发展起来,包括后来的加州大学、伊利诺伊大学、明尼苏达大学、麻省理工学院、康奈尔大学等。州立大学的建立是美国公立高等教育起步的标志,"美国现代公立大学体系至此才开始产生"。《莫里尔法案》把几代人梦寐以求的大众教育设想付诸实施,为州立大学社会服务的开展奠定了坚实的法律基础。赠地学院的创立大大促进了美国工农业生产和经济的发展,转变了人们的高等教育观念,强化了高等教育的社会服务意识。

经过《莫里尔法案》"洗礼"的州立大学更具有平民色彩,更强调为本地服务,更注重与本地需要的结合,从而使高等教育机构真正成为美国人民的高等教育机构,真正成为"人民的学院"。重视实用技术的教育也成为一个传统,为美国高等教育从传统的精英学院向以应用为导向的教学和研究大学转型铺平了道路。

传统学院的转型。在《莫里尔法案》的资助下建立的一大批农工学院,虽然能够暂时满足许多新兴行业对职业技术人才的需求,但其专业面仍然太窄,专业性不强,一个经济强国的崛起需要面向未来的科研、发明和创新,也需要法学、医学、工程学、新闻学等许多专业人才,在新型大学的倒逼之下,传统的文理学院必须迎头赶上,实现转型发展。1869年10月19日,艾略特就任哈佛大学校长,他在长达40年的任期中,带领这所美国最古老的学院成功实现向现代研究型大学的转型。通过建立选修制度,率先打破古典课程的垄断地位。他还通过建设研究生院,对传统学院进行改造,确立了教研并重的综合性、研究型大学的定位。哈佛大学从古典的文理学院向研究型大学的转型,深刻影响了约翰·霍普金斯、康奈尔、耶鲁、哥伦比亚、克拉克、斯坦福、芝加哥等一批世界级的研究型大学的建立或转型,确立了美国大学在20世纪称雄世界的格局。

初级学院的兴起。从历史渊源来看,初级学院大致可以分为四类:一是四年制学院和大学附设的初级学院或分校;二是师范学校的升格;三是公立高中课程的延伸;四是小型四年制学院的转型。

关于建立初级学院的设想开始于19世纪中叶。19世纪末,美国社会转型和职业结构发生的巨大变化为初级学院的产生奠定了坚实的社会基础,提供了强大的发展动力。一方面，随着工业化进程的加速，社会对专业和半专业人才的需求急剧增长，对劳动者的教育水平和技能提出越来越高的要求，学徒制已经远远不能适应现代化的生活对人才培养的需求，劳动者只有接受过一定程度的专业或半专业培训才有机会获得工作。四年制大学的培养周期和培养目标并不适合迫切的、现实的职前教育需求。1892年，芝加哥大学校长哈珀将初级学院的理念变为现实。芝加哥大学把四年制学院分为基础学院和大学学院两部分。前者包含大学的一、二年级，后者包括大学的三、四年级。1896年，哈珀又将大学分为初级学院和高级学院，这是美国教育史上首次出现"初级学院"这个概念。1900年，芝加哥大学向初级学院的毕业生颁发文科副学士学位，从学位体制上将初级学院正式纳入高等教育范畴。

芝加哥大学初级学院的模式很快被推广至其他大学，但当时大多数大学依然采用大学低年级部和高年级部这两个术语。1892年，加利福尼亚大学创立普通文化学院，将大学的前两年作为高中延伸阶段。1903年，朗格在加利福尼亚大学建立高年级入学初级证书制度，将大学的初级部和高级部区分开。乔丹在斯坦福大学也积极推动初级学院的发展，并将"初级学院"这一术语普及于加利福尼亚。1928年，斯坦福大学逐年限制低年级的学生人数，逐步将其转为初级学院。

除大学外，师范学校、公立高中和小型四年制学院对初级学院的产生与发展也发挥了重要作用。19世纪末，一大批师范学校转型成为学院，也有一批师范学校开始承担学院教育的职能。1897年，密歇根州立法机构最早授权州教育董事会将位于伊普西兰蒂市的一所师范学校转型为密歇根州立师范学院。1903年，开始颁发文学学士学位和教育学学士学位。1903年，蒙大拿州一所州立师范学院开始采纳学院标准招生，并将学制年限延长至三年。此后，很多师范学校更名为学院或大学，这些转型后的师范学院大部分以两年学院教育为主。

公立中学运动的蓬勃开展也为初级学院运动的兴起提供了动力。19世纪90年代初期，密歇根大学鼓励条件较好的高中为毕业生提供高级课程。1901年，美国历史上第一所公立初级学院——乔利埃特初级学院在芝加哥大学的支持下创办。1907年，加利福尼亚州立法机关通过《卡米内特法案》，授权各市、县高中学区董事会可以在传统四年制高中的基础上增加两年的教育。到1914年底，加利福尼亚州共有10所高中延长教育年限并转型为初级学院。1917年，得克萨斯州、密歇根州和堪萨斯州分别颁布法律，支持创办初级学院。随后，其他各州也纷纷通过立法确定了初级学院的法律地位。

一些小型四年制学院对初级学院的发展也产生了重要影响。南北战争以前，美国的高等教育机构主要以小型学院为主，许多小型学院在经费、师资、设备等方面无法达到学院标准，难以支持四年制的学院教育，于是开始向初级学院转型。截至20世纪20年代，小型四年制学院数量逐年减少，其中相当一部分转变为两年制的初级学院，处于竞争劣势的四年制学院通过转型获得了发展的新空间。

初级学院最初的主要职能是提供职业教育，当然也提供农业、工业、商业、家政等职业教育课程。1920年，美国初级学院协会召开全国性会议，开始将职业教育列入日程。1939年，初级学院协会成立终结性教育委员会，将职业教育确定为终结性教育项目，大力推动终结性职业课程改革，希望通过设置职业课程、培养中等技术水平的人才确立学院的独立地位，摆脱对大学的从属地位。一些州政府也相继通过立法明确社区学院的职业教育职能。

大学社会服务职能的确立。威斯康星大学是1848年建立的州立大学，建校之初就将学校的教育目标定位于满足当地社区发展的需要，致力于大学知识对社会需求的应用。通过广泛开设实用课程、举办短期培训班等多种方式，为全州人民提供知识和技术学习。1904年，范海斯就任威斯康星大学第八任校长。他认为州立大学的生命力在于它和州的紧密关系，大学应该是州内全体人民的大学，应该推动人文学科、应用学科和创造性研究共同发展，成为"瞭望塔"和公共服务的重要工具，在社会发展中发挥积极作用。他以教学、科研为基础，为了实现大学社会服务的职能，实施了一系列的改革，取得了极大的成功，对美国其他州的大学政策都产生了重要影响，越来越多的大学开始将社会服务作为办学的基本原则。1912年，美国威斯康星州公共图书馆管理员查尔斯·麦卡锡写了一本专著《威斯康星理念》，首次用"威斯康星理念"指称威斯康星社会服务的办学理念。威斯康星大学打破了大学沉溺于"象牙塔"中的封闭体制，高举社会服务的大旗，开创了大学直接、全方位、深入服务社会的先河，"威斯康星理念"成为大学除知识传承、科学研究之外的第三种职能——服务社会职能形成的重要标志。

（四）应用型大学的加速发展（第二次世界大战后到20世纪80年代）

第二次世界大战后至20世纪60年代后期，美国政治、经济、军事的迅猛发展需要大量的科技人才，政府和私人基金对高等教育的资金支持力度空前，应用型本科教育的发展进入了黄金时代；同时，《退伍军人就业法》《国防教育法》的实施，使渴望接受高等教育的人数迅速增加，入学率显著提高，应用型大学在数量和质量上得到进一步的提高。

第二次世界大战即将胜利之际，一方面，上百万老兵面临退伍，需要有序安置，使其重新融入社会，防止发生社会动荡；另一方面，由于战争导致140万适龄人口丧失接受本科教育的机会，加之第二次世界大战前大萧条的影响，第二次世界大战后出现了一批既缺乏教育背景，又缺乏工作经验的工人，这些都对高等教育提出了新的课题。1944年5月22日，美国总统罗斯福签署《退伍军人权利法案》，规定在1940年9月16日以后至战争结束之前，在陆军、海军中服役90天以上的军人，有机会在政府的资助下接受至少一年的教育，政府部门承担这些退伍军人的教育或培训费用。该法案在经济和教育方面大约资助了150万名退伍军人。1945年，160万大学注册学生中有88000人是退伍军人；1947年，在230万名大学注册学生中退伍军人达到115万人。截至1951年，共有350万人在该法案的资助下进入职业学校学习，其中有220万人进入两年制和四年制学院接受高等教育。据有关部门统计，截至1964年，在《退伍军人权利法案》的资助下，有24.3万人成为专业会计师，10.7万人成为律师，3.6万人成为牧师，18万人成为医生、牙医和护士，45万人成为工程师，36万人成为中小学教师，15万人成为科学家。

《退伍军人权利法案》不仅改变了人们对大学的传统认识，也影响了联邦政府对高等教育的相关政策，即通过资助影响高等教育。在美国高等教育历史上具有划时代的意义，开启了美国高等教育大众化乃至普及化的进程。退伍军人涌入大学的同时，也推动了美国大学课程性质的进一步转变。调查显示，退伍军人中有82%的人选择应用性课程。大学为了迎合这一需求，大量设置应用实践类课程。

面对美国高等教育新的发展态势，1946年，美国总统杜鲁门成立总统高等教育委员会，研究高等教育在民主社会中的功能及最佳实现方式，其中首要的是解决扩大高等教育入学机会问题。1947年底至1948年3月，该委员会完成了六卷内容的最终报告——《为民主服务的美国高等教育：总统高等教育委员会报告》，这是美国历史上第一个由政府任命的委员会系统阐述有关美国高等教育及其未来发展的报告，是美国高等教育大众化的先声。报告坚信教育对于自由民主的重要作用，其核心的观点是民主即意味着平等。强调教育应不断改变方式方法以适应多变的社会，解决当代社会问题。该报告力图将民主理想变为现实，减少现实高等教育机会均等的诸多障碍，将影响高等教育机会的因素尽量限制在能力差异和兴趣多样这两个方面。该报告同时强调，平等的教育机会并不意味着所有人接受同样或同等的教育，而是主张所有层次的高等教育机构都应该向有能力的人开放。

为此，该报告认为，高等教育需要多样化，以适应现代社会的复杂性，有必要大力发展两年制初级学院或社区学院，在扩大高等教育机会方面，社区学院将承担最重要的责任。该报告建议进行课程改革，将通识教育和专业教育有效地结合起来，培养自由社会的自由人。

在20世纪美国高等教育的各种变化中，社区学院的产生与发展所带来的影响是非常大的。美国社区学院的前身是19世纪末20世纪初建立的初级学院。最早使用"社区学院"这一术语的是宾夕法尼亚州一所初级学院的校长霍林斯黑德，他于1936年在一篇文章中强调社区学院应该满足社区的需要，社区学院的工作应该与高中和其他社区机构结合在一起。《为民主服务的美国高等教育：总统高等教育委员会报告》正式提出，建议使用"社区学院"这一名称取代"初级学院"，以指代第二次世界大战后出现的新型的、面向社区的、综合的短期高等教育机构。20世纪五六十年代，初级学院主要是指私立大学的分支学院或者是由教会、独立组织资助的以转学预备教育为主要目的的两年制学院，社区学院则主要指由公共财政资助的两年制学院。20世纪70年代，"社区学院"这一术语开始适用于以上两种类型的学校。社区学院受各州政府管辖，各州社区学院的名称也有所不同。有的以资助方的名字命名，有的以办学特色命名。科恩将社区学院定义为任何经官方批准的授予文科或理科副学士学位的学校，这一界定不仅包括综合的两年制学院，而且包括公立和私立的两年制技术学院。

1944年《退伍军人权利法案》的出台以及1947年《为民主服务的美国高等教育：总统高等教育委员会报告》的发表为社区学院的发展提供了强大的法律和政策保障，使社区学院迎来了发展的黄金时期。社会对半专业人才的巨大需求为社区学院学习职业课程的学生打开了就业市场，学生和家长逐渐放弃了对职业教育的偏见，学生从现实成本和未来就业等各方面考虑，纷纷选择职业课程。社区学院的转学预备教育职能逐渐弱化。卡内基高等教育委员会1970年发表的一篇报告指出,"近年来,高等教育最突出的组织结构变迁便是社区学院的惊人增长"。20世纪50年代后,社区学院的增长速度超过了其他任何高等教育机构。至20世纪80年代,有2/3的高中毕业生选择进入社区学院。

(五)应用型大学的深入发展(20世纪80年代以来)

20世纪80年代以来,信息服务业和科学技术迅速发展,国际竞争更加激烈,美国各类应用型人才严重短缺,对应用型人才培养提出了新的要求。高等学校通过合理安排教学、科研和实践的关系,实施多元文化教育及加强国际教育等方式,加强应用型人才培养,提高应用型大学教学的质量,美国应用型高等教育改革进入了横向拓宽时代。

20世纪90年代,以知识为主的现代经济迅速发展,受新公共管理思想的影响,高效组织已经成为新型社会经济追求的标准,激烈的市场竞争、技术化的工作岗位、迅速更替的职业使高效技能型人才成为美国社会关注的重点。由于教育结构不合理、教育观念不适应,一方面,劳动力市场高技术、高能力劳动者短缺;另一方面,青年失业率不断增长,美国政府和研究人员开始对教育体制、职业教育体系进行反思,认为美国缺少从学校到工作的职业教育过渡。职业教育源于将更广阔的社会整合到教育体系中的需求,因此,它是一项重要的经济和社会进程。美国兴起了现代史上一场规模浩大、影响深远的职业教育改革运动。

2008年全球金融危机后,美国和欧洲各国认识到经济虚拟化的严重弊端,开始重视调整产业结构,为重塑竞争优势,开始"再工业化"。奥巴马政府在以信息技术为核心的新科技革命的引导下,重视重振美国制造业,于2011年提出《保障美国先进制造业的领导地位》,2014年发布《加速美国先进制造业报告》。产业结构调整凸显了应用型人才的重要性,也暴露出应用型人才的不足。产业结构的调整需要并推动人才培养体系的调整,进而带动教育体系的调整,"21世纪的教育问题,其实就是经济问题"，地方企业需要什么样的人才，高等教育就培养什么样的人才。面对"技能鸿沟""技能赤字"，加强应用型人才培养，推动应用型大学建设成为战略必需。《美国联邦和教育部战略规划（2014—2018财年）》指出，要在高等教育、职业技术教育及成人教育领域，通过增加青年和成人终身学习的机会，提高院校的入学率、教学质量、毕业率和学生支付能力。引导教育体系变革，使其与社会经济发展、职业需求相适应是美国高等教育政策的主旋律。应用型高等教育进入终身化、信息化、国际化发展的新阶段。

第二节 发展现状

与德国不同，美国没有专门的应用型大学，仅靠学校名称根本无法直接判断其学校类型。从应用型大学的性质与内涵来看，美国社区学院、拥有应用科技学院和职业学院的综合性大学、应用型理工学院及其他应用技术与职业学院均属于应用型大学范畴。

作为应用型大学主体的社区学院，主要任务是向高中毕业生或成人提供高等教育的机会，其学生一般不经考试选拔即可入学。社区学院主要培养直接服务于地方经济和社会发展的初级应用技术人才，主要目标包括以下几个方面：为所有希望接受高等教育的学生提供公平的接受高等教育的机会；提供升学教育，为希望进入四年制本科院校的学生开设转学课程；开展职业教育，为不同职业需求的学生提供多样化的课程，为就业做好充分的准备；促进全民教育，推动终身学习。综合性大学的应用科技学院和职业学院，目标是培养具有扎实理论基础知识和应用科学技术能力的人才，依托学校的综合实力和研究优势，服务国家和地方经济社会发展。应用型理工学院的主要目标是培养科学、技术、工程等应用技术领域的高端应用型人才，发挥专业优势，服务相关产业。其他应用技术与职业学院的主要目标是以职业需求为导向，培养直接服务于产业和社区工作需求的高素质技能型人才。

一、基本特点

美国应用型大学经过多年发展，呈现出一些特点。

（一）教育投入结构发生变化，应用型大学加速市场化

公立高等教育的政府投入相对下降，学费比例上升。根据美国国家教育统计中心《教育统计摘要》，从1980—1981学年到2010—2011学年，公立授予学位的流动资金收入和总收入中，学费收入所占的百分比从12.9%增长到18.6%；州政府资助的百分比从45.6%下降到22.7%。一些学校为了获得更多的替代投入，开始了市场化进程，加强了与企业、社会的合作，突出了服务职能，从而获得更加多元的资金支持。一些高校采取企业化管理方式，学校成为自负盈亏的准商业机构。一些研究型高校，加强了与企业的联系，从基础研究转向应用研究，加大技术转让和科研成果转化力度。而社区学院通过高附加值的服务获得经费支持的能力不足，所以学费的增加幅度更大。

（二）社区学院的吸引力开始下降，应用型大学重心上移

虽然社区学院仍然是高中后教育的重要力量，但社区学院的注册人数有所下降，选择入读四年制院校的学生比例持续增加，高中毕业后上普通四年制大学，仍是大多数学生的目标。社区学院毕业学生的职业发展后劲不足、多数社区学院的转学功能发挥不佳，也影响了学生选择社区学院的热情。美国中学后教育数据综合系统（IPEDS）和全国学生资料库（NSC）分别进行的统计显示（见表6-1），自2013年秋季至2016秋季，学生入学率总体下降，两年制社区学院逐年下降，而四年制高校每年都在增加。

表 6-1 2013—2016 学年秋季入学率

时间	秋季总体入学率		公立四年制院校		公立两年制院校	
	美国中学后教育数据综合系统	全国学生资料库	美国中学后教育数据综合系统	全国学生资料库	美国中学后教育数据综合系统	全国学生资料库
2013 年秋季	-1.4%	-1.5%	0.3%	0.3%	-2.4%	-3.1%
2014 年秋季	-0.9%	-1.3%	1.7%	2.9%	-3.3%	-6.9%
2015 年秋季	-1.3%	-1.7%	1.2%	0.4%	-2.8%	-2.4%
2016 年秋季	—	-1.4%	—	0.2%	—	-2.6%

（三）全面国际化，应用型大学视野放宽

进入 21 世纪，随着科学技术的迅猛发展及各国之间联系的不断加强，美国为强化高等教育的国际竞争优势，提出了全面国际化发展战略，从联邦政府到州政府出台了一系列推进高等教育国际化的政策法律，各个高校都采取多种有力措施，吸引世界各国优秀学生和人员到美国留学、访学和从事研究。大量国际学生不仅为美国高校带来了丰富的财政收入，同时也使美国高校汇聚了世界各地的优秀人才，这对提高美国高等教育的竞争力，推动美国科技、经济发展，巩固其国际地位都具有重要作用。在美国的国际学生中，学习的专业领域以应用型专业为主，最热门的专业为工程学，其他依次为工商管理、数学和计算机科学、社会科学、物理与生命科学、艺术与应用、健康职业、教育学、人类学以及农业等（见图 6-1）。

社区学院是全面国际化战略中的重要组成部分，参与国际化的积极性很高。积极加入国际化行列，纷纷设立专门负责国际教育的部门，出台吸引国际学生的支持与鼓励计划，把国际教育作为教育的重要组成部分。社区学院在教师配备、课程设置，以及提供国际化服务、搭建有关合作平台方面作出了许多积极的富有成效的探索。社区学院吸引国际学生的总数持续增加，成为美国高等教育全面国际化的一支重要力量。

按学习领域划分的入境学生/人		按学术水平划分的入境学生/人	
工程学	230780	本科学历	431930
工商管理	182170	研究生学历	377943
数学和计算机科学	203461		
其他/未指定主题领域	86057		
社会科学	84320		
物理与生命科学	81580		
艺术与应用	63097		
健康职业	35446		
教育学	16786		
人类学	17013		
农业	13754		

图6-1 美国国际学生的专业领域比较

(四)大力发展在线教育,应用型大学形态创新

在现代信息技术快速发展,工业4.0大力推进的大背景下,"互联网+"已经渗透、融入各行各业,作为知识高地的高等院校,发展在线教育已是大势所趋。在线教育具有费用低、学习方式灵活、能够实现优质资源的远程共享等优点,通过技术的力量使美国高等教育的机会平等理念成为可能。美国的应用型大学通过在线教育,大力培养应用型人才,深入参与社会生活,不断推进了方法模式的创新。根据在线教育联盟2017年度报告,在线教育已经取得了在高校中的战略性地位,从边缘进入到美国高等教育的主流。在线教育的主体也由传统的高校扩大到企业、公益组织,甚至专门的在线教育高校。在发展过程中,形成了以University Now公司为代表的校企合作教育模式、以密涅瓦大学学生为代表的全球网格化教学模式、以讲授型为基础的系统网络教学模式。

(五)政府把职业技术教育作为长期战略,应用型大学地位上升

美国职业教育仿效德国等国实践,但美国主流观念缺乏对职业教育的高度认同,视职业技术教育为学术性不强的"二流教育"。2017年,美国《人力资源》杂志发表的一项国际研究显示,接受职业教育的学生,早期就

业不错，但中期后会面对更大的风险。当经济发生大的变化时，职校毕业生因缺乏可用于不同工作领域的通用性知识和技能，应变能力不足。2018年，美国总统特朗普签署了《加强21世纪职业与技术教育法》，这是美国2006年后对职业与技术教育法的首次重新审批发布，体现了在技术迅猛发展和经济全球化的形势下，美国特朗普政府推动职业技术教育长期战略、发展优质高效职业技术教育、振兴本土工商业的强烈动机，标志着美国职业技术教育进入一个新的时代。在此背景下，美国的职业教育、应用型大学的发展面临新的环境，不可避免地会有一些新的特点。依照法案，每年12亿美元的联邦拨款将投入各州的职业技术教育，涉及先进制造业、健康医疗、网络安全等多个职业教育领域，6年里预计将有超过1100万名学生受益。

二、教师入职高门槛，教学以学生为中心

总体来看，高等教育的师资入职的门槛高。1917年的《史密斯－休士法案》要求职业教育教师必须具有实践工作经验。不同层次和不同类型的应用型大学，其教师队伍的结构与要求不尽相同。社区学院的教师往往采取专兼结合的方式，兼职教师的比例往往占到其教师的半数以上。这一方面可以满足不同课程的需要，另一方面也可减少学校在教师任用上的开支。教师的学历要求在硕士学位以上，其中有博士学位的教师约占16%。教师分为教授、副教授、助理教授、讲师等。

综合大学的应用科学技术学院和职业学院、独立的理工学院教师多数是专职教师，且绝大多数具有博士学位。这类学校教师的高级职称比例比社区学院高，而州立大学的教师是州政府的公务雇员，并非终身雇用。

高校一般会设立专门的教师发展中心，为教师从事教学工作、进行知识更新提供专业支撑，鼓励教师参加国内外的研讨交流，提供学术休假、

支持带薪学习等，促进教师专业成长。在收入方面，总体来说，教师的工资待遇较高，能够吸引教师积极从教、安心从教。综合大学和本科类院校的教师比社区学院收入更高。

美国高校教学坚持以学生为中心，重视学生的独立思考，重视研讨式教学。课堂教学一般采取小班化形式，班额20~30人，设置能灵活调整的桌椅，便于组织小组讨论的物理教学环境。而对于应用型大学来说，教学理念和教学方式又有其鲜明的应用性特点。一是案例式教学法普遍使用。该教学法由哈佛大学法学院于1870年提出，后被广泛推广到其他高校，尤其是在法学院、商学院和医学院。二是注重现场教学。起源于医学教育的尸体解剖，后被推广到其他学科，如军事课程拆解枪械等。三是开展体验式教学。四是强调探究式学习，重视在问题情境中鼓励学生通过合作研讨、交流分享来获取知识，寻求解决问题的方法。五是实践教学。将企业实习纳入培养计划，提出最低学分要求。很多高校在学年内实行"三学期"制，两个学期在校内接受专业理论教育，一学期走出校门，深入社会，走进企业，参加社会实践和企业实习，提高社会适应能力、实践能力、操作技能。

三、设置专业认证机构，人才培养满足社会需求

应用型大学的专业设置具有很大的自主权，但专业设置不是随心所欲、随意而为的，要考虑到经济社会发展的需求，考虑教育对象的特点和学校的条件，当然，州立高等教育机构的专业设置还必须经过州教育机构的审批、备案。对社区学院来说，由于大多数学生在完成两年的学习之后，会直接走向社会，所以其专业会结合职业分类系统进行综合考虑，以便毕业生能够迅速地适应相应的职业需求。总的来说，社区学院专业设置分38个大类，226个小类，750个专业。38个大类包括商业、管理、市场营销及相关服务类、临床医学类、信息科学类、人文通识教育类等。独立的应用技

术型学院专业设置与地方经济社会发展更加紧密，一般还会设置与当地社会状况相符合的一些专业。如得克萨斯州以其规模巨大的农场闻名，因此得克萨斯理工学院在其农学院设置了植物与植物科学、昆虫学、遗传学、草原科学、园艺学、食品科学技术、生态学等。

连接应用型办学体系外部形态与内部形态的枢纽是民间机构的专业认证，其实质是使高校人才培养与校外岗位需求达到一致。从1847年起，美国先后设立了医学教育委员会、兽医医学教育理事会、整骨术协会、微生物学学院团体和风景建筑学董事会、法学协会、林务员协会等，组织开展专业认证。1932年，美国组成高等教育委员会下属的工程和技术鉴定委员会，开始工程教育认证，接受土木工程、机械、化学等应用型专业认证。通过认证的专业，其培养质量会得到同行与社会的认可，认证的方式和主体不尽相同，工程教育一般采用同行认证，坚持成果导向（outcomes-based education，OBE），社区学院以及一些专业院校采取行业与产业组织认证，坚持能力导向（competency-based education，CBE）。

四、课程体系综合多样，体现完整知识结构

美国应用型大学的课程体系呈现出四个特点：综合性、多样性、实践性、自主性。综合性体现为大范围的通识课程开设。美国应用型大学实行学分制，其课程体系分为基础课程（含通识课程）和专业课程两部分。学生只有完成了规定数量的基础课程学分，才能进入专业课程的学习。高校重视课程的综合化和通识化，以使学生适应跨专业的职业生涯。多样性是指为适应不同类型与特长的学生的需求，面向多样性的职业发展需求，课程设置非常丰富，为学生提供多种课程及课程组合。实践性主要体现为较完善的实践性课程的开设。美国应用型大学的基础理论课程比例小，技术科学和生产设计等实践课程开设较多，实践类课程

占总学分的比例约为25%~30%。实践类课程的目的是推进高校与产业的互动，使人才培养契合产业需求。如得克萨斯理工学院为农业学院提供了实践基地，即农田试验场，学院的很多科学实验和技术训练在农田试验场进行。自主性一是体现为学校的课程设置根据学校的培养目标、地方经济发展的需要、对象特点，具有很大的自主性和灵活性；二是体现为学生较大范围的自主选课，完成其本专业的核心课程后可选修其他学院的课程。必修课占总学分的30%~50%，选修课一般占50%~60%。使学生将专业课程与选修课程结合起来，专业教育与通识教育结合起来，形成完整的知识体系。

五、多种形式服务社会，促进经济社会发展

对应用型大学来说，科研与教学是基础，社会服务是导向，为当地经济社会发展作出突出贡献是其价值所在。对于首先确立高校社会服务职能的美国而言，其应用型大学运用多种形式的社会服务践行着自身的责任和担当。

（一）专业学位项目

美国是现代专业学位教育的发源地，也是专业学位教育水平最高的国家。专业学位许多最初是为就业服务的，后来发展为一种为特殊职业领域培养高级从业资格人才的教育项目。特别是在研究生阶段，美国的学位制度向学术型和专业型两个方向分化，专业型主要强调其应用性。美国目前至少有41种专业学士学位、112种专业硕士学位、56种专业博士学位，还有11种第一专业学位。以工程博士为例，工程博士是一种应用型学位，用来满足美国工程行业对领军型人才的需求，使学生具备技术进步革新的领导力，与工学博士形成互补。自20世纪以来，美国工程教育先后经历了技术模式—科学模式—工程模式3个发展模式。1967年，底特律大学率先开展工程博士人才培养，此后，哥伦比亚大学等纷纷设立工程博士专业学

位。当前,以人工智能为核心驱动力的第四次产业革命蓄势待发,重大技术创新正在重构社会产业形态,工程科技日益成为国家核心竞争力的重要体现。2018年,麻省理工学院发布的The Global State of the Art in Engineering Education指出,"全球范围内的工程教育改革持续兴起,工程教育进入了快速发展和根本性变革时期"。

(二)非学历专业课程教育

高校利用其丰富的智力资源开展非学历课程教育是其服务社会的一种重要方式。这些非学历专业课程的形式主要有以下几种:短期课程,在短时间内围绕特定专题集中授课;非全日制的长期课程,针对某一专业,一般利用周末或者学校假期上课;定制项目,接受企业等的委托,围绕商定的主题,开展有针对性的课程服务;国际课程,主要满足其他国家人员的短期和长期课程学习需求;许多有资质的学校还开办证书课程,通过完成指定课程内容的培训,颁发相应的专业证书,以此证明在特定兴趣领域达到了所需知识和技能的要求。以麻省理工学院为例,该校面向全球的工程和技术专业人员,通过线上、线下和混合式培训,提供涵盖12个主题的50多个课程。这些主题包括生物技术与制药、计算机科学、危机管理、数据建模与分析、设计制造、能源与可持续发展、影像学、革新、领导与沟通、雷达、房地产、系统工程学等。

(三)创业教育

美国高校是创业教育的倡导者与引领者。因为创业直接实现大学的社会服务功能,所以学校普遍重视,特别是应用型大学。根据调查,在美国2662所非营利高校中,至少有2136所高校提供一门创业课程,其中有300多所设置了创业学学士学位课程,并建立了347个创业学MBA项目,30余个创业学博士方向,成立了18个创业学系。很多大学还颁发了创新创业方向的学士、硕士和博士学位。美国的创新创业教育不是仅仅局限于大学系统内部,而是有着深厚的社会基础,得到了各方面的支持，被视为在日趋激烈的全球竞争中，保持国家发展优势的重要战略性举措，形成了创新创业的成熟系统和良好的创新创业生态，在高校、企业、政府机构以及公益性组织间形成了支持、推动创新创业的全方位的合作关系。美国国家研究委员会在 Rising to the Challenge: U.S. Innovation Policy for the Global Economy 的报告中，呼吁高校通过四种支持战略强化创新创业基础建设，即培育创新创业文化，建设并支持学校所属的创新创业加速器，建立有效的资助体系，加强学校之间的协作交流。麦肯锡全球研究院在其报告 The power of many: realizing the socioeconomic potential of entrepreneurs in the 21st century economy 中指出，美国大学创新创业有三大支柱：卓有成效的创新创业生态系统、浓厚的创新创业文化氛围、灵活的创新创业融资渠道。近年来，面临越来越大的外部挑战，为保持创新创业教育的全球领导地位，美国高校在创新创业教育方面进行了卓有成效的探索，进行了一系列改革，形成了各具特色的创新创业教育模式。

（四）校企合作、产教合作、政校合作

大学利用其科研和人才与企业、政府合作是大学服务社会的重要形式，更是应用型大学办学理念的题中应有之义。美国大学与企业和产业的合作有着悠久的历史和深厚的基础，合作方式灵活多样，合作成效非常显著，创造出了许多经典的模式，产生了很大的影响，对实现科技成果的快速高质量转化，对推动技术的进步，对优化管理，对拉动区域经济的增长，对促进社会的进步都发挥了重要作用。不同的高校发挥自身的学科优势，充分挖掘大学的智力资源，结合地方经济和产业发展特点，探索出了大学科技园、大学走廊、实验空间共享、产品产业和企业孵化器、生产集群、高校智库、社区学院等不同的模式。总之，大学与地方、大学与产业日益结合为一个交流广泛、联系密切的共同体。大学也在与其他主体的互动中、在对产业的深入参与中，促进了自身发展。

第三节　美国应用型大学的发展启示

美国的应用型大学的发展与产业的发展密切相关，特别是每一次工业革命，都在应用型大学发展史上留下了深深的烙印。没有哪个国家的高等教育发展像美国一样与产业的发展、工业的发展契合得那么完美。当第一次工业革命正在酝酿时，美国开始高等教育的起点。第一次工业革命发生时，以州立大学的成立为重要标志，美国的高等教育正在转型；第二次工业革命之际，社会服务功能在美国的高等教育开始形成并确立；第三次工业革命则有美国高等教育大众化的相伴；目前正在进行的以信息技术为标志的第四次工业革命又对全民学习、终身学习提出了要求、提供了条件。工业革命加速了高校的应用化、应用型变革，而高校又通过研究、人才、服务顺应并推动着工业革命的发展。正是因为敏锐感觉时代的变化与需求，紧紧跟上时代发展的步伐，能够顺时而动、应时而变，美国应用型大学总能在每一个重要时刻作出创新性贡献，树立起应用型大学发展的一道标杆。

一、建构我国应用型大学内部治理结构

美国高等教育发端于殖民地时期的学院。这些学院在设立时，并没有一套完整的政治制度的约束和教育制度的规范，虽然按照英国大学模式吸收其理念建立起来，但并非完全脱胎于英国的大学。在学校的治理上，不同于英国高等董事会是由学校教师自发产生，美国的大学是由学校创办者、教会和当地政府有关部门组成的外行董事会或监事会决定学校的重大事务，主要包括筹集学校资金、管理校产、任免校长等。这种大学的治理模式，既保证了大学治理的民主性、自主性，又保证了大学对社会政治、经

济、文化、科技等的密切关注与深度参与,对社会需求及时予以回应。我国可以考虑在建立由地方、行业和用人单位参与的校、院理事会(董事会)的同时,成立由行业领袖和企业家参与的大学学术治理委员会,作为学术委员会与理事会(董事会)的融合平台,实现院校层面学术委员会与理事会(董事会)的"双向进入"。

二、与外部环境形成良好的互动关系

美国应用型大学的发展,既有政府的作用,又有市场的作用;既有高校自身的作用,又有社会的作用;既有知识本身发展的作用,又有技术变革的作用。可以说,美国应用型大学的发展方向、发展路径、发展速度是多种力量混合作用的结果。企业、政府以及高校自身三者的互动为美国应用型大学的发展提供了良好的环境。在这个互动关系中,政府对高校施以很大的自主权,高校是主体,起着决定性的主导作用。企业对人才的需求使高校应用型人才培养的规格、数量和质量不断提高,生产中的技术问题、管理问题、产品的改进问题等都在很大程度上依赖高校应用型的研究;高校的研究成果能够通过企业实现快速转化,成为现实的生产力,生产出新的产品与服务,企业又能够为高校的人才培养与科学研究提供所需的资金、设备。我国学者曾将与政府互动、与市场互动作为新建应用型本科院校可持续发展的12个因素中的两项因素,与市场的互动要比与政府的互动更重要。由此可见,应用型大学与外部环境保持良好互动的重要性,这将直接影响到应用型大学通过互动获取资源的能力。而如何将市场的影响、社会的需求、产业的发展都在高校体系中得到关注与及时的反馈是现阶段构建应用型大学与外部环境之间的良好互动关系的意义所在。

三、实用主义思想促进应用型大学的转型发展

对高等教育来说,实用主义不是从大学是什么的抽象概念去描述大学应然的形态,不是在大学究竟为何的概念上争论不休,而是从社会需求的角度、从发展的角度去衡量大学实然的功能。因而,相对于传统观念根深蒂固的欧洲的大学,美国的大学更能够及时把握、不断适应社会政治、经济的变化,不断地对大学的内部结构、大学的内外部关系进行调整,能够紧紧跟上时代、推动时代,甚至引领时代,可以说,美国应用型大学的产生和发展与教育的实用主义密不可分。当纽曼大主教还在鼓吹大学的目的是传授普遍知识而非从事科学研究时,美国的大学似乎早已将自己绑在了经济与社会发展的战车上,用科研来回应市场对大学的需求与期待。当前,我国相当大一部分高校已经实现了向应用型大学转型。然而,现实中也还有一些问题:高校依然按照传统学术型模式办学,在专业设置、培养目标、培养方案、课程体系及培养途径等方面几乎没有任何改变,甚至将高水平应用型大学项目经费用于高端人才引进、科研课题立项、实验室建设及学术成果奖励等。可见,上述应用型大学依然保留着对学术导向的执念,以及对研究型大学的向往。但"转型"意味着无论是表层的学校名称及称呼,还是学校的人才培养方案、课程体系都要转,而且要转得彻底。"应用"二字便决定了实用主义对应用型大学发挥的重要作用,而学校、教师、学生、家长的实用主义思想也将影响到他们对应用型大学的看法,从而间接影响到应用型大学的发展。

四、深化政府、校企及国内外合作融通

当前,经济变革引发了新职业的产生,社会对职业素养提出了越来越高的要求。我国高等教育正由精英教育转向大众化教育,在此过程中以往高校的类型难以契合教育大众化的需要。在这一时代背景下,我国对传统

高等教育进行了深入的反思并开展了改革实践，推进应用型大学建设已成为不可逆转的趋势。然而，我国应用型大学建设处于发展的初级阶段，广纳优秀的经验能为我国应用型大学建设提供有力的手段。美国以合作教育模式培养应用型人才在全世界广负盛名，并得到了全世界的认可和赞誉，对合作教育实践和理念的借鉴能够帮助我们更好地解决专业技术型人才短缺及高校向应用、实践导向转型的问题。

首先，在美国德雷塞尔大学的合作教育实践中，其学习和实践的融合是非常深入的，学生采取的是半工半读的学习方式，而且工作是全职的，学生拥有更多的实践和机会，将学习到的理论知识应用到工作实践中。反观我国的产学结合，其问题在于学习和工作实践的割裂，学习在一个阶段完成，而工作实践通常被安排在学业活动结束后毕业之前的学期且时间较短，学生没有充足的时间进行反思和重新实践，这种学习和工作的非交替性致使学生无法及时实践自己学习到的知识，在工作中遇到问题时也无法回到学校进行理论层面的反思和调整再实践。知识的应用和专业成长没有呈现一种螺旋递进和上升发展的状态。

其次，德雷塞尔大学合作教育实践中的学生实习会有专业的部门负责。为学生提供丰富的海量资源的同时，还为其提供精细到位的一对一指导，学生实习的职前能力培训、考核、成就等都有保障。我国工作实习往往只能依靠学生自己摸索，而没有指导，信息的收集也多依赖于单薄的个人力量。

此外，德雷塞尔大学合作教育中学生的实习岗位由斯坦布莱特职业指导中心（Steinbright Career Development Center，SCDC）进行精准的匹配。该职业指导中心能够提供丰富的国内外资源，以帮助学生选择适合自己兴趣和专业发展需求的工作岗位。而在我国，产、学、研合作范围不够广，程度不够深，学校就业资源不丰富，学生依靠自己的力量寻找实习岗位致使专业匹配程度不高且实习岗位水平有限，学生从中收获甚微。

为解决以上的问题，我们应当进一步加强学校与政府及企事业单位的合作程度，开展多项深度合作项目，学校向企事业单位提供高素质的人才队伍，企事业单位向高校提供丰富的实习资源。学校在深化产、学、研合作过程中首先要打破地域限制，教育合作伙伴应当更为广泛，向全国范围扩展。企业需要的是真正能干活的人，学校应当确保学生在进入实习岗位之前已经具备了基础的工作能力，因此，学校应当成立专门的机构或部门，向学生提供系统的职业培训及全过程的指导，同时延长学生在企业的工作时间。确保学生能在专业上有所发展，企业能在产、学、研合作中有所收获，真正实现多方合作的纵深发展。当今社会国际交流和合作越来越深入，全球化的视野、多文化融合成为新时代专业人才必备的能力。学校应当进一步扩展与国际组织的教育合作，推动学生发展的专业成长、开阔学生视野，培养其跨文化交流、环境适应等多方面的能力。国际组织的实习经验能够促进我们掌握更多信息，拥有更多资源，是实现共赢和发展的关键要素。

需要注意的是，我国的社会经济体制和国情与美国不同，两者存在着很大的文化背景与传统差异，因此在实施应用型大学建设方面，美国实用性的观念可以适当借鉴，同时也要注重本国实际，探索符合中国文化价值观和政治经济体制的具有中国本土特色的产、学、研合作和国际合作策略。

第七章

加拿大

加拿大为北美洲最北的国家，西抵太平洋，东迄大西洋，北至北冰洋，东北部和丹麦领地格陵兰岛相望，东部和法属圣皮埃尔和密克隆群岛相望，南部与美国本土接壤，西北部与美国阿拉斯加州为邻。领土面积为998万平方千米，位居世界第二。加拿大素有"枫叶之国"的美誉，首都是渥太华。加拿大政治体制为联邦制、君主立宪制及议会制，是英联邦国家之一，英王伊丽莎白二世为国家元首及国家象征，但无实际权力。加拿大是典型的英法双语国家，1945年加入了联合国。教育是各省的责任，而不是联邦政府的责任，并被列为高度优先事项。义务教育的入学时间各不相同，但都是至少九年。除魁北克使用法语外，所有省份的主要教学语言都是英语。在其他几个省，法语学生有权接受法语教学。

加拿大的高等教育通常被称为中学后教育，加拿大学生具有丰富的高等教育选择。加拿大有58所大学和大约200所其他高等教育机构，几乎所有的高中毕业生都以某种形式进行高等教育或继续教育。加拿大的大学一般来说可以分为三种类型：医学博士类大学、综合类大学和基础类大学。我们比较熟悉的大学都集中在医学博士类大学（如多伦多大学、麦吉尔大学、皇后大学等）或是综合类大学（如西蒙菲莎大学、滑铁卢大学、约克大学等）。但是基础类大学由于其大学规模普遍偏小，提供的专业相对较少，专注于本科教育，很少受到关注。这一类型的学校更符合应用型大学的定义，因此成为我们的研究对象。

一直以来，国内学者认为加拿大与美国高等教育体制类似，因此对加拿大的研究数量较少。本章介绍了加拿大应用型大学的产生背景与历史变迁过程，并以"介绍与案例"相结合的方式展现加拿大应用型大学的现状。同时，基于北不列颠哥伦比亚大学突破性研究的特色，展现其学校课程、教学方式与学生培养等方面的典型经验。

第一节　发展历程

以往的研究把关注的重心放在加拿大高等教育独特体制上，把加拿大高等教育机构分为两院制大学、一院制大学和社区学院；也有学者根据大学能够提供的学位，把加拿大高等教育机构分为大学、学院等；还有学者根据学校学科设置的特征、学生培养层次、教师水平和学校科研活动的开展情况，将加拿大高等教育机构分为医学博士类大学、综合类大学和基础类大学。最后一种分类，与我国最新的学术性大学和应用型大学的分类更吻合，其中基础类大学的内涵和外延与应用型大学基本贴切，在以下的阐述中，将用加拿大应用型大学来进行命名。

一、产生背景

教育是人类特有的社会现象和活动，它的发展是社会发展的重要标志之一。教育的发展不能脱离整个国家政治、经济和社会的发展，受到社会发展客观规律的制约。

（一）政治背景

加拿大的第一批居民是印第安人，主要是因纽特人，但1497年当为英国亨利七世服务的意大利人约翰·卡博特到达纽芬兰之后，加拿大进入了被殖民的历史时期。从1608年法国人塞缪尔·德·尚普兰建立魁北克殖民地，加拿大经历了"法属"和"英属"，一直到1867年正式摆脱殖民地地位，加拿大民族国家的独立用了两个半世纪。

  1608—1763年属于"法属"殖民地时期，此时很多移民来自法国，法国的行政机制以及宗教信仰也不断地传入。天主教及其领导的教会、法国殖民政府、领主制构成了这一时期政治上的三种力量。一直到18世纪，加拿大处于信奉天主教和以农耕为主要生产方式的传统社会。英国和法国为争夺北美的殖民地不断地爆发小规模的战争，一直到1757年，两国爆发了波及范围比较大的"七年战争"，1763年双方签订《巴黎条约》，战争结果以"法属"殖民地的结束和"英属"殖民地的建立而告终。但是，由于法国在加拿大统治了150年，很多法国后裔已经适应，且在人口上占有优势，他们聚居的"魁北克不只是'新法兰西'的政治首府，它还是精神、文化和地理的中心。在它的内部和周围形成了种族的、文化的、宗教的和语言的坚强传统，这些传统是法属加拿大人的向心力量"。

  1763—1867年，加拿大进入"英属"殖民地时期，此时英国大力推进英式政治体制、法律、宗教及语言，试图淡化法裔加拿大人对天主教的认同感。1763年英国颁布的《皇室公告》鼓励英属北美十三殖民地的英裔居民移居加拿大，但此举遭到法裔加拿大人的坚决抵制。英国议会被迫于1774年颁布《魁北克法案》作出妥协，承诺成立一个由英裔加拿大人和法裔加拿大人共同组成的政府，赋予法国民法与英国刑法同等的法律地位，把法语和英语同时作为魁北克官方语言，这为此后加拿大的二元性奠定了基础。但是，随着加拿大英裔居民移居人数的不断增加，他们提出与法裔的魁北克省分离。英国议会于1791年通过了《宪法法案》，将原魁北克省划分为以英裔居民为主的上加拿大省和以法裔居民为主的下加拿大省，法案暂时缓和了英裔和法裔居民的矛盾。之后不断发展，英裔居民的数量明显超过了法裔居民，加拿大的社会性质和人口结构被进一步改变。而美国在1775年和1812年的两次入侵，不但没有兼并加拿大，反而使加拿大英裔和法裔居民联合起来，形成了国家认同感。英国于1867年通过了《英属北美法案》，宣布魁北克省、安大略省、新斯科舍省、新不伦瑞克省共同组成加拿大自治领，这为加拿大的独立奠定了基础。

出于参与国际事务、展现民族精神和独立的强烈愿望，加拿大参与了第一次世界大战，与英国并肩作战。1931年英国颁布的《威斯敏斯特法案》，明确承认加拿大是英联邦的成员国之一，英国议会只保留对加拿大宪法的修改权，加拿大自治领因而获得了与英国平等的合法地位。"这是加拿大历史上一件具有里程碑意义的事情，加拿大从此以独立主权国家的身份进入国际社会。"1982年，经过特鲁多政府与地方各省多次协商，英国议会正式同意把《英属北美法》送回加拿大，由加拿大修改成为自己的新宪法，即《宪法法案》，7月1日加拿大事实上从英国独立，正式建立加拿大联邦。

加拿大的政治制度以英国为基础，采用君主立宪制，意味着承认女王或国王是国家元首，而总理是政府首脑。加拿大议会由加拿大女王（由总督正式代表）、参议院和下议院组成。加拿大有3级政府，每一级政府都有其不同的责任。联邦政府负责影响整个国家的事务，如公民身份和移民、国防和与其他国家的贸易。省和地区政府负责教育、保健和公路等事务。市（地方）政府负责消防、城市街道和其他地方事务。因此，在这样的政治体制之下，教育体制、多元文化等成为加拿大教育的重要特征。

（二）社会背景

加拿大是一个由10个省和3个地区组成的联邦，人口约为3000万人。大多数加拿大人（77%的人口）生活在城市地区，而其他人口则分散在从海洋到海洋的各个地区。虽然加拿大是十大制造业国家之一，但它在高技术和服务业方面也正在经历巨大的增长。它的经济日益多样化和知识化，加拿大不再完全依赖自然资源，而是通过创新和技术发展经济。加拿大主要出口汽车车辆和零部件、机械设备、高科技产品、石油、天然气、金属以及森林和农产品；主要进口机械和工业设备，包括通信和电子设备、车辆和汽车零部件、工业材料（金属矿石、钢铁、贵金属）、化学品、塑料、棉花、羊毛和其他纺织品，以及制成品和食品。在经济方面，加拿大是一个强大、高度发达的国家，是八国集团和经济合作与发展组织（OECD）的成员。在过去的几十年中，加拿大的经济已从基本上以农业和资源开采为基础的经济转变为以工业化和技术为基础的经济。20世纪90年代初的一次明显衰退使人们普遍注意减少赤字和公共开支，从而呼吁公共方案更有效、更负责任地运作。然而，教育仍然是政府的高度优先投资，反映了加拿大人民对学习的坚定承诺。各级教育支出占加拿大GDP的7%，高于其他七国集团国家。

加拿大有两种官方语言：英语（占加拿大人口的59%）和法语（占加拿大人口的23%）。许多加拿大人（18%）拥有一种以上的第一语言。《官方语言法》中规定，法语和英语是加拿大的两种官方语言，并规定了特别措施，以振兴法语和英语少数民族语言群体并协助他们发展。加拿大联邦政府通过提供双语服务来反映两种官方语言的平等地位，加拿大唯一的官方双语省份新不伦瑞克省也是如此。然而，到加拿大的移民目前每年约有20万人，这些新移民影响了加拿大的社会和文化群体的组成，在加拿大的许多主要城市（多伦多、温哥华和蒙特利尔）人口的语言和文化多样性越来越明显。这些对于学生来说是一个特殊的挑战，学校系统必须特别关注和跟进，为他们提供法语或英语第二语言课程。在魁北克和新不伦瑞克以外，英语仍然是学龄青年在家里使用的主要语言。

加拿大是一个非常开放的国家，鼓励尊重其所有居民的文化。1867年联邦成立时，种族、语言和宗教是承认受教育权的基石。随着加拿大在20世纪70年代采取多元文化政策，许多政府和社会机构承认的一项主要原则使尊重多样性成为学校面临的巨大挑战。1982年《宪法法案》和《加拿大权利和自由宪章》承认少数民族语言的教派教育和教学方面的特殊权利，并保障所有加拿大公民享有在法律面前得到合理保护和平等待遇的权利，而不论其种族、宗教或国籍。

（三）教育背景

加拿大秉持的三大教育和社会价值观超越了各省和地区的个人教育系统，有助于确定该国对公共教育的态度。第一种价值观是平等性，加拿大全国的人口都能获得公共教育，消除与语言、性别或其他相关的教育障碍，如身体或精神残疾；第二种是统一性，一个人的居住地不应对课程的质量或选择产生不利影响；第三种是多元性，随着加拿大在20世纪70年代采取多元文化政策，学校在面临巨大挑战下承认尊重多样性。在联邦制度中，权力在联邦政府和各省和地区之间划分，后者负责教育。1867年的《宪法法案》第93条规定："立法机关可以对每个省专门制定与教育有关的法律。"每个省和地区都建立了独特的教育结构和机构，尽管有许多相似之处，但也反映了各个地区的独特性质以及该国历史和文化的多样性。

加拿大的教育以两种正式语言提供，但程度视区域而定。与大多数国家不同，加拿大没有国家教育部。尽管如此，它利用其资源，对该部门的政策、标准和目标施加一定程度的影响。《宪法法案》规定各省教育部可以利用教育或学校教学立法和相关条例，对课程内容、学校经费的范围、教师的专业培训和认证、学生的测试方法和标准、学校的等级和行政结构、学校董事会的组成以及教材的设计和分发行使管辖权。个别省份的立法包括省级法规，以及规定公共教育领域职责分工的地方学校理事会或委员会的章程和条例。联邦政府通过了两项法案，即《西北地区法》《育空地区法》，规定两个地区负责教育服务，联邦政府为此承担资金。每个地区都设立了自己的教育部，管理并提供教育服务。各省和地区对教育享有的权利使它们有权将权力下放给地方学校理事会或委员会，或下放给各省或地区设立或承认的其他机构。各省和地区的学校理事会或委员会（或新不伦瑞克地区教育委员会）的成员由直接选举产生。学校董事会或委员会或理事会行使的权利一般包括应用课程、监督学校系统的运作和管理、获得必要的财政资源、提出新的建设项目或其他主要的基本建设项目。

大多数省和地区在小学一年级之前提供学前或幼儿园课程，这些方案由地方学校当局管理；凡拥有加拿大公民身份或永久居民身份直至中学毕业（通常为18周岁）的人，都可以免费接受公共教育。义务教育的期限因省或地区而异，一般而言，从6岁或7岁到16岁，学校是义务教育。成功完成中学学业的学生可以申请进入学院或大学。大学学习分为三个周期学位：学士、硕士和博士。本科课程可能持续3～4年，这取决于课程和省；硕士学习需要至少1年的学习，通常是2年；博士学位通常需要平均花4～5年的时间完成博士学业。

加拿大是一个双语国家。大学通过提供英语和法语教学来证明这一点，它提供一些戏剧、体育、讲座、博物馆、校园广播电台和美术馆。所有的学院和大学都有各种各样的社团和俱乐部，许多是由学生会或理事会组织的，这是校园社会活动的中心。加拿大的大学有优秀的体育设施，有些为运动员提供全额学术奖学金。这与我国的学生部相似，这项活动给了学生更多的机会，培养他们的全面能力，取得一些成就，使他们毕业后有更多的经验来面对他们的工作。加拿大的学院和大学的入学资格差别很大，一般来说，大学越好，入学资格就越高，如法学院有统一标准考试。对于重返全日制或非全日制大学教育的学生来说，也要提供显示他们已达到的教育水平的文凭或证书，否则必须参加基本考试。所有外国学生都需要具备全面的英语知识（魁北克要求具备法语知识），而那些母语不是英语（或法语）的人必须参加托福考试。

二、主要历程

加拿大高等教育是在法英两国殖民之下产生的，受到宗教和殖民的双重影响。第二次世界大战后，高等教育开始受到大规模资助，发展快速。这一部分将按照历史时间的发展，展现加拿大应用型大学的演进。

（一）加拿大应用型大学的萌芽（1663年—第二次世界大战时期）

加拿大高等教育的发端可追溯到1663年魁北克神学院（1852年更名为拉瓦尔大学）的创立。魁北克神学院是由时任加拿大新法兰西主教的拉瓦尔在法国国王路易十四的授权下创办的，受宗教团体的管辖和控制。殖民时期创立的大学，一共有18所允许授予学位的高等院校，但是或多或少都会受到宗教的影响。

1867年英国议会通过的《英属北美法》，加快了加拿大大学摆脱教会控制的进程。各个学校为了取得国家的公共资助，变更了学校性质，为之后公立学校的发展奠定了基础。安大略省于1887年通过了大学法案，此项法案规定省政府财政拨款用于资助大学联盟，对大学享有管理权、监督权和任命大学校长和聘任教授等权利。省政府任命10名由省教育部长和各大学、学院代表组成大学联盟董事会，作为大学联盟的唯一管理机构，管理大学事务。1871—1905年，曼尼托巴省、不列颠哥伦比亚省、阿尔伯塔省和萨斯喀彻温省相继加入联邦政府，并且四个省分别建立了各省的曼尼托巴大学、不列颠哥伦比亚大学、阿尔伯塔大学、萨斯喀彻温大学。而这些新型的学校就是之后加拿大应用型大学的萌芽。大学的管理由管理委员会负责，学术事务由学术委员会负责，校长和副校长由省政府任命。

两次世界大战给加拿大经济社会的发展造成了极大损失，同时对大学也产生了极大影响。这期间成立了国家研究委员会，为一些重要的大学提供资助，作为人才的重要来源。由此，政府与大学建立起紧密合作关系，从国家利益的角度出发，应对战时特殊需要。高等教育的功能和重要性得到提升。

1903年创立的维多利亚学院是加拿大最早的社区学院，这是真正意义上应用型大学的雏形。该学院最初提供关于文理学科的一年制课程，后发展为两年制课程。1934年，安大略大学校长舍伍德·福克斯经过对教学机构问卷调查发现，当时加拿大有11所这样的高校，多数受到教会的控制。

总的来说，这一时期加拿大高等教育发展面临很多阻碍，缺少资金和教学设施，入学人数少。

（二）加拿大应用型大学的数量增加时期（第二次世界大战时期—1970年）

随着第二次世界大战的结束，大批军人返回，加拿大政府面临新的问题。1945年加拿大加入联合国，1949年纽芬兰加入加拿大联邦，国土面积扩大，国家地位提升。加拿大百废待兴，教育事业也一样。

加拿大联邦政府在1943年成立了大学咨询委员会，负责安置退伍军人，为他们提供继续受教育的机会（见表7-1）。同时，1945年加拿大人口是1200万人，到1961年增长到1800万人。加拿大是世界上城市化发展程度比较高的国家之一，到1961年的时候，77%的人生活在城镇。面对人口迅速增长的现状，高校为了能够适应国家社会的变化，主动调整办学策略，改革教学课程。

表7-1　战后加拿大退伍军人接受高等教育人数统计

年度（年）	注册学生数（人）	其中退伍老兵数（人）
1943—1944	35132	68
1944—1945	38516	500
1945—1946	61861	20000
1946—1947	76237	34000
1947—1948	79346	29600
1948—1949	75807	21800
1949—1950	64036	6126
1950—1951	59849	2464

"第二次世界大战打乱和改变了人们正常的生活节奏，同时也改变了公众对大学地位和价值的传统看法。"随着战后加拿大经济转型，对劳动力技

能的要求不断提高。

但此时，由于各省还是主要由一所大学支撑，已经不能满足社会发展的需要。1967年通过《大学成立法案》，加拿大高等教育发展迅速，开始从精英教育向大众化时期发展，加拿大的大学数量大规模增加。在各个省的自主协调之下，根据规划和任务建立高等教育系统，例如，马尼托巴省主动改变1所大学模式的现状，变成3所主要大学，其中，马尼托巴大学重点是广泛的本科、研究生和专业教育，布兰登大学和温尼伯大学都把重点放在普通本科教育上。

加拿大教育部长理事会于1967年由各省教育部长在各省政府的支持下设立，教育管理委员会是向教育部门提供共同工作咨询的唯一框架。通过该委员会，各省和地区能够在小学、中学和中学后的各级合作中开展各种项目。教育部长理事会是一个机制，允许教育部长就共同关心的问题进行协商，代表加拿大参加国际教育相关活动，与联邦政府各部门和机构进行联络，并与教育领域的其他国家组织合作。

加拿大学者Giliberto Capano在他的文章中提到，"然而，正如我们所看到的，自二战之后，加拿大联邦政府非常积极地通过向学生提供补助、向科研提供大量投资的方式资助大学发展"。1951—1966年，加拿大联邦政府对大学的拨款，占高等教育日常经费的比例越来越高，具体见表7-2。同时，仅1967—1968年，加拿大拥有能够授予学位的大学和学院就有62所，还有其他高等教育机构250所；在校学生数与1951—1952年相比增加了7倍；学生入学率由4.2%提高到10.1%；生师比由10.8∶1达到12.6∶1。

表7-2 1951—1966年加拿大政府拨款在高等教育日常经费中的占比（%）

来源	1950—1951年	1955—1956年	1960—1961年	1965—1966年
学费	35.0	26.9	26.0	25.9
联邦政府拨款	4.0	15.1	18.5	17.1
省政府拨款	41.0	40.8	43.2	43.2
其他	20.0	17.2	13.9	13.9

安大略省首先开始调整经济结构，探索教育发展的新途径，于1946年创立了湖首技术学院，1948年创立了赖尔森技术学院，后经过10年的发展，在1956年湖首技术学院更名为湖首文理与技术学院，具有大学地位。其他的省也随即发展初级学院和技术学院，例如阿尔伯塔省通过了公立初级学院。1960年，加拿大联邦政府通过了《技术与职业培训资助法案》，不断加强教育立法，扩大公民的受教育权利，各省政府也负责制定本省教育行政法规、技术学院总体发展规划和教育拨款计划，推动加拿大技术学院的规范化、制度化和法制化。

这一时期进入中学后教育体系的"大爆炸"时期，受到社会经济发展的影响和国家的资助，加拿大应用型大学的数量增加迅速。

（三）加拿大应用型大学的稳定发展时期（1970—1997年）

在上一个时期，加拿大技术学院经历了几乎肆无忌惮的扩张，同时具有较强的自主性。政府的支持，特别是在财政上的支持，也是慷慨的。但是，1973年的中东石油危机、加拿大西部省份崛起及魁北克省公投，导致加拿大进入衰退期，出现了经济困难。由于建立了广泛的大学制度而对公共财政的压力超出了预期，面对财政赤字，联邦政府不得不采取措施，将教育在卫生、能源需求和社会福利公共政策中的优先地位停止。

1975—1980年，大多数省级大学系统都受到省级政府越来越多的控制，而有了这些控制，大学不得不大量减少新项目的开发。学校开始面临学费上涨、学生就业难、资金投入变少的状况。尽管各省之间在程度上存在差异，但高校基本上仍然是政府在高等教育和职业培训方面的政策工具。很多技术学院都是由教育部长直接管理的职业和培训部创建，大多数技术学院设立管理学校的理事会。例如，阿尔伯塔省各类高等教育全日制学生有所增加，表面高校的资助有所增长，但是根据当时的物价来看，实际上是下降了，具体见表7-3。

表7-3　1980年和1990年阿尔伯塔省高等教育全日制学生数、资助费用状况

学校类型	全日制学生数（人）		资助费用（千加元）	
	1980年	1990年	1980年	1990年
大学	37495	57864	237021	464900
公立社区学院	14378	25174	65467	184540
技术学院	13897	15023	66711	131177
职业学院	3967	9355	15985	37257
护理学院	1172	1543	3700	13380
私立学院	892	2636	2151	7392
合计	71801	111595	391035	838646

加拿大技术学院与研究性大学的不同之处在于后者拥有相对的自主性，这是确保高质量学术水平所必需的。其在促进经济增长方面发挥着积极作用，鉴于资金来源的紧缩和克制，政府鼓励学院开展各种各样的创业活动，旨在从私人和国际社会获得资助，这项工作产生了喜忧参半的效益。在这个过程中，加拿大的技术学院开始在快速增长之后，寻找自我定位和发展路径。它的重点首先是学生，培养学生广泛的教育能力，如沟通技巧、批判性思维和一般知识；其次是学院更倾向于培养学生的技术能力，使个人能够以可用的工作技能进入劳动力市场；最后是学院为各种个人和群体提供社会文化的教育机会和环境。

这个时期应用型大学受到国家环境的影响，从快速发展期进入到稳定期，逐渐明确自身的性质和定位。

（四）加拿大应用型大学的改革转型时期（1998年至今）

加拿大的中学后教育进入了一个更彻底的转型时期，学者和专家一致认为转型的背景与全球化和相关变化密切相关，关于全球化影响的早期声明可以在大学教育审查委员会1993年的报告中找到。

1997年以前，高等教育系统的发展，一直是政府协调控制和现有的高等教育系统进一步分裂为其组成部分来确定的；1997年以后，基于经济和地方发展，高等教育进入扩张和多样化时期，很多现有的社区学院改为新

的应用型大学。例如，自20世纪60年代末70年代初以来不列颠哥伦比亚省和阿尔伯塔省都建立了具体的社区学院，2008年和2009年，两省政府将社区学院改变为新的应用型大学。这一类新应用型大学受到市场自由主义或新自由主义的影响，既不同于社区学院，也不同于传统大学，而是把两者的特点融合在一起。

新自由主义思想通过全球化进程影响了世界各地的教育机构。学者们认为，新自由主义几乎触及了高等教育体制层面的方方面面。由于加拿大的一些社区学院演变成新的应用型大学，它们可能更多地与全球经济的偏好和方向联系起来，表现出新自由主义大学的特点。

同时，对于那些过渡到大学地位的社区学院，教师期望专业技术职称晋升上的改变（如助理教授、副教授和教授）、管理制度上提供两院制治理等。所有这些行为和条件在大学都是合法的，但这些做法不一定与社区学院兼容，不符合社区学院的制度逻辑。在这一过程中，新型大学可能会出现相当大的体制不稳定以及体制成员之间的紧张和冲突。

从目前来看，这些新的应用型大学加入之后，加拿大应用型大学都表现出传统大学的许多特点：注重研究、学术地位、任期和两院制治理，以及投入大量资源和规划学士学位方案，但是同时，也更倾向于实用性以及地方服务。

第二节　发展现状

加拿大应用型大学的建立是一个深深植根于制度背景以及法律、社会、经济、政治和历史背景的过程。那么，随着经济全球化、信息技术不断发展以及新自由主义的影响，加拿大应用型大学也在不断发展变革。

一、基本情况

加拿大是一个由10个省和3个地区组成的联邦。与大多数政府不同,加拿大没有国家教育部。尽管如此,虽然联邦政府无法在教育方面直接行使权力,但它利用其资源,对教育部门的政策、标准和目标施加一定程度的影响。加拿大教育部长理事会是1967年由教育部长设立的一个国家机构,目的是促进讨论共同关心的问题以及各省和地区之间的合作与协商,与联邦政府联络,并就教育领域在国际上代表加拿大。加拿大的3个地区(育空地区、西北地区和努纳武特地区)不具有与其他省相同的宪法地位。但是,在教育方面,联邦政府已将这一责任下放给地区政府,而地区政府在与各省合作的过程中,提供中学后课程。

加拿大有200多所大学和学院,有各种各样的入学要求和课程,全年大学入学总人数约60万人,其中应用型大学约有30所。自20世纪90年代初以来,大学入学人数增加了40%以上,其中大部分增长发生在90年代末;大学入学人数也同样增加了大约35%。近20年来,两大趋势席卷了全球的高等教育领域:第一个涉及许多国家中学后教育制度的大规模扩张,第二个涉及高等教育费用的问题,从政府转移到学生(及他们的父母)。加拿大与美国相似,两国都采取了学费较高的政策。

二、学校研究基金和学生资助

在近200年的历史中,加拿大大学体系的规模和多样性发生了巨大的变化。加拿大有超过95个机构被认为是大学。在21世纪第一个十年结束时,这些教育机构为大约100万名学生提供服务,其中,3/4是全日制学生,85%是本科。与许多其他国家的情况一样,加拿大的大学体系已经变得非常多样化。

联邦政府部门在资助中学后教育方面发挥了间接作用。例如,财政部监督联邦对各省和地区的资金转移支付。加拿大就业和社会发展部负责加拿大学生的贷款方案。加拿大遗产部有一个支持官方语言教育的方案。加拿大统计局通过加拿大教育统计委员会与各省和地区合作，确保教育数据的收集、协调和出版，以及加拿大教育统计。

加拿大政府一直为其公民提供教育服务资源。为此目的划拨的公共资金比例是政府优先重视教育的一个指标。教育是加拿大公共支出的第二大类别，仅超过卫生支出。政府对教育的投资数额取决于人口结构等因素，加拿大应用型大学大部分的直接资金来自省、地区和联邦政府的资助。然而，鉴于教育领域的复杂性，公共教育支出的差异并不一定转化为教育总体质量的差异。特别是在高等教育方面，还必须考虑公共资金和私人资金的适当结合问题。教育投资对个人和社会都有利。因此，我们有理由认为二者都应增加教育费用。这些辩论并非加拿大所独有；经济合作与发展组织其他成员国也在处理同样的问题。加拿大大多数省份的大学现在更多地依靠学费提供的私人资金，而不是政府提供的公共资金。

根据统计，2003—2004学年加拿大的大学学费在经济合作与发展组织国家中名列第五，即加拿大的大学收费明显高于其他国家（如，澳大利亚、日本和韩国等）。值得注意的是，当我们比较高等教育的总成本（包括学费、辅助费、书籍、学习材料、租金和食物）时，加拿大排名居于美国、日本、英国、新西兰和澳大利亚之后位列第六。

目前，加拿大应用型大学的资金中用于工作人员薪金的支出比例略低，而经济与发展组织所有成员国的平均薪金支出略高于总支出的2/3（69%）。教职员工的工资分别为纽芬兰和拉布拉多目前支出占74%，西北地区和育空地区分别为38%和49%。非教学工作人员的薪金从不列颠哥伦比亚省目前支出的19%到育空和纽芬兰以及拉布拉多的10%不等。工作人员薪金一般接近全加拿大72%的平均水平，从爱德华王子岛目前支出的80%到西北地区的60%不等。教育工作者的工资也接近全加拿大39%的平均水平；爱德华王子岛和纽芬兰及拉布拉多的比例略高,分别为52%和46%。

三、问责机制

为监测中学后教育机构的表现,加拿大的一些省份制定了业绩指标。一些省份的政府还利用这些措施将资金与机构绩效挂钩。这些KPI是阿尔伯塔省、不列颠哥伦比亚省和萨斯喀彻温省等省的应用型大学发展的质量保证。

例如,阿尔伯塔省从1997年开始,是加拿大第一个采用绩效基金的中学后教育的省份。执行业绩的目的是使阿尔伯塔省的资金用于提高机构的生产力和增加政府的影响力。它共有5项共同学习指标和4项研究阿尔伯塔计划中的组成部分指标,其中,5项共同学习指标分别是:毕业生的就业率;对其教育经验的满意度;基于3年滚动平均数,城乡学校之间进行调整;行政支出;外部产生的收入。

与阿尔伯塔省和安大略省不同,不列颠哥伦比亚省的业绩指标较高,且教育与资金无关。不列颠哥伦比亚省的问责框架,作为一套公共高等教育系统的规划和报告程序而设立。其目的是,确保个别公立中学后教育机构对教育部负责和公众对它们的表现有关,以确保学生获得优质服务与他们的需要和劳动力市场的需要有关的教育机会;确保教育部对公众的表现负责,目的是使所有人受益。目前有15项指标来自5个战略目标——能力、访问、质量、相关性和效率。

萨斯喀彻温政府同样制定了问责框架文件。政府指出,在重新肯定"大学自主权和学术自由的重要性"的同时,大学有义务对公众负责。政府有义务确保大学意识到它的10个优先事项,它们分别是大学课程和服务的质量、可获得性、公平、满足社会的学习需要、研究、服务社会、社会和文化发展、经济发展、技术与教学的结合、国际活动。但是,经费与大学的业绩指标不挂钩。

因此，问责措施一直是自由政府10多年来的一个关键特征。政府建立的问责机制，是为了使家长和学生能够在知情的情况下选择适合的大学，并帮助应用型大学改善其功能。

四、大学通道项目

一旦顺利完成中学学生，学生如果想继续深造，可向社区学院或大学或其他机构提出申请。公立大学和私立大学都提供中学后教育。职业学院、社区学院和其他学院，都提供继续教育和发展商业、应用艺术、技术、社会服务和一些卫生科学职业技能的方案。这些项目持续时间长短不一，从6个月到3年。一般而言，学院只颁发文凭或证书；社区学院不会授予学术学位。

1995—1996年，阿尔伯塔省首先启动了一个示范项目，允许学院和技术机构授予学位，以提高职业资格学生的毕业质量。许多社区学院与商业、工业和劳工合作，提供高技术领域的专业发展服务或专门方案。技术培训和技术方案为学生在政府、卫生和社会部门、行业、工业或农业、海洋和自然资源部门就业或从事专业工作做好准备或提供技术专家。给完成一年或两年学习（24~30周）课程的学生颁发证书。不列颠哥伦比亚省社区学院系统使学生能够完成两年的学术课程，以获得一些大学的学士学位，完成60个学期学分的学生，第一年和第二年的大学转移课程在学院，希望继续深造的学生可以第三年和第四年在大学学院或大学完成学位课程。正式的学术体系在不列颠哥伦比亚省设立了多年的学分转移，以促进学院、大学学院、研究所和大学之间的中学后学分课程的可转让性。然而，在许多省份，学院与学院之间或学院之间的学分转移大多不是自动的。学生必须申请入学，并对他们以前的学习进行评估，然后才能获得他们完成的所有或部分课程的学分。

2005年夏季，达勒姆学院和安大略大学技术学院（UOIT）启动了大学通道项目，以帮助大学生完成大学学位的学历文凭。这些项目中的大多数旨在支持那些已经完成两年制大学文凭的学生过渡到四年制大学学位。大学生必须完成"桥梁课程"，并完成2年的大学文凭或3年高级大学文凭课程，才有资格进入某些大学学位课程。学士学位可能需要3~4年的学习，这取决于课程。一些省份的大学在3年内被授予普通学位，并且需要4年才能拿到本科学位。硕士学位需要至少1~2年的学习后，完成与学士学位同一或相关领域。有些人可能需要完成论文或专业实习。完成硕士学位后，博士学位通常需要至少3年的学习后才能获得。

通过这些大学通道项目，社区学院与应用型大学、研究型大学相联系，在省政府的协调下形成大学系统。社区学院的学生可以升入应用型大学完成学士学位，同样，在应用型大学完成本科教育后，可以进入研究型大学完成研究生阶段的学习。

五、教学特点

加拿大高校本科生的学习课程主要由3部分组成，分别是核心课程、主修课程和选修课程。核心课程主要是培养学生在校和毕业后进一步学习的基本能力，了解和掌握主要学科领域的基础知识等，类似于我国的基础课。主修课程是学习专业内较深的理论知识和实践技能，为毕业后深造或从事相关工作做专业知识储备，与我国的专业课相似。选修课程是在全校范围内由学生根据需要和兴趣选修的课程。和国内的任选课一样，加拿大高校的选修课程充分体现了"宽口径、厚基础"的教育思想。

（一）重视学生学习的主动性和积极性

加拿大的大学采用完全学分制，学生遵循学校的必修学科和学分要求的规定，根据自己的兴趣爱好和实际，自主选择专业、课程和授课教师，没有固定的班级安排，也可以根据自己认知水平的提高或兴趣的转移，来调整学习和研究方向，并且可以自主决定是否需要提前或延期毕业。学校在严格控制教学质量的前提下，给学生充分的学习自由，使学生明确学习目的和学习方向，从而也保证了学习的驱动力和积极性。

　　加拿大高等教育非常重视对学生实践能力和创新能力的培养。在各种课堂上，常常要求学生对课程内容提出相应的实验项目或论题，然后主动思考、查阅资料、经过归纳总结等完成论文或实验论证。学生独立从事科研的能力从本科阶段就得到充分重视和练习。在课堂上，师生之间的互动非常多，不只是老师提问学生，老师也欢迎学生随时对授课内容提出问题，遇到一时无法解答的问题，就会在课余时间查资料，直到能给学生满意的解释为止。另外，课堂的小组讨论也是其特色之一，每个成员都为了完成讨论主题主动思考、献策献计，然后推荐一名发言人代表大家登台演讲，最后全班一起进行点评，直至把这一主题观点搞得透彻明白。

（二）重视道德教育和职业修养

　　在加拿大的高等教育中，还有一项尤其应该引起我们的注意。在培养学生时，不仅要重视学生知识和技能的教育，同时也不能放松对学生自身及职业道德修养的培育和提高，并通过设置相应的课程、硬性指标及具体要求对学生进行考核。安大略省教育部规定，任何一所学院都必须开设语言交流课、技术写作课、商业和人际交往课、计算机课，帮助学生树立正确的人生观，具备良好的社交能力和与他人合作的团队精神。在阿尔伯塔大学有两个非常实用的资源是免费的：一个是Center for Writers，免费帮助修改任何写作材料、作业、论文或随笔；另一个是Engjobs（登录学校邮箱进行关联），里面有很多就业信息，不只是可以帮助毕业生找到很多的就业机会，还会发布很多能启发人的讲座。

第三节　加拿大应用型大学的发展启示

　　"世界听不见加拿大的声音。"作家乔治·伍德克曾这样说道。本节将研究国别定位为加拿大,也正如加拿大高等教育学会前任主席格兰·琼斯在他的著作序言里所描述的那样,"由于加拿大在高等教育领域的研究人员数量较少","致力于国际学术交流的学者更是寥寥无几,与此同时,国内外许多学者一般认为加拿大的高等教育体制大体上与我们的南方邻居——美国类似"。而且,"在知识的生产和传播方面,美国高等教育具有十分重要的战略意义"。国际上的学者自然而然地倾向于将注意力集中在美国高等教育体制方面。但是,研究发现,随着政治经济环境的不断变化,加拿大应用型大学体现出不一样的特点,为我国应用型大学的发展带来了启示。

本科生学术研究能力的提升,能够加深学生对所学理论知识的理解,也能够为研究生阶段的学习奠定较为坚实的基础,从而切实提升学生的综合竞争力。

一、回归大学之道,反思过于功利的本科人才培养体系

《礼记·大学》中开宗明义,"大学之道,在明明德,在亲民,在止于至善"。可见,大学之道的第一要义便是育人,人才培养是一切大学教育活动的价值旨归。反思当下,我国应用型的本科人才培养体系,过于注重"应用型"三个字,而忽视人的核心素养;在人才培养方面,过于强调学科知识、专业技能与就业能力,而忽视人文精神与科研能力培养。我们可以借鉴北不列颠哥伦比亚大学(University of Northern British Columbia,UNBC)的创新人才培养经验,通过加强本科生科研参与、实施个性化教学,制定基于项目研究、开放课程教学的方法,促进学生科研核心能力发展,培养引领未来发展的拔尖创新人才。

二、制定规划,构建全面融入科研元素的发展框架

随着高等教育迈入后大众化时代,学生构成和发展取向日益多元。兼顾不同个体学习与研究需求,构建个性化本科培养方案,是培养本科生科

研核心能力的关键途径。为此，有必要对本科培养方案进行变革。UNBC制定5年科研发展规划，从宏观架构上进行指导。其具体任务是：第一，制定本科生科研核心能力发展框架，以制度性安排确保本科生科研核心能力的培养。第二，加强通识教育课程建设，促进通识教育与专业教育共同发展。设立专门的通识教育管理与指导机构，负责通识教育课程资源整合、通识教育课程与专业教育课程衔接与融合等事务。同时，在课程结构调整时，提高对通识课程的重视程度，设计"四年一贯制"的通识教育课程和专业教育课程体系，形成通识教育促进专业理解、专业教育促进通识教育发展的良性循环。第三，建立研究型课程教学范式。倡导以学生为中心，教师发挥启发、组织、激励的作用，引导学生主动实践，积极思考，在研讨中创造性地发现和解决问题。

三、建立教授指导，打造高水平"教学与科研指导共同体"

打造"教学与科研指导共同体"，需要实现几个重要转变：其一，实现"单一指导"向"团队合作指导"转变。真正意义上的学术共同体绝不是一批学者（哪怕是一批优秀学者）简单的机械组合，而必须是具有共同教育愿景、拥有共同学术志向的学者所构成的生态型群落。因此，构建高水平"教学与科研指导共同体"，由单一导师指导转向共同体指导，必须在教师之间形成共同的教育信仰，培育一致的学术信念，包容多种研究范式，以共同愿景为导向，在互助、互信的基础上形成教师群体的理解与合作，协同参与本科生科研行动。其二，促进"单一学科培养"向"多学科交叉、融合培养"转变。学校要构建理工协同、文理渗透的指导团队，引导教师跨学科、跨院系的协作与融合，促进本科生科研多学科集成创新，培养学生的创新思维和科研核心能力。其三，推动"接受式学习"向"研究性学习"转变。研究性学习旨在超越传统分科课程的束缚，促进大学课堂教学从"灌输"转向"体验"。在研究性学习过程中，教师要积极组织各类研究活动，帮助学生逐步形成善于发现、敢于质疑、勤于探索的心理品质，培养他们的研究能力。

四、搭建、整合并开放本科生科研训练平台

与UNBC相比，我国很多高校在科研训练平台建设的主体、开放性以及相关配套措施等方面尚存在较大差距。无论从项目建设主体来看，还是从本科生科研项目和经费来源来看，我国政府和高校几乎承担了全部责任，科研平台建设主体相对单一，汇聚优质社会资源的能力也明显不足。UNBC充分利用环境资源的优势，集合国际组织的平台资源，发展具有学校特色的科研项目，这样可以为学生开展研究提供大量项目和资金支持。因此，借鉴UNBC经验，积极引进、整合优质社会资源，动员各类社会资源支持本科生科研与学术发展，打造联结政府、高校与社会资源的实践平台是当务之急。同时，要增强校内科研平台的开放性，在科研训练中强化校际合作，发挥不同高校的优势特长，打造跨院校本科生科研实践平台，而且要拓展、整合国际资源，推进本科生科研训练平台国际化，培养具有国际竞争力的人才。在相关配套措施方面，可以通过本科生科研杂志、论文报告会等为学生提供研究成果展示平台，以增强科研训练效果。

综上所述，应用型大学中如何处理"教学"和"科研"的关系、本科生需不需要做"科研"等问题，成为当前的困惑，而UNBC则为中国的高校提供了很好的借鉴。本科生科研训练作为一种融教学与研究为一体的育人形式，努力探索具有自身特色的本科生科研核心能力培育道路，为大学科学研究职能的发挥和学术创新奠定了制度性基石，造就了一批批科研能力拔尖、学术水平出众的高素质人才。

第四部分

大洋洲应用型大学的发展经验

PART 04

第八章

澳大利亚

澳大利亚联邦，简称澳大利亚，位于南半球的大洋洲，国土面积为768.82万平方千米，全国划分为6个州和2个地区。航海家詹姆斯·库克从英格兰出发，历经近两年的航行于1770年带领船员抵达澳大利亚东海岸，并宣布该土地由英国占领。1788年1月26日，英国流放到澳大利亚的第一批犯人抵达悉尼湾，英国开始在澳大利亚建立殖民地，后来这一天被定为澳大利亚国庆日。1900年7月，英国议会通过《澳大利亚联邦宪法》《不列颠自治领条例》。1901年1月1日，澳大利亚各殖民区改为州，成立澳大利亚联邦。1931年，澳大利亚成为英联邦内的独立国家。1986年，英国议会通过《与澳大利亚关系法》，澳大利亚获得完全立法权和司法终审权。

根据2020年QS世界大学排名，澳大利亚共有7所大学进入前100名。对于一个人口不过2582万人的国家来说，这无疑是一项傲人的纪录。澳大利亚高等教育可大致分为两个部分：一是以大学为主的高等教育板块，二是以技术和继续教育（technical and further education，TAFE）为主的职业教育板块。二者间的区别除了学位授予外，也体现在课程内容和培养目标上。但随着社会和经济的不断发展，大学和TAFE学院课程的界限不断模糊，部分大学除了通识教育外也提供职业教育方面的课程，并在大学下设TAFE学院，后文将会具体介绍。

第一节 发展历程

澳大利亚于1832年创办澳大利亚学院,标志着一国高等教育的开始,随后于1850年创办第一所大学——悉尼大学。其高等教育的发展总体上晚于世界其他国家,但在不到200年的时间里取得的成就有目共睹。澳大利亚的高等教育质量高、影响范围广,并形成了自己独特的教学体系。

一、产生背景

澳大利亚的高等教育发展与国家的政治、经济、教育、文化等有关,政治经济的发展需求深刻影响着应用型大学建设、发展的思路。

(一)政治背景

澳大利亚是联邦制君主立宪制国家。国家元首是澳大利亚君主(澳大利亚与英国及其他英联邦王国共戴一君)。总督由总理提名,由英国女王任命,在联邦行政会议的咨询下执掌联邦政府的行政权,为法定的最高行政长官。澳大利亚的最高立法机构是联邦议会,由英国国王(由总督代表)、参议院、众议院组成。1992年12月17日,澳大利亚联邦政府内阁会议决定,澳大利亚的新公民不再向英国女王及其继承人宣誓效忠。在联邦制下,澳大利亚君主同时也是各州的君主,在各州直接任命各州总督(而不由联邦总督或政府指派)。根据现代的澳大利亚宪政惯例,君主除了在分别按照澳大利亚总理和各州州长的提名任命或撤换总督和州督时,不过问澳大利亚政治。

澳大利亚奉行独立自主的外交政策,重点是密切同亚太地区各国的关系,并加强同澳大利亚有重要联系的发达国家的关系。外交政策的宗旨是捍卫国家主权和独立,推进澳大利亚的经济和战略利益。外交政策的重点是加强同美国的联盟关系,发展与亚洲,尤其是东亚的关系;将与美国、日本、中国、印度尼西亚的关系作为澳大利亚最重要的四大双边关系;主张种族平等,消除种族歧视,改善人权状况,反对将人权与贸易挂钩。

(二)经济背景

澳大利亚地处南太平洋和印度洋,是南太平洋地区经济最发达的国家。自20世纪90年代以来,澳大利亚的经济保持持续增长。2006—2007财年,澳大利亚GDP达9257亿澳元,同比增长3.3%。人均GDP在OECD国家排名第10位。

澳大利亚矿产资源丰富,是世界重要的矿产资源生产国和出口国。澳大利亚已探明的矿产资源多达70余种,其中铅、镍、银、钽、铀、锌的储量居世界首位。澳大利亚是世界上最大的铝矾土、氧化铝、钻石、铅、钽生产国,同时也是世界上最大的烟煤、铝矾土、铅、钻石、锌及精矿出口国,第二大氧化铝、铁矿石、铀矿出口国和第三大铝、黄金出口国。

澳大利亚农牧业发达,素有"骑在羊背上的国家"之称,是世界上最大的羊毛和牛肉出口国。澳大利亚渔业资源也十分丰富,是世界第三大捕鱼区,最主要的水产品有对虾、龙虾、鲍鱼、金枪鱼、扇贝、牡蛎等。

旅游业是澳大利亚发展最快的行业之一。著名的旅游城市和景点遍布澳大利亚全国。霍巴特的原始森林国家公园、墨尔本艺术馆、悉尼歌剧院、大堡礁奇观、土著人发祥地卡卡杜国家公园、土著文化区威兰吉湖区及独特的东海岸温带和亚热带森林公园等景点,每年都吸引大批国内外游客前往参观。

(三)教育背景

澳大利亚教育由各个州政府独立负责。在一般情况下,澳大利亚教育由3个层次组成:初等教育(小学)、中学(初中和高中)和高等教育(大学和职业学院)。澳大利亚法律规定,在一定年龄之前必须接受国民义务教育。此法定年龄因州别而有所不同,一般是15~17岁,一般在高中毕业之前。法定教育之后的教育纳入澳大利亚职业及资格体系。澳大利亚的学期因各州和学院的学位课程与学期有别而不同:小学、中学和职业学院从1月底到12月中旬,大学自2月底到11月中旬。

澳大利亚的高等教育在世界居于一流水平,全国共有37所公立大学(包含1所国立大学)、3所私立大学和2所国际大学。在20世纪90年代皆已升格为综合型大学,且于海外设立分校。澳大利亚最知名的高等学府都是公立大学,这一点不同于美国。澳大利亚国内多所知名院校培养出很多精英,且有数十位诺贝尔奖得主,至于其海外毕业生大多数活跃于澳大利亚本土、欧洲以及东南亚地区。澳大利亚的大学多融合了美国式的开放校风,并延续英国式的传统精英培育方式,遂成为全球最重要的教育枢纽之一,每年吸引大量来自世界各地的留学生前来深造。

二、主要历程

澳大利亚在建国前是英国的殖民地,因其独特的历史原因,大学早于国家而先出现,并在澳大利亚建国的进程中起到了思想启蒙和人才储备的重要作用。应用型大学是一国高等教育的有机组成部分,想了解澳大利亚应用型大学并从中获得启示,需要对高等教育的历史发展有一定的了解。澳大利亚高等教育的历史发展大致可以划分为三个阶段:第一个阶段为传统体制时期(19世纪50年代—20世纪60年代中期),澳大利亚的6个州均各成立一所大学,但此时澳大利亚教育基础薄弱,受政治经济的影响,高等教育发展十分缓慢;第二个阶段为高级教育学院和大学并存的双轨制时期(20世纪60年代中期—20世纪80年代后期),以《马丁报告》为标志,先后创办高等教育学院和技术与继续教育学院;第三个阶段为高等教育一体化(national united system,NUS)时期(20世纪80年代后期至今),以道金森《高等教育政策白皮书》的出台为标志，废除了双轨制。

（一）萌芽阶段（19世纪50年代—20世纪60年代中期）

1788年，英国的第一批流放犯抵达澳大利亚，英国政府针对到澳大利亚殖民地定居的艰难，有意识地选择了一批有技术的罪犯流放到澳大利亚，这也为澳大利亚的发展奠定了最初的基础。1820年后，开始有大量自由移民前往新南威尔士。50年代后，澳大利亚掀起了"淘金热"，而欧洲本土采矿业的投资回报率不足澳大利亚的1/10，因此，大批受过教育懂技术的移民自愿来到澳大利亚。这些移民不仅使工人数量增加，而且为澳大利亚注入了斗争精神和民主思想。"淘金热"过后，很多人选择留在澳大利亚，由此形成了最早的知识阶层，并努力说服当局立法投资教育，成立了澳大利亚的第一批大学。1850年，新南威尔士殖民地通过《筹建和捐赠悉尼大学的法案》，开始筹建全澳第一所大学——悉尼大学，标志着澳大利亚大学的诞生，新南威尔士殖民地政府享有对悉尼大学的管理权。随后，澳大利亚按照每个殖民地一所大学的规模分别设立墨尔本大学（1853年）、阿德莱德大学（1874年）、塔斯马尼亚大学（1890年）、昆士兰大学（1909年）和西澳大利亚大学（1911年）。

当时悉尼大学的校长约翰·伍利明确表达出大学的办学理念："一方面，顾名思义，它是一所自由知识和通识知识的学校；另一方面，是许多专门学校的聚集体，致力于有学问的专业。"这是一种前所未有的新理念，突破了英国保守主义的重绅士修养轻专业知识的一贯理念，体现了进步性和实用主义的思想。19世纪60年代，澳大利亚的职业教育机构在矿业和工业的蓬勃发展中应运而生，不仅为各行各业培养出许多技术人才，也为高级教育学院的诞生奠定了基本条件。澳大利亚大学在职业教育机构迅猛发展的冲击下，坚定了实用主义教育理念，不断取得成就而后被誉为"技术创新者的摇篮"。

1901年1月1日，成立澳大利亚联邦，各殖民区改制为州并将部分权力移交至联邦，但教育依然属于州政府的管辖范围。由于澳大利亚对于高层次专门人才的需求量有限，且有钱人会回到英国本土接受高等教育，因此，这6所大学基本能满足社会需求，高等教育在较长一段时间内发展平缓。第一次世界大战时，澳大利亚得益于所处地理环境未受到战火直接摧残，且经济由于战时需求的刺激而发展迅速，国内资本家大力发展制造业，20世纪20年代出口了大量的羊毛、煤炭、矿产品等，为澳大利亚联邦政府带来了巨额收入。后因受经济大萧条的影响，澳大利亚经济开始衰退，各州办学经费紧张，大学难以维持。1931年，澳大利亚社会各界纷纷呼吁由联邦政府对大学进行资助。联邦政府在充分考虑各专业发展对于自身利弊后决定开始对大学拨款。这一突破口的打开意味着联邦政府对于高等教育的影响日益加深，但在制度层面上还未对州政府和联邦政府的管理权限作出调整。二战后，为安置复员军人以及意识到人力资源的重要性，联邦政府分别于1945年和1957年相继出台了《沃克报告》和《默里报告》，对澳大利亚高等教育产生了深远的影响。1946年，联邦议会通过了建立澳大利亚国立大学法案，这是当时全国唯一一所全日制研究型大学，成立之初仅提供研究生教育，得到联邦政府的全力资助，与国家的利益和命脉紧紧地联系在一起。但除澳大利亚国立大学外，其他大学依然归各州或地区所有。

1957年，苏联卫星上天震撼了世界，各国都意识到教育对于国家发展的重要性，澳大利亚也开始倡导具有自己民族特色的"教育启蒙运动"。与此同时，澳大利亚制造业开始发展，对于高层次技术人才的需求越来越旺盛，且在职人员也需要通过大学的学位谋求职业地位的巩固和提升，这无疑对高等教育的发展产生了一定的影响。随着学科设置和教学逐渐专业化，大学学术研究的古老传统开始改变，二战后成立的大学也清晰地体现了这种变化。例如，新南威尔士大学，原名新南威尔士技术大学，设立之初为满足澳大利亚日益增长的对科学技术的需求培养专业人才，课程设置与工业发展联系比较紧密。而一些传统大学如悉尼大学和墨尔本大学，虽为适应社会发展也作出了调整，但总体变化并不明显。

至此，澳大利亚高等教育已初具规模，大学设立的重点也开始倾向于培养应用型人才。

（二）快速发展阶段（20世纪60年代中期—20世纪80年代后期）

二战至60年代中期，澳大利亚经济日新月异，高等教育也得到了发展，但还是受到了社会各界的批评。有人认为，现有大学脱离实际，应提供更加专业化、大众化的课程，以满足不断增长的高等教育的需求和提高全民族素质。也有人认为，高等教育中各机构应履行其特定职能，大学作为进行精英教育的场所不能包揽过多。大学需要其他高等教育机构分担压力，而技术学院和教师教育学院也希望获得更多的联邦资助。来自各方的压力迫使联邦政府将澳大利亚第三级教育系统作为整体来考虑。1961年，孟席斯总理任命莱斯利·马丁为澳大利亚第三级教育之未来委员会的主席，从整体上分析澳大利亚高等教育存在的问题以及筹划未来的发展模式。调查内容涉及大学教育、高等教育管理、技术教育、师资培训、高等教育与农村工业等各个方面，并最终于1964年、1965年两年陆续提交3卷报告，其中部分内容被联邦政府仔细斟酌后予以采纳，形成《马丁报告》。报告中称，澳大利亚的教育问题须通过第三级教育所带来的经济利益和政治目标的实现来解决，概括起来主要体现在以下几个方面："首先，随着科学和技术的迅速增长，很多复杂的理论和实践操作，只有那些接受过高水平培训的人员才能完成，没有接受过良好教育和培训的劳动力很难适应工业社会发展要求。其次，在现代工商业社会里，企业的发展规模越来越大，要求的合作水平和模式也越来越高，各个工业组织之间的结构也很复杂，这些都需要高水平的教育管理者。最后，现代经济的发展需要各种接受过专门培训的人才，未来进一步的经济增长更需要创新人才，这些都需要研究人员不断进行项目研究和发展计划，以便把新的知识应用于工商企业，从而促进社会经济快速发展。"委员会全面调查澳大利亚各州的教育现状，专家们针对各州问题，根据自己对于高等教育未来发展的看法起草各部分报告，所以报告内容表达混乱甚至有冲突。联邦政府对这份报告并不满意，主要采纳建立高级教育学院，以及由联邦指导和资助澳大利亚第三级教育的扩张的建议。

高级教育学院属高等教育范畴，由技术学院、农学院调整合并而成，主要培养学生实际的工作能力，重专业能力而非理论研究，以本科及本科以下的文凭教育和课程教学为主，如商业管理、财会、工程等。至此，澳大利亚形成了双轨制，一轨为传统型大学，一轨为高级教育学院。按照委员会的设想，两者之间是"平等但是不同"的关系。20世纪60年代所确立的高等教育双轨制体制从多个角度都能看出其各司其职、避免不同类型教育机构发生冲突的优势。因此，双方在相当长的时间内都"没有跨越雷池"，高级教育学院不授予学位而仅向学生颁发毕业证书。然而，随着外界环境的不断发展，情况也逐渐变化。1970年，高级教育学院打破界限开办以授予学生学士学位为导向的课程，尽管其仅具有授予普通学士学位的资格（Pass Bachelor Degree），而不能授予学生荣誉学士学位（Honors Bachelor Degree），但相较于之前仅能颁发毕业证书而开展的文凭课程确实提高了一定档次。高级教育学院自身发展越来越好，和大学之间的界限逐渐模糊，且意识到联邦政府的行动具有倾向性，并未实现"平等但是不同"的承诺，纷纷想要转型。

1972年，澳大利亚工党上台成为执政党后对教育改革给予了极大关注。由于经济结构改变和世界经济萧条的影响，澳大利亚的经济停滞不前，农业、矿业等传统行业的比重下降，新兴行业开始崛起，导致失业率上升但新兴行业的劳动力和管理人员却出现缺口，各部门纷纷呼吁工党关注职业技术教育。澳大利亚教育部成立了以康甘为主席的澳大利亚技术与继续教育委员会，并于1974年提交《康甘报告》，报告分为两卷，内容主要围绕技术与继续教育。第一卷内容包括以下五个方面：界定技术与继续教育的概念，介绍各州职业技术教育的组织情况，社会对职业技术教育的需求，对技术学院的资金资助，对最终发布报告的建议性结构。第二卷对第一卷中包含的数据等进行补充。《康甘报告》正式提出新名词"技术与继续教育"（TAFE），将其界定为"提供一系列连续的职业技术课程，旨在向学生传授以职业为导向的知识，从而发展学生的技能，提高个人的理解力"。"人们太多地考虑技术与继续教育与主流教育的差别，实际上，技术与继续教育应该被认为是一种选择，不存在比其他教育高或低的问题。"技术与继续教育学院针对社会上急需的人才类型开设课程，主要招收两类学生：一类是正规的学生，学习内容较注重理论和科技知识，毕业时获得文凭；另一类是学徒工，主要学习和工种密切结合的手工艺课程，学习期限不定。两者的学习方式都和大学以及高级教育学院不同，强调在实践操作中学习。技术与继续教育的地位在《技术与继续教育法案》正式出台以及澳大利亚联邦政府成立技术与继续教育委员会后有了大幅提升，并与大学和高级教育学院并列成为澳大利亚第三级教育的一部分。这对技术与继续教育的教学方式方法和课程设置产生了很大影响，学院通过逐步增强与工商业间的配合以培养各类技能型人才来满足市场供求关系。澳大利亚联邦政府成立相关咨询委员会，由科研人员和工商业界人士相互配合调查市场现状、研判未来职业的变化趋势，向技术与继续教育学院提供具体教育培训方案。20世纪70年代中期，越来越多的人参与到技术与继续教育课程当中，以提升自身的技术水平。

（三）统一发展阶段（20世纪80年代后期至今）

20世纪末，通信技术与网络发展日新月异，人类进入了信息社会的新纪元，全球化成为国际社会科学界使用频率最高的新概念。社会学家安东尼·吉登斯（Anthony Giddens）认为："就其源头看，全球化的本质就是流动的现代性，在这里，流动指的是物质产品、人口、标志、符号及信息的跨空间和时间的运动。全球化就是时空压缩，全球化使得人类社会成为一个即时互动的社会，世界上各个角落的人足不出户就可以通过互联网同时进行交流互动。"全球化进程使得澳大利亚的经济形势和生活方式发生了翻天覆地的变化，政府公共部门也需要不断调整增强适应外界环境的能力。高等教育处于知识经济和信息社会化的前沿领域，在全球化进程中占据重要位置，改革势在必行。1978年，第三级教育委员会组建威廉姆委员会，对高等教育进行回顾后提出在双轨制体系内合并高级教育学院进行合理化改革，但并未解决大学和高级教育学院间界限模糊等问题。1983年，工党上台后对公共服务部门进行大刀阔斧的改革，由约翰·道金森部长率领的隶属于联邦政府的就业、教育与培训部就于此时诞生，其前身是职业与劳工部、教育部和科技部的部分机构。约翰·道金森认为，由于毕业生的数量和类型上的不足已经造成劳动力市场上供应方面的"瓶颈问题"，增加供应符合需求的毕业生可以实现高生产率和高就业率，并促进进口和经济发展，为此政府必须扩大教育规模，鼓励商业、科学、技术、工程和计算机领域的毕业生数量适度增长，以适应国家经济快速发展的需要。1987年12月，约翰·道金森率领就业、教育与培训部对高等教育进行一体化改革，意在提高青年进入高等教育的机会，推迟就业，减轻政府财政负担。约翰·道金森改革的核心内容是结束高等教育的双轨制，促使大学和高级教育学院的合并，使澳大利亚的国家高等教育体系一化。

由约翰·道金森主持，联邦政府于1987年发布《高等教育：关于政策的讨论》(Higher Education: A Policy Discussion Paper，以下简称绿皮书)，其中对于高等教育使用市场手段进行调节与发展的建议得到了联邦政府的肯定与支持，后为明确高等教育改革方向，又于1988年发布《高等教育：政策声明》(Higher Education: A Policy Statement，以下简称白皮书)。绿皮书中提到高等教育改革的主要原因为：澳大利亚的高等教育体系在经济和社会调整进程中发挥着核心作用，本国国民收入正从传统依赖于初级产品转向制造业和服务业。国家也意识到若不作出努力,人口学家预测的青年段人口压力在20世纪20年代初将会持续增长,改善此状况的关键因素是为传统上不能接受高等教育的人提供接受高等教育的机会。这不仅能带来巨大的社会效益和文化收益,而且能提高高等教育的公平性,受益人群主要为低收入家庭、农村和偏远地区的人、土著以及在某些学科学习中受限的女性。

约翰·道金森高等教育改革的主要内容有:①通过院校合并建立国家统一体系。在这个统一化的体系中,高等教育机构应数量更少、规模更大、更具成本效益、能够为学生提供更广泛的学习选择。白皮书中提到,有研究表明,若机构中学生人数不足2000名,那么该机构在管理及其他相关费用方面会比高于2000名学生的机构支出更高,因此,2000名应是最低学生数额。学生数额达到5000名,可以涵盖较为丰富的专业研究和教学活动,而学生人数达到8000名时,教学和研究科目将会非常全面。受经济学理论中"规模经济"思想的影响,以2000名作为后续继续获得联邦政府拨款的条件,澳大利亚全国高校掀起了声势浩大的高等教育机构之间的合并风潮。借此机会,大多数高级教育学院和技术学院开始按照地区或专业性质合并或宣称自己为新的技术大学或综合性大学。在这场运动中,澳大利亚教学资源得以重新分配,在单位教学成本降低的同时,提升了整个高等教育系统的效率和效益。②在联邦政府拨款体制中引入竞争机制。白皮书指出,澳大利亚联邦政府采取新建立的研究性拨款制度取代经常性拨款制度。即"大学"和"学院"都可以通过各自的绩效表现和教育水平竞争获得联邦政府的拨款。经费不再均等分配不仅可以提升高校的办学活力、形成公平的竞争氛围,也可以加强联邦政府对于高等教育机构的管控和影响。联邦政府也通过认定国家优先发展领域来引导高校间的竞争,包括应用型科学和应用型技术。各高等教育机构为了使自己立住脚并谋求更长远的发展,都积极开展与产业部门的合作以减轻办学经济压力以及弥补技能基础不足的弊端，这最终也形成了澳大利亚高等教育的发展方向。

约翰·道金森领导的改革撼动了澳大利亚高等教育的生态，并在社会上引起了强烈反响。支持者认为，合并调整后的大学扩大了青年接受教育的机会，也缓解了就业压力。政府赋予大学自主权以及相互之间的良性竞争，会增加高校的灵活性和创新性，为市场提供更多可选择的产品。但也有很多不满的声音，主要集中在以下几个方面：约翰·道金森改革集中在高等教育上，对于青年毕业后何去何从不再过问，"充分教育"变成了"充分就业"的救急方式；约翰·道金森改革规模大但准备时间仓促，可能有许多未预见的不良后果；大学的研究性和学术水平被稀释，开设的课程过于顺应市场需要而具有极强的职业教育特点。

第二节 发展现状

一、澳大利亚高等教育的改革特点

2006年6月，OECD在雅典召开以"如何更好地理解和评价各种不同的高等教育的质量"为主题的教育部长会议。会议达成共识，认为高等教育对于促进经济发展和社会融合方面作用重大。如何使高等教育办得更大更好？各国基于本国国情提出了不同的看法，但普遍认为需要对高等教育的成果给予更多关注，教育改革势在必行。高等教育改革包括6个方面，分别是经费、更公平的教育、更清晰地聚焦学生的学习成果、提高适应性和多样性、研究和创新、移民和国际化。以上这些方面也是澳大利亚从初创时期至今的高等教育改革中不变的话题。但共性中也存在特性，澳大利亚联邦政府在改革进程中发挥了决定性作用。从初创时期，到后面的《默里报告》《马丁报告》《康甘报告》，约翰·道金森改革中的绿皮书和白皮书，联邦政府通过调控、领导,将高等教育改革与国家的建设和发展紧密地结合在一起。

二、澳大利亚五类大学的定位及其职能

全球性背景下,高等教育的经济和社会功能日益扩大。自约翰·道金森改革以来,澳大利亚的高等教育发生了巨大的结构性变化。高等教育部门从两个(大学与高等教育学院)降为一个(大学)。由中央驱动的"巩固"时期之后,公立大学的数目从1987年的规模不等、功能各异的60所大学和高等教育学院下降为1998年的37所规模较大的大学,每所都包括了所有或大多数已有的学科领域,外加少数几所专门的学院。改革后澳大利亚的大学被划分为以下5个层次。

一是砂岩大学。第一次世界大战之后创办,也是澳大利亚各州中最早的大学,包括墨尔本大学、悉尼大学、昆士兰大学、西澳大学、阿德雷德大学、塔斯马尼亚大学等。其中,前4所大学在QS2020世界大学排名中均进入前100强。塔斯马尼亚大学虽和其他大学拥有相同的历史和砂岩建筑,但在学术地位和资源上略为逊色,排名第250~300位。砂岩大学以其悠久的历史、良好的学术氛围吸引了足够的社会和经济资本以维持自身名望,并向成功的学生提供社会优势地位:进入专业性工作和其他高报酬工作的通道和与社会精英结成网络结构的机会。

二是红墙大学。因校内多为红砖建筑而得名,主要包括二战后成立的澳大利亚国立大学、莫纳什大学和新南威尔士大学等。文化资本积累时间较短,但规模、学术能力与砂岩大学不相上下。红墙大学推行应用型教育,强调以技能为中心和以学生为中心的本科教育,注重培养毕业生的就业能力,课程的现代性和适应性更强。

三是胶树大学。包括格利菲斯大学、纽卡斯尔大学、迪津大学、伍伦贡大学等,于1960—1975年公共经费资助扩张时期建立,因许多校址种植

胶树而得名。胶树大学在澳大利亚高等教育中起到承前启后的作用,既继承了传统古典大学的理念,又启发了新大学的企业精神。

四是科技大学。包括悉尼科技大学、昆士兰科技大学、皇家墨尔本科技大学、科廷大学和南澳大利亚大学等。科技大学是约翰·道金森改革下高级教育学院合并后的产物,因此也倾向于职业教育和工业技术教育,成为砂岩大学之外的另一种切实可行的选择模式。科技大学引以为豪的是它们的职业技能教学、它们的毕业生在雇主中的良好声誉、它们与产业界的联系以及它们快速打入新市场的能力。

五是新大学。包括斯威本科技大学、中昆士兰大学、伊迪斯·科文大学、堪培拉大学等。与科技大学一样,新大学也是通过高级教育学院合并或扩张发展而来,但质量参差不齐。这个类别中的大学学校类型不一,它们或许最终会分化成下面这几个不同的类型:地区性农村学校、地区性城市学校和各种专科学校。新大学根基不深,教师们有着较强的职业教育、应用性研究倾向,对于科研并不热心。

从西蒙·马金森按照时间线对于澳大利亚大学的分类中可以看出,澳大利亚大学发展的总趋势是从传统的注重知识传授、学术研究到将市场化、职业化作为培养学生的首要目的,将真实社会经济文化的需求作为培养人才的标准。

第三节 澳大利亚应用型大学的发展启示

党的十九大报告指出,加强应用基础研究,拓展实施国家重大科技项目,突出关键共性技术、前沿引领技术、现代工程技术、颠覆性技术创新,为建设科技强国、质量强国、航天强国、网络强国、交通强国、数字中国、智慧社会提供有力支撑。人力资本是国家进行应用基础研究、推动创新的关键因素，应用型大学承载着人才供给、技术服务、培养应用型人才的主要任务。目前，我国高校同质化严重，研究型大学和高职专科院校定位较为明确，应用型大学夹在中间"高不成、低不就"，尚未形成鲜明的特色。目前，应用型大学过于注重理论知识、技能知识的传授，忽视将知识转化为解决问题的能力的教学模式，培养出的毕业生无法满足市场多样化的需求，造成了高校学生"就业难"与市场企业"用工荒"的尴尬现状。学习国外应用型大学的成熟经验对于推动高水平应用型大学的建设，提高应用型人才的培养质量以满足市场需求具有重要意义。澳大利亚高等教育在短短200年的时间内发展迅速，其又以培养应用型人才见长，甚至研究生教育都非常重视学生能力的培养。

一、人才培养模式方面

应用型大学不是新的大学类型，而是在高等教育转型时期，将传统高等教育培养模式进行修正和转型后的产物。既不同于一般学术型大学注重培养学生的学术科研能力，也不同于职业技术类院校着重培养职业技能。应用型大学培养什么样的人才、如何培养人才是许多应用型大学转型过程中面临的共同问题。应用型大学冠以"应用"二字，还是应把培养高层次应用型人才作为教学的首要目标。既了解、熟知所学专业或行业的实践能力，又具备一定的科研能力。澳大利亚各大学坚持贯彻以学生为中心的教学理念，充分发挥学生的主体地位，教师仅是学生学习的帮助者。澳大利亚应用型大学人才培养模式的特点主要有：教学内容少而精；练习处于教学的核心位置，将应用理论的能力置于首位；应用性标准高于学术标准；等等。

应用型大学教学应追求学生将基本理论知识应用到实践中去的能力训练上，而国内大学的教学重点一直在传统的课堂讲授以扩充学生的知识面。澳大利亚应用型大学以多种教学方式见长，其中上课并不被重视，学生可以通过自己阅读教材掌握理论知识，很多学生去上课仅因为听老师讲课省时省力。作业（assignment）和辅导课是核心环节，旨在将学生所学的理论知识转换成处理实务问题的能力。辅导课类似于翻转课堂，由学生充当主角。此外，还包括课堂陈述、讨论、实践等各环节。对于应用性较强的专业课程，由学生课下准备解决方案，在课堂上，通过演示实现学生间的互动、学生与老师的互动，提升理论应用于实践的能力、文本写作能力与口头表达能力等。即使是教师对于理论知识的讲解，也把重点放在了应用上。但如果学生对学术追求感兴趣，澳大利亚各大学也提供了充足的发展空间。每门课程都由教师提供论文和著作书单，或在学士学位课程结束后继续攻读荣誉学士学位以进行学术上的再学习。

应用型大学应明确应用性定位，以应用性标准来组织教学活动，将培养应用型人才放在首位。目前，中国的正常教学环节应精简教学内容，改变填鸭式教育方式，调整"上课"与"练习"的时间分配，减少理论课程学时，增加实践课程学时以训练学生的理论应用能力，调整教与学的关系。应用型大学培养高层次应用型人才的目标要求在人才培养模式上突出实践性。

二、高校治理方面

澳大利亚因历史原因，其高校治理结构发展的历史轨迹与英国类似，都强调"多元共治"与"权力制衡"，体现在大学治理的方方面面。首先，"多元共治"体现在大学董事会的构成上，体现在日常行政管理体制和最高决策机构的独立上，也体现在复杂而严密的委员会制度上。其次，"权力制衡"体现在学校内部诸多相互制衡的关系上，例如，董事会与校长的关系、以教授为主导的教师系统和行政管理系统的关系、专业委员会系统与日常管理系统的关系等。目前，澳大利亚的高校治理模式有两种："两会制"和"三权分立制"。"两会制"指最高权力机构——董事会与最高学术机构——学术参议会。"三权分立制"指最高决策机构、最高学术机构、行政管理机构。澳大利亚的大学基本具有充分自治权，政府只起宏观调控的作用。有关大学办学的具体方面如本校招生招聘、基建工程甚至办学规模、专业方向、治理结构等都可以充分发挥其能动性。在这种自由竞争、优胜劣汰的环境下，各大学充分展现十八般武艺，发挥自身优势。反观我国，虽然提倡高校自主办学，但各地各校落实并不到位，未形成竞争机制，高校办学积极性不高。对于应用型大学来说，办学没有主动性、积极性，墨守成规，将无法适应瞬息万变的市场需求。

（一）完善权力配置，促进大学治理的科学化

1990年，中共中央在认真总结历史经验的基础上明确我国高校实行党委领导下的校长负责制。因其是高校坚持社会主义办学方向的重要保证，所以要坚持该基本治理结构不变，在此基础上完善权力配置。首先，应完成管理权力的下放与分解。横向上实现行政权力向各部门或委员会转移，避免权力的交叉与滥用，提升治理的专业性。纵向上实现日常事务管理权力重心由学校向院系下放，使院系具有自主性、独立性。其次，明确各权力主体之间治理的边界。不同权力主体权责划分不明，容易导致权力的交叉与缺失。大学治理的主要问题也几乎与权力边界模糊有直接关系。最后，需要建立监督与制约权力主体的机制，以防止因处理不好权力关系而造成的权力滥用或单向倾斜。

（二）吸纳多元主体，提升大学治理的民主化

应用型大学强调大学与市场、企业的联系，大学治理结构自然也不应仅局限于校内主体，在澳大利亚治理体系中，董事会成员、学术参议会成员等都广泛吸纳了校外相关利益群体。但在我国对于多元群体价值诉求的忽视是应用型大学治理结构中普遍忽视的问题。首先，对于社会、市场需求反应缓慢，反映到治理结构上则表现为缺乏吸引外部利益集团参与高校决策机制。其次，教职工与学生群体利益表达机制建设落后。大学、学院、各级部门应明确成员构成、权责划分、合法程序以及相互制约机制，通过

成文的条例落实要求，以使民主具体可见，免于流于形式。在学校行政管理及其他诸多事务管理过程中各主体都能具有充分知情权和适度参与权，不同群体都有表达诉求、争取权益的机会和途径。

（三）强化学术权力地位，实现大学治理的专业化

2010年，斯威本科技大学在进行治理改革时，成立了学术参议会，可见学术治理在整个大学治理中的重要地位。因学术治理关系着大学的发展命脉，包括推进学术研究、促进学科发展，须由专业人员进行科学决策。虽然治理理论源于企业管理，但大学组织与企业不同，其本质上是学术组织，因此，学术自治应为其治理结构的内部依据。我国各大学不具备自治基因，也缺少自治的能力与外部环境，在权力配置上并没有保护学术群体利益的完善机制，导致在权力竞争中，学术权力处于劣势地位。对目前院校两级行政管理体制重新调整和完善，取消学院的行政级别，落实教授、学术委员会作为学术事务最高管理机构、决策机构的地位。政府部门公共管理开始新一轮改革以及席卷全球的市场化，各高校不同程度地出现行政权力压过学术权力、学院权力向学术权力集中的现象。以珍妮·奈特、西蒙·马金森为代表的众多高等教育学者，都对此种现象进行过严肃批判，认为当前学术资本主义问题阻碍了高等教育的发展，大学的管理必须是以学术为主的管理体制。我国应用型大学治理体系建设须认真思考如下问题：如何避免过度市场化与过度行政化倾向的同时又能保证应用型大学面向市场需求、满足不同主体的需要。

我国地方应用型大学以培养具有较强社会适应能力和竞争能力的高素质应用型人才，服务地区经济作为办学理念。目前，"就业压力"使得应用型大学教育价值被窄化，内部治理笼罩在官僚主义管理的阴影下，导致教学、科研和社会服务水平总体偏低，不仅在实际办学和发展中遭遇危机，也在体制机制及管理运行改革中面对挑战。应用型大学应坚持"应用型"和"教育型"作为制定内部治理目标时的准则，为了不断优化内部治理机

制，需要前期细致分析目前的治理现状、制定详尽的治理规则，调动利益相关者的治理积极性与潜力。应用型大学应既能保持自身治理的独立性，也能吸纳广泛的社会资源，坚持融合多元价值需求，建立政府主导、以学校为主体、行业企业参与、社会监督的董事会治理体系。

三、质量保障体系方面

贝特曼认为，质量保障属于管理学范畴，通过对被保障对象进行质量管理而使其达到某种质量标准。教育领域的质量保障是指为了使受教育对象达到标准而在有关部门的监管下开展的一系列有目的、有计划、有组织的措施。20世纪60年代，澳大利亚联邦政府为了解决国内各级各类教育质量参差不齐的混乱局面，首先在高等教育阶段开发了资历证书认定系统。澳大利亚在国家高等教育进入大众化以来，为了解决质量和规模间的矛盾，联邦政府不断尝试各种形式，通过"质量标准驱动"原则的体制改革来促进高等教育的繁荣发展。由联邦政府、州（地区）政府、高等教育质量和标准署、学历资格评定框架和大学组成的质量保障体系，是一种"五位一体"的立体框架，它们之间既有合作也有分工，权责界限明确，呈现出"国家规制、立法引领，统一认证、分层评估，内外结合、共同监督"等多方面的特征。澳大利亚质量保障体系科学完善、主体多元化、注重引导学生应用性知识和能力的训练。澳大利亚应用型大学充分发挥自身培养应用型人才的作用，为国家经济发展作出了重大贡献。澳大利亚的大学主要分为两类：一类是具有自主认证权的大学。这类大学的经费来源主要为联邦政府的拨款，此外，企业科研经费和全国性的研究组织经费资助也是其重要来源。获得州和地方认证机构的认证建立后，大学有权通过自我认证所授课程及授予学位。另一类是无自主认证权的院校。这类学校在州或地方政府批准建立后，所授课程必须接受外部机构的认证。2011年，澳大利亚高等教育质量和标准署成立，负责对大学教学质量进行审核，并将报告向社会公开，是澳大利亚独立的国家高等教育质量保障和监管机构。高等教育质量和标准署的使命是调和高校、市场和政府间的关系，确保澳大利亚高等教育阶段的学生能够接受高质量的高等教育，使大学能够追求自身发展的创新、卓越和多样性。目前，澳大利亚所有的大学都制订了针对高等教育提升的教学质量保障计划，包括内部质量保障和外部质量保障两部分。高等教育质量保障体系具有监督、调控、引导、激励等功能。

我国政府对于高等教育的管理方式也随着经济体制改革的不断深入而发生了变化，由原来的直接管控转变为通过项目制、信息公开、质量评估等手段进行宏观调控的方式，但目前高等教育质量保障体系依然是政府作为主体。我国教育部于2011年发布《关于普通高等学校本科教学评估工作的意见》，其中提到本科教学评估的主要内容为教学基本状态数据常态检测、学校自我评估、院校评估、专业认证及评估和国际评估5种形式。我国高等教育规模庞大，数量众多，且许多高校缺乏执行力，因此很难用一刀切的质量考核评价标准。目前，应用型大学处于转型时期，质量参差不齐，完善质量保障体系有助于应用型大学的建立，推进应用型大学的改革进程。

（一）发挥政府的主导作用，完善质量保障体系建设

目前，我国高等教育没有相应法律法规对其进行约束，质量保障体系也不够完善，导致高等教育质量保障工作缺乏科学性、系统性、严谨性。高等教育质量保障相关法律法规的建设，可使应用型大学质量保障在相关法律规范下进行，推动应用型大学的发展，为应用型大学提供更为健康的外部环境。此外，为确保一项规范在具体实践过程中符合各方主体的不同需要，应建立健全高等教育质量标准。目前，我国已开始初步探索建设高等教育质量标准体系，要求总体结构包括学校宏观布局，同时建立不同层次、不同类型的高等教育体系标准，采取多种质量保障方式，准确定位应用型大学的未来战略发展规划，从而明确应用型大学的课程体系、学科设

置、人才培养目标、教师规格、质量评价标准等。从宏观层面上制定高等教育质量规划和质量标准，从整体上涵盖高等教育宏观结构布局。落实到应用型大学上，则为教育质量标准如何，由哪些主体进行保障，主体间如何进行沟通，需要设立哪些相关组织机构居中协调、领导，如澳大利亚的高等教育质量与标准署的设立。

（二）发挥应用型大学的自主性，完善内部质量保障体系建设

高等教育机构根据国家法律法规和相关政策，可自主开展学术研究、技术开发、教学活动、社会服务，可自主制定学校短期或长期发展规划并调动各方力量参与实施。在质量保障体系方面，应用型大学也应突出强调自主性和独立性，对自身办学质量要有较高要求并不断提升，形成应用型大学"自查—自审—自评—自改"的良性循环。但就目前状况来看，我国不仅应用型大学，甚至高等教育系统在质量评估审核过程中都难以脱离政府的干预和控制，缺乏主体意识和责任意识。而在这种政府主导、高校配合的评估机制下，忽视了不同层次、不同类型的高等院校的特殊性，使得评估不具有针对性，不能反映真实结果，从而影响了整个高等教育质量评估的公正性和科学性。如过多对应用型大学的学术成果进行评估，将失之偏颇。根据《关于普通高等学校本科教学评估工作的意见》，高校应通过内部自我革新与完善建立自我评估机制，激发内部质量保障运行的活力，从而不断改进并提高应用型大学的教育质量。

（三）发挥社会第三方的平衡作用，完善外部质量保障体系建设

应用型大学所进行的研究、教学和人才培养目标都与社会、市场有密切联系。企业在质量保障过程中与政府、学校站在不同的立场，自然追求的利益和价值就不同。如前所述，澳大利亚的大学教育有着完整的质量保障体系，从人才培养标准的发布、人才培养方案的制定、课程结构的调整，到教学过程的组织、教学成绩的评定，以及教学质量的监控、评价与反馈，都有严格的程序。而与我国最大的区别之一就是社会在此过程中的参与程

度。虽然我国大学质量保障体系表面看来与澳大利亚基本相似，但在实际操作过程中，基本由政府和大学独自完成，而社会部门、企业脱离其中。弊端就是应用型大学不再"应用"，毕业生难以适应社会发展的需要，经济社会建设真正需要的实用人才也难以培养。加强社会第三方对高等教育质量的评估工作，对教育质量保障体系的完善发展具有重要意义，有助于政府、社会、应用型大学三方合作，建立完善的应用型大学质量保障体系网络，使教育质量保障体系工作能够在科学、平衡、有效的环境下展开。

我国目前对于应用型大学建设越来越重视，通过对澳大利亚高等教育质量保障体系建设经验的学习和借鉴，可在一定程度上缓解规模与质量间的矛盾。应用型大学在制定学校发展规划时，应增强质量意识，将质量管理纳入顶层设计中，循序渐进有章法地推进教育教学改革，提升应用型大学的质量与办学水平。

四、国际文化交流方面

全球化的当下，面向全球的发展定位是我国建设世界一流大学的重要议题。世界一流大学不应也不可能仅指世界一流学术研究型大学，也包括世界一流应用型大学。中澳两国高校分别处在不同的政策文化和制度框架中，但是澳大利亚应用型大学的建设对于我国高校现实状况具有一定的启示作用。应用型大学应打破学科界限回归育人本位，通过校友文化提升国际地位，着眼社会当下与未来的需要，培养学生的全球责任意识。

（一）回归育人本位

应用型大学建设的核心是育人，"培养什么样的人，如何培养人"是应用型大学永恒的命题。应用型大学的功能定位应围绕和服务于学校的育人职能。但随着我国"双一流"建设总体方案的实行，一些高校把提升绩效和学校排名作为学校发展的重点，以求在短期内取得明显有效的发展。

2016年的高等教育评估报告显示，我国高等教育的问题主要表现为"四不够，一不高"：学科专业设置优化不够，科研水平和成果转化率不高，"短板"问题依然严重；创新人才培养力度不够，高校创新创业教育仍是"软肋"；高水平教师和创新团队不够，教学经费和实践资源不足，实现由量到质的新跨越仍是突出问题；质量意识和质量文化不够，绩效评价不力，不少高校"等、靠、要"思想还相当严重，对教师评价"重科研轻教学"；就业与专业相关性不高，不同类型院校学生对学习过程体验和就业状况满意度存在不平衡现象，"级差"现象明显。2017年最新的评估报告则显示，我国的本科教育教学方法和模式仍以传统的课堂中心、书本中心、讲授中心为主导地位，同时教师教学投入仍需强化；在民办高校方面存在着人才培养目标定位空泛与落地难、实践教学条件建设有投入但不配套、教师实践教学意识强但能力弱、合作育人形式多样但不够深入四个发展不平衡。应用型大学应深刻认识到目前学校发展中的不足，将"育人"放在学校发展的首要位置，通过了解社会对于人才类型、规格的需求来不断调整教育教学方案。

（二）打破界限，实现跨学科人才培养

在知识资本迅速积累的21世纪，传统的向学生传授以学科为中心的知识体系已无法满足新时代对于学生提出的素质、能力要求，需要运用跨学科的思维和方法，打破单一学科的人才培养模式，培养跨学科素养和应对实际问题的能力，打造"跨学科、跨领域的创新团队"，以提升国家的自主创新能力和核心竞争力。但目前国内外跨学科建设，多针对培养学生的研究性能力，而对于跨学科通识性知识的关注较为欠缺，尤其在本科阶段，并未触及到跨学科人才培养的根本，实际效能不足。应用型大学毕业生横向知识拓展不足会影响专业知识在实践中的具体运用。例如，澳大利亚斯威本科技大学的学生除本专业外还至少选修100学分，相当于1/4的其他专业课程作为拓展课程，以培养具备批判性思维、跨学科能力的创造型人才。

这也需要国家制度和学校课程支持，加强不同学科间的课程共享，打破自然科学教育和人文社会科学教育的界限，使应用型人才在今后的实际工作中不仅具备应用到工作中的能力，也具备更为全面的素质，以应对瞬息万变的社会。

（三）增进校友参与，打造积极校友文化

毕业生，尤其是应用型大学的毕业生，在初入职场时，化身为"母校"的一张名片，是外界社会形成对学校印象的重要途径，提高毕业生质量也可间接提高学校的认知度和口碑。但就目前我国校友发展现状来看，校友群体有很多弊端。首先，尚未形成成熟的校友文化体系，反而成为工作领域拉帮结派的由头和自身能力的炫耀品。其次，经济新常态下政府对高校的投入难以保持高增长度，校友资金无法挑起应用型大学发展的担子。最后，很多普通高校出身的毕业生初出校门时会羞于启齿自己的母校，毕业多年后更会淡化母校意识，更不会参加毕业后的校友聚会。我国校友群体文化底蕴薄弱、贡献度低的最根本原因是各应用型大学并未利用自身优势将校友紧密结合，提升校友对于母校的自豪感。相反，校友一直是澳大利亚斯威本科技大学提升自身声望的重要资源。首先，该校为校友捐助学校建设提供便利渠道，合理利用校友资源支持自身大学建设。其次，为刚毕业的年轻毕业生提供丰富多样的线上课程和一系列的就业支持，毕业12个月内的校友可进行与职业顾问一对一的免费课程，也可通过网络研讨会在斯威本寻找工作机会。有一整套完善的在线职业资源为毕业生提供方便。最后，为斯威本校友提供多种服务和产品特别优惠。如作为斯威本校友可以享受医疗服务政策优惠、母婴产品折扣、葡萄酒折扣、健身产品折扣等，为校友提供生活上全方位的便利，极大地提升了校友的幸福感和作为斯威本科技大学一员的自豪感，形成校友与学校间的良性互动。由于国情和文化的复杂性，我国高校校友文化仅仅依靠学校自身力量来建设远远不够，因此需要学校充分利用毕业生资源，因地制宜发挥各方优势。

（四）着眼社会需要，强化全球责任意识

在"一带一路"建设的背景下，我国近些年大力开展中外教育合作交流。纵览我国应用型大学的战略发展，往往集中于为国家和地区经济发展服务，全球意识相对薄弱。作为高水平甚至世界级应用型大学，必须将国家发展理念放在首位，并尊重大学文化与历史，顺应时代发展的要求，在立足国家和地区发展的基础上提高定位，培养面向全球的服务意识。从推动国家、区域发展向促进全人类社会共同进步转变，从人才的引进和科研成果的输出向实现多元文化的交流融合转变，心系人类，胸怀全球。对于澳大利亚各大学而言，在学校建设、发展过程中服务社会理念的不断加强，已成为不可或缺的组成部分。其所指的服务社会更多指向全球层面，而超越了国家和区域，由较为简单的知识成果的转化向更加注重产、学、研深度结合转变，是社会责任感和全球忧患意识的体现。澳大利亚大学服务全球的战略定位，促使其在教学、科研两大职能方面不断提升全球地位。基于我国发展中国家的定位，结合澳大利亚高水平应用型大学的建设经验，着眼社会需要，强化全球意识须做到明确应用型大学自身的学科优势，优先实现优势学科的全球服务能力，达成与世界各一流学校的合作与帮扶战略。

澳大利亚高等教育不过200年的历史，但其取得的傲人成绩世界瞩目。自高等教育建立之初便深刻顺应政治、经济的发展，努力培养应用型人才。将"校企合作""培养双师型教师"的理念深入高等教育办学的每一个环节中。其在高等教育和职业教育双领域提供教育服务，可以有效实现各领域间的紧密合作。如斯威本科技大学同澳大利亚各大学的课程设计和教学体系是建立在大学、企业和学生三方合作伙伴基础之上的，坚持与行业的紧密合作，保持了其处于领先地位的技术优势并不断提升社会地位。企业作为大学开展教学设计、大学治理的重要合作伙伴，为高校和学生搭建了高水平的实践应用能力的实训平台，实现三方共赢的局面。澳大利亚应用型大学的建校模式走出了一条以协同创新促进知识成果转化从而推进应用型人才培养模式的创新之路。地方高校作为我国应用型人才培养的重要力量，须切实改善应用型人才培养模式，立足于我国国情，充分挖掘自身潜力，适时适度借鉴国外应用型人才培养的成功经验。

第九章

新西兰

新西兰是位于太平洋西南部的主权岛国,紧邻澳大利亚,首都为惠灵顿,最大的城市为奥克兰。面积为268021平方千米。截至2019年6月,新西兰的人口总数约492万人,平均每平方千米18.2人。新西兰主要由两大岛屿组成,即北岛(Te Ika-a-Māui)和南岛(Te Waipounamu),两岛以库克海峡分隔,首都惠灵顿即位于北岛南端,首都辖境还包含了一些小岛。新西兰实行小班式教学,注重培养学生的独立思考能力。系统沿袭了英式体系,包括13年的小学和中学,然后开始3年的大学本科学习,其应用型大学的办学经验同样值得我们学习。

第一节 发展历程

新西兰的高等教育由大学、理工学院、教育学院三部分组成,由政府拨款。近年来,新西兰还成立了一批私立教育机构,为学生提供丰富的课程,包括学位课程。其高等教育的发展与国家的政治、经济、文化状况有着密切的联系。回顾新西兰高等教育发展的主要历程,总结其应用型大学的发展经验,对我国具有一定的借鉴价值。

一、产生背景

（一）政治背景

新西兰是一个多民族、多宗教的国家，48.9%的居民信奉基督教新教和天主教，其官方语言为英语和毛利语。据记载，从1350年起，新西兰就出现了原住民毛利人在此定居。从1769年开始，英国库克船长先后5次到达新西兰，宣布占领了新西兰，此后便为新西兰带来了大量的移民。英国人在1840年逼迫原住民族长签订《威坦哲条约》，这标志着新西兰由此正式沦为了英属殖民地。1907年，新西兰独立，但是在政治、经济、外交等方面仍受到英国的影响和控制。直到1947年才正式成为拥有独立主权的国家，同时属于英联邦成员。

（二）经济背景

尽管地广人稀，但新西兰经济较发达。2018年的数据显示，新西兰国内生产总值为2050.25亿美元，人均国内生产总值41966美元，分别居世界第53位和第23位。即使在全球经济相对疲软的今天，新西兰经济也始终保持着较为稳定的增长趋势。

新西兰经济属市场经济，十分依赖国际贸易，主要贸易伙伴为澳大利亚、美国、中国、日本和欧盟。它的制造业和高技术产业规模不大，主要产业为旅游业和第一产业（农业等）。过去几十年的自由市场改革，取消了外商投资的许多障碍。世界银行在2005年将新西兰列为世界上最方便营商的国家。

（三）教育背景

新西兰的教育体系分为3个等级：一是学前教育，从出生到5岁；二是小学和中学教育，5~19岁（6~16岁是强制教育阶段）；三是高等教育，包括大学教育和职业教育。

新西兰共有8所大学提供全球认可的学位课程，全部为公立大学，其中奥塔哥大学、坎特伯雷大学、林肯大学、奥克兰大学、惠灵顿维多利亚大学多所大学超过百年历史。大学都有文学院、理学院和商学院。新西兰8所大学都各有特色。例如，奥塔哥大学的医药学专业特别是口腔学全球著名，坎特伯雷大学在林业、工程、美术方面比较强，奥克兰大学的建筑、规划、工程、法律、医药，林肯大学的农业和园艺，惠灵顿维多利亚大学的社会科学、会计、经济，以及梅西大学的航空、农业、园艺、兽医是它们各自的强项。

新西兰有21所理工学院，全部为公立教育机构。这些理工学院都各有其特色，提供一系列不同行业的职业培训，包括证书、文凭、学位课程。每年理工学院的毕业生均受到雇主的欢迎及聘用。许多理工学院为海外学生开设预科课程，留学生可以通过学习理工学院的预科课程为进入大学做准备。

新西兰目前有2所独立教育学院，基督城教育学院和丹尼丁教育学院，全部为公立。奥克兰大学和惠灵顿维多利亚大学等高校也设有教育学院，教育学院是培训中小学教师的专门机构。

二、主要历程

既然要研究新西兰的应用型大学并从中学习相关建设的经验，那么就要从新西兰的高等教育，尤其是高等教育中的职业教育的政策发展入手并进行探究。新西兰作为英国前殖民地，因此自然而然地对于英国先进的教育体制进行复制，不但完全吸收了英国的优秀教育传统，而且自身又进行了较好的建设与发展，成为目前公认的世界上优秀的教育体制之一。其中，高等教育以及职业教育的历史也是百年有余。按照时间的先后顺序，从整体上可以大致划分为萌芽时期、发展建设时期、改革时期、完善时期4个时期。

（一）萌芽时期

在这一时期，学校内部设置一部分与实践技能相关又与应用技术相关的课程，给予学生们必要的技能方面的培训。从这一角度看，新西兰职业教育和培训向前可追溯到19世纪80年代，当时因为各个行业对技术工人的需求的增加和与之相对应的无职业青年的比例不断上升。例如，1886年，新西兰成立了惠灵顿设计学校，面向有需求的成人开设夜校和周末班，免费提供以设计类为主的技术培训课程。这所学校的成立，成为新西兰职业教育的起点，它是以技术教育为宗旨的培训机构（technical school）。接下来的两次工业技术革命极大地推进了生产力的发展，进而带动了国家整体经济的发展，职业技术教育也受到影响，得到了快速的发展。正是这种模式的巨大成功，为新西兰职业教育注入了极大的活力。到20世纪初，新西兰政府加大投资力度，在全国各大城镇开办相关技术学校。出于快速为地区社会经济服务的需要，这类学校仍多采用夜校等形式办学，开设的科目相应地从知识性课程到应用性课程。这些举措或多或少地推进了职业教育发展的进程。此后，为规范技术学校发展，新西兰政府于1889年先后通过并且颁布了Technical Instruction Act和Manual and Technical Instruction Act两个法案，借助法律来提高各地方对于职业教育的重视，而且为确保技术学校的质量进行大量投资募捐，并提供场地。

由国家和政府出面制定的相关法案对新西兰职业技术教育的发展起到了积极的推动作用。在此背景下，到20世纪上半叶，从英国学习借鉴的学徒制与在职培训的模式便在新西兰得到了广泛的推广和发展，由此衍生出较为正规的职业技术教育与培训，并逐步完善了考核与资格认证制度：一方面，新西兰将原本开设各项业余技术培训的各类学校进行整合管理，进而转化成为可提供全日制职业培训的正规学校；另一方面，新西兰进一步加深了一些普通中学与技术学校的合作，使普通中学教育与职业技术教育相结合，有力地推动了新西兰职业技术教育的水平与质量。在多番调整与改革下,新西兰培养了一大批符合时代需要的具有专业技术的应用型人才。

(二)发展建设时期

20世纪中期,随着第二次世界大战的结束,大量军人开始逐渐从军队中退伍返家,急需重新就业。此时,现代化的管理机制被逐步引入,同时建立起以高新技术为核心的新兴工业部门,促进生产效率的不断提高,对劳动力素质的要求也因新技术革命而拔高。由此,高水平的技能型、技术应用型人才以及管理人才在技术密集型产业的生产一线被大量需求。

但当时新西兰并没有形成有效应对的人才培育体系。无论是以精英教育为目标进行学术人才培养的传统大学,还是仅能提供初级、中等职业教育的技术学校,显然都无法满足当时职业技术应用型人才的需求,职业技术应用型人才的培养在高等职业教育中处于空白。由此,在市场需求的刺激下,以高等职业教育为主的培训机构应时而生,并得到了迅猛发展。其中,新西兰的理工学院(ITPs)的前身,新西兰的技术函授学校就是一个成功的案例。1946年,新西兰技术函授学校成立,其初衷就是为了打破培训的时空限制,帮助从战场归来的退伍军人再就业,并为那些不能亲自登门求学的人们提供远程职业培训。

与此同时,为了监督职业教育的发展,新西兰政府对职业技术教育作出了相关规定,就学校课程的开发进行各类标准的制定,并举办各级各类的考试作出资格认证。1948年,新西兰政府颁布通过了《学徒法案》(Apprentices Act)。这项法案取传统学徒制的精华,去其糟粕,要求学员必须参加正规学校的职业培训教育。1949年,新西兰政府组织建立了新西兰技工证书局(New Zealand Trades Certification Board),用以管理、监督、认证职业教育的发展。1955年,新西兰成立了新西兰高等职业证书局(The Technicians Certification Authority of New Zealand),主要负责课程的开发、考试大纲的制定等具体工作。

一系列制度及管理机构逐渐成熟完善后，新西兰于1960年创立了更为著名的中央理工学院（The Central Institute of Technology），为新西兰高等职业教育的发展树立了一个标志性的模板。此后，新西兰政府进一步要求职业教育与培训部分要与高中教育分开，并在全国各大城市重新组建职业学院。因此，职业学院与职业技术教育成为新西兰教育体系中一个独立的部分。它由政府提供资金，拥有自己的管理模式，极其有效地顺应了社会发展需求和个人生活的需要。到了20世纪60年代末期，新西兰陆陆续续地在全国各大主要城市建立起6所技术学院。由此可以看出，第二次世界大战后的20年里，新西兰由于对高技术应用型人才的大量需求，使高等职业教育得以产生并发展起来。

（三）改革时期

由于新西兰全国的新兴行业和服务业发展迅速，到了20世纪70年代左右，建立在几座主要城市中的技术学院已经完全不能满足行业的需求。除此之外，新兴行业和服务业持续蓬勃发展，相比之下传统领域则是不断萎缩，因此，新西兰的技术学院也进入了一个重构时期。在此背景下，新西兰应时成立了新西兰理工学院协会（The Association of Polytechnics in New Zealand），这一机构由新西兰政府及各主要学院的校长共同组成，其功能主要是监督和管理新西兰职业技术学院的发展。1972年，新西兰政府进一步提出建立社区学院，提供职业与非职业课程。霍克湾社区学院（Hawke's Bay Community College）于1975年建立，这是新西兰第一所社区学院，随后这一举措被推广到整个新西兰；到了20世纪80年代左右，技术学院与社区学院两者合二为一，提供从基础知识、职业证书到文凭课程这一系列的培养，很好地满足了当地工商业界的需求，并正式更名为理工学院（Polytechnics）。到了80年代末90年代初期，新西兰先后建立起19所理工学院。

（四）完善时期

到了20世纪90年代，政府为使职业教育和培训能适应各行各业的发展需要，在国家制定的职业培训框架基础上，政府组织研发机构对各产业的职业技能标准进行研究。新西兰整合多方标准后，出台了全国统一的职业技能标准，并以此作为职业培训机构进行审批认证的依据和来源，在保障新西兰职业教育规范化和标准化发展的同时，尽可能最大限度地发挥行业组织的作用。与此同时，新西兰全国各个城市的理工学院接连展开了浪潮般的改革。在这场改革当中，各所理工学院纷纷成立了董事会，获得了办学上的极大的自主权；提供可以授予学位的课程，甚至有个别理工学院在改革之后能够为学习者提供研究生课程；丰富了学院办学经费的来源，使经费构成更加多元化。1989年，新西兰政府颁布了又一具有历史意义的教育法案，要求扩大大学的办学自主权，极大地激发了新西兰职业教育发展的活力。1990年，新西兰为监督和保障各级各类教育的质量和水平，特成立新的机构——学历资格审查委员会（New Zealand Qualifications Authority）。这一机构进一步规范和细化了与教育相关的资格标准、过程，职业教育发展的路径也由此更加统一、明确。随后，专门负责理工学院的课程注册以及外部质量保证等事务的新西兰理工学院项目委员会（New Zealand Polytechnic Program Committee）也成立了；紧接着全国资格认证框架建立起来，要求全部义务教育后的教育培训资格认定一律采用新西兰的国家资格体系，这一举措在理工学院的整体发展过程中具有重大意义。到了1992年，新西兰政府建立了41个行业培训组织，同时还颁布了Industry Training Act，为行业专门培养有针对性的应用人才，与理工学院紧密联系。2000年，新西兰政府对《行业培训法》第二节进行进一步完善和扩充，通过了《现代学徒培训法》（Modern Apprenticeship Training Act），细化了机构及国家教育部门在培养行业人才方面应履行的主要职责。

2019年8月，时任新西兰教育部部长克里斯·希普金斯宣布议会已通过立法，2020年4月1日开始，新西兰原有的16所理工学院将合并为一所国立的学院，合并后的学校名称暂定为新西兰技能技术学院（New Zealand Institute of Skills and Technology，NZIST）。本项职业教育改革法案通过了以下内容：建立劳动力发展委员会，在职业教育和培训方面给予行业更大的领导地位；建立新西兰技能与技术学院，提供、安排和支持一系列的职业教育和培训，包括在职、面对面和远程授课，使职能及职责由现时的系统平稳过渡至新系统；建立新的职业教育和培训监管框架。合并是可以在保证市场促销计划不变的前提下，简化行政费用，同时也能保留"各个区域独特的教育安排"。另外，就是基于政府教育发展的目标，要创建一个强大的、统一的职业教育体系，能够可持续并且适合未来的工作需要，给学习者、雇主和社区提供所需要的资源。围绕这个目标，政府计划到2022年，创建大约4~7个由行业管理的劳动力发展委员会，并将在新西兰的各个区域校园建立职业卓越中心，以推动创新和提高专业知识，并改善教育、行业和研究之间的联系，真正结合各个区域的行业需求培养出相应的合格人才。因为，政府未来的职业教育规划不会仅仅集中在奥克兰这样的大城市，之前在奥克兰开设分校的理工学院也将关闭其奥克兰校区。未来的职业教育将是在新西兰全境均衡发展，基于新西兰技能技术学院的整体管理和各个区域的经济发展及人才培养计划来实施新的职业教育发展方案。

第二节 发展现状

在历史、经济、政治、文化等多重因素作用下，新西兰的教育系统较为完善且具有突出的特色。新西兰全国的教育体系主要包括学前教育、中小学教育和高等教育。高等教育的实施机构，包括学校教育机构、公立和私立培训机构、其他高等教育机构、行业培训组织和继续教育组织等。新西兰的高等学校教育机构主要包括大学、理工学院、教育学院、毛利学院，这些全部为公立性质，由政府拨款支持。全国大学共有8所，主要是培养高级人才以及开展科研工作；理工学院，主要培养应用型高级人才；教育学院主要培养专业人才；还有提供研究毛利人传统和习俗机会的毛利学院3所。根据2020年QS世界大学排名，新西兰8所公立大学全部上榜进入前500名，其中6所更是稳居前300强之列，这就展现了新西兰高等教育的不俗实力。

一、基本情况

国家整体制定了10级学术学位水平评价等级，国民人均受教育年限约为12.5年，高中阶段之后才是对学生考核评价的开始，10级学术水平由低到高依次是：短期培训的学术水平是1级，高中学术水平定为2~4级，理工学院的学习者学术水平为5~6级，各所大学或理工学院的本科生的学术水平为7~8级，各所院校的硕士研究生学术水平为9级，各高校的博士研究生学术水平是10级。

新西兰的全国的本科教育和研究生教育主要是由8所国立大学承担并负责。目前，8所大学几乎每一所都有自己的特色优势学科，在全球都具有很高的学术地位。新西兰的大学和理工学院（ITPs）都遵循英式的教学体制，本科一般学制为3年，有些专业学制为4年，包括工程、法律等专业，实施学分制，修完学分方可毕业。

二、新西兰各大学的定位及其职能

（一）奥克兰大学（综合性，公立大学）

奥克兰大学建于1883年，位于新西兰的大城市——奥克兰，是新西兰的标志类院校。在新西兰国立大学中排名高居榜首。奥克兰大学属于综合国立大学，由新西兰国家政府直接管辖，可以被称作新西兰国宝级的大学，是世界顶级的综合研究型大学之一。在2020年QS世界大学排名中，位列全新西兰第一，世界排名第83位。奥克兰大学的学生在工作当中，竞争力是其他学校无法企及的。该校的毕业生可以在新西兰获得很好的就业机会。奥克兰大学是以各种基础学科闻名于世界的，其中优势学科众多，例如，土木工程、建筑、医学、教育等，奥克兰大学的商学院更是获得过世界级联盟认证。奥克兰大学是亚太地区更是全球顶尖的高等教育研究中心，其研究工作和学术成果可以占到整个新西兰的70%以上。

（二）奥塔哥大学（综合性，公立大学）

奥塔哥大学建于1869年，位于新西兰南岛奥塔哥省首府，奥塔哥大学是新西兰发展历史上的第一所大学。在2020年QS世界大学排名中，位于全球排名第176位。奥塔哥大学在学术方面的优势学科包括人文科学、商学、理学、健康科学等。奥塔哥大学所涉及的研究课题也十分广泛。奥塔哥大学拥有超强的科研能力，其医学世界闻名，同时奥塔哥大学也是新西兰唯一能够为消费者提供人类营养学、药学、体育、应用科学等与民生息息相关的综合性国立大学。

（三）惠灵顿维多利亚大学（综合性，公立大学）

惠灵顿维多利亚大学建于1897年，位于新西兰的首都惠灵顿。惠灵顿维多利亚大学是一所综合国立大学，属于新西兰8所国立大学之一。惠灵顿维多利亚大学共有4个校区，学校有教育学院、建筑学院、商业与管理学院、法学院、人文社会学院等6个学院。其中，惠灵顿维多利亚大学的商业与管理学院位于惠灵顿市中心，在那里，学校有一座12层的办公楼，成为惠灵顿城市的标志性建筑物之一。它的法学院在亚太地区，甚至在全球都有很高的声望。在2020年QS世界大学排名当中，惠灵顿维多利亚大学位于世界第215名，在新西兰国内仅次于奥克兰大学和奥塔哥大学，位居第3名。惠灵顿维多利亚大学在学术研究领域享誉世界，但是它又不同于传统意义上的高校古板严肃，它拥有许多致力于高级教研活动的专业机构，例如，黑啤酒研究中心、建筑外观研究中心、继续教育中心和地球科学研究中心等，研究的内容都十分有趣。

（四）坎特伯雷大学（综合性，公立大学）

坎特伯雷大学建于1873年，最初名为坎特伯雷学院（Canterbury College），是新西兰历史第二悠久的国立大学，它位于新西兰坎特伯雷省的省会基督城。坎特伯雷大学曾经是新西兰大学（University of New Zealand）的重要组成部分之一，于1961年正式成为独立的大学，并且将主校区从市中心迁往城郊。坎特伯雷大学拥有艺术、工程、商业、林业、科学等共7个学院，下设38个系，并且拥有新西兰全国最早的且规模最大的教育学院和工程学院，在新西兰国内都有很高的威望。坎特伯雷大学在2020年QS世界大学排名中位居第227位，在新西兰全国大学排名中位列第4位。坎特伯雷大学拥有先进的教育资源，且一直致力于倡导"无国界教育"的思想，努力倡导培养属于世界的、时代的公民和领导者。坎特伯雷大学在学术上以及教学研究方面都有很好的发展。

（五）怀卡托大学（综合性，公立大学）

怀卡托大学建于1964年，是新西兰8所国立大学之一。怀卡托大学位于新西兰汉密尔顿市。其主要特色是大学内有一定数量的新西兰原住民毛利学生，而且毛利学生的比例是全新西兰大学校园最高的，并且对于毛利学生怀卡托大学开设了相对应的课程，这也是怀卡托大学的重要特色之一。怀卡托大学拥有包括管理学院、人文社会科学学院、理工学院、计算与数学科学学院、教育学院、毛利族与太平洋发展学院、法学院7个学院。早在2018年，怀卡托大学世界排名就跻身全球前100名，其中共有13个学科跻身全球前300名，尤其是怀卡托大学的酒店管理与休闲管理专业排名全球第27位。在2020年QS世界大学排名中位居第266位，在新西兰全国大学排名中位列第5位。

（六）梅西大学（综合性，公立大学）

梅西大学建于1927年，位于北帕默斯顿市，在奥克兰的北岸、惠灵顿都设有分校。梅西大学是新西兰一所规模很大的教育和研究性的学府，同时它又是世界大学生运动会的火种采集地。梅西大学是名副其实的新西兰唯一的全国性大学，下设5个学院，包括艺术学院、商学院、科学学院、教育学院以及人文社会科学学院。梅西大学的学术研究水平和科研水平居亚洲和太平洋地区前百强。在2020年QS世界大学排名上，梅西大学排名第287位，在新西兰全国大学排名中位列第6。梅西大学的优势学科很多，其中包括商学、兽医学、设计、食品工程、航空、农业科学等，梅西大学的商学院被称赞为新西兰全国第一商学院，其中金融专业甚至可以说是亚洲太平洋地区第一。同时，梅西大学还是新西兰国内唯一提供争端仲裁、兽医的大学院校，其中兽医学科已经被美国兽医学会认可，还在澳大利亚等全世界大多数的国家获得职业的认可，这在新西兰的高等教育史上是一项殊荣。

（七）林肯大学（综合性，公立大学）

林肯大学建于1878年，位于新西兰南岛最大的城市基督城郊外的林肯镇。林肯大学是闻名世界的农业大学，它的前身是坎特伯雷农学院。林肯大学的主要院系是农业与生命科学学院，它还是整个南半球第一所专业提供农业课程的大学，开设景观建筑专业的大学，是唯一以土地为基础核心进行研究的高等院校，同时也是第一所在凉爽气候下研究葡萄栽培与葡萄酒酿造的科学研究机构。林肯大学还拥有新西兰全国最高的师生比例。在2020年QS世界大学排名上，林肯大学排名第319位，在新西兰8所国立大学排名中位列第7位。

（八）奥克兰理工大学（综合性，公立大学）

奥克兰理工大学建于1895年。奥克兰理工大学共设有3个校区：中心校区位于奥克兰市中心，第二校区位于奥克兰市北岸区，第三校区位于奥克兰西区的马努卡。奥克兰理工大学在设立初期名为奥克兰技术学校，学校只在晚间向学习者提供一些实用技术类培训。从1903年开始加入日间教学，并更名为奥克兰技术学院。1989年第一次升级为理工学院，更名为奥克兰理工学院，2000年再次被新西兰国家政府升级为新西兰8所国立综合性大学之一，正式更名为奥克兰理工大学。奥克兰理工大学现有法律、艺术、商业、传媒等诸多院系和专业。学校师资力量也十分雄厚，教授或讲师大多来自世界各地，都拥有行业相关从业经验以及教学经历，教育教学过程中，学校坚持知识和技能并重，这些都十分难得的。在2020年QS世界大学排名上，奥克兰理工大学排名第442位，在新西兰8所国立大学排名中位列第八。

（九）理工学院（ITPs）（2020年合并成为新西兰技能技术学院）（应用型）

理工学院的重点在于发展应用性研究，目标是促进学生理论的积累并与实践充分结合，为学生就业提供实用性强的专业技能教育。

（十）毛利学院（Wānanga，3所）

毛利学院的重点在于对新西兰历史悠久的毛利知识与文化的传承，不断为毛利民族的文化发展延续添砖加瓦，为传统的原住民文化的繁荣作贡献。

第三节　新西兰应用型大学的发展启示

一、质量保障体系方面

（一）政府宏观调控，多元化保障主体

高等职业教育因为其培养目标明确，而与市场联系紧密，但仍然属于高等教育的范畴，是一种特殊形式的高等教育，因此，高等职业教育既要符合高等教育发展规律的共性，也要保持职业教育发展的个性。我国应努力构建由政府、社会和高等职业学校共同组建的多元质量保障主体，来取代一直以来以政府为主导的单一主体形式。具体操作是政府进行宏观调控，以社会评价为质量保障，给予各个高等职业院校在此基础上获得更多自主权，进行自我调整调控，并且不断提高整个社会对于高等教育教学的了解和认可，推进高等职业教育向更高质量发展。

（二）完善教学评价

完善的教育教学质量评价机制，包括课程的评价、课堂教学质量评价以及检查制度和跟踪调查毕业生等制度。不断完善教育教学质量评价，有利于保障教学质量、提升教学质量。建立起学校、院系和教研室从上至下的3级评价主体，有利于专家师生互评，循环互动，达到教学评价的最终目的。教师一直处于教育教学质量的主体位置，所以保障教师质量，也就是保障高等职业教育的整体质量。目前，我国双师型教师仍然不足。另外，对于教师的工作评价，除教育教学科研以外，还要从解决问题能力、专业能力和个人道德素质等方面去衡量，以提升教师队伍的综合质量，确保高等职业教育顺利进行。

（三）加大政策和资金支持

国家对于高等职业教育应该进一步加大政策和资金支持，学习新西兰在校园建设上注重实用、高效的原则。学校设备齐全，但不奢华。不盲目追求，多进行观察和反思，立足于我国高等职业教育的基本国情，将有限的资金充分利用起来，大胆创新，打破制约学校发展的瓶颈，多方获取办学经费。在资金获取和利用方面，开源节流。争取国家资金投入，开展更多对外项目，利用多方社会资源，并树立节约的使用理念，杜绝浪费和盲目攀比，将资金用到最需要的地方，推进高等职业教育和应用型大学的建设和发展。

二、全面管理教学，重视实践和个性化

针对高等职业教育的管理，要重视教学的全面管理和个性化实践的管理。根据高等职业教育的教学特征，充分重视学生个性化发展和学生专业实践、专业技术和实践能力的教学。建立起学生个性发展的良性教学模式，可以灵活安排，以学生为主体，以教师为引导，讲解为主，指导为辅，激发学生兴趣，进而以学习者的兴趣为主导，进行个性化培养，因势利导，因材施教，将学生的兴趣和特长充分发挥到职业教育和应用型人才培养的过程当中，使学生的理论知识与实践相结合，真正做到学以致用，以保障高等职业学校和应用型大学的教学质量和目标的完成。

三、人才培养与师资队伍

（一）更新人才培养模式

我国应用型大学应首先从专业设置上应多借鉴和学习新西兰的优秀经验，以学校所在地的区域社会和经济发展需要为主。培养专业型、应用型人才，但绝不盲从于市场，更多地是以各产业结构和行业结构的变化为导向，争取保持一定的前瞻性。注意培养学生适应社会的能力、专业技能以及实践操作能力，打下坚实的知识基础并且培养学生的职业特色能力。在课程设置方面，承认学习者所获得的学习经验是课程的关键，反映在职业岗位角色上，对于从业者的要求，这些一般要经过专业的分析，最终以职业能力作为标准，再将其以课程的形式转化出来，这样就打破了传统的知识本位体系，而是由以专业能力为中心的课程取而代之，最终培养的是具有知识、专业技能和解决问题的能力，并坚持终身学习理念的学习者。加大专业课和实践操作课的比例设置，进行课程体系等各方面的改革，不断更新人才培养模式。

（二）加强师资队伍建设

加强师资队伍建设，是办好职业技术教育的一项战略措施。针对我国

职业教育师资现状和高等职业院校特点，借鉴国外成功经验，建立教师管理保障机制，持续加强应用型大学师资队伍的建设，努力培养双师型教师和专职教师，以严格的要求来提高专职教师的准入门槛。同时开放选取兼职教师，以具有丰富的行业工作经验的兼职教师弥补专职教师的不足。并且对从事高等职业教育的教师进行实践和专业技能的岗前岗中培训，努力提升教师队伍的素质和质量的同时保证教师能够获取最新行业领域信息，紧跟时代步伐，保障教学中教师输出内容的准确度和时效性。确保教师在相关专业拥有丰富的经验，又具备熟练的传授学习者知识技能的重要能力。努力创造出以专职教师为核心，兼职教师不断增加，这两者相辅相成共同发展的良好态势。

四、发挥行业在应用型院校中的主导作用

新西兰理工学院，包括工商业等行业代表对学员作出个性宏观决策，它们代表自己行业的整体利益，参与学校决策，也进一步在学校发展中显示了行业的主导作用。总之，行业的发展离不开应用型院校的发展与输送优秀人才，而院校又离不开行业的指导与参与，两者相辅相成、互惠互利。社会对于行业认可度的提升，使得高等职业教育的应用型院校的毕业生有了很好的就业前景，从而反过来提升了高等职业教育的社会地位。反观我国，近年来进行高等职业教育体制的改革，实现了高等教育院校中央和地方的两级管理，但有许多部门放弃了对行业教育的指导，许多行业协会即使成立也尚未将对于职业教育的指导这项工作提上日程，这需要我国尽快发挥部门和行业协会的职能，解决理论和实践两方面的问题，由政府推行国内认可的职业资格从业制度，并使行业和企业，尤其是掌握技术的企业为高职教育提供培训服务并且加强应用型大学建设中与行业协会的互动合作，让行业影响高等职业教育与应用型大学的建设和发展。

第五部分

亚洲应用型大学的发展经验

PART 05

第十章 日本

日本是一个太平洋西岸的岛国，资本主义国家，世界第三大经济体。其自然资源匮乏并极端依赖进口，发达的制造业是国民经济的支柱。科研、航天、制造业、教育水平均居世界前列。此外，以动漫、游戏产业为首的文化产业和发达的旅游业也是其重要象征，至今保存着茶道、花道、书道等文化。

日本近代教育制度建立于明治维新时期。在"文明开化""殖产兴业""富国强兵"的三大方针下，教育作为提高国民文化水平的重要途径被日本政府当作头等大事来对待。经过几十年的发展变化形成了门类齐全的多轨制学制体系。在这个体系中，大学被定位为"教授高等专门课程的学校"，基本上是为培养统治阶层而服务。第二次世界大战后在美国占领军的主导下，日本进行了大刀阔斧的民主化改革，依照"6-3-3-4"学制模式改组日本原有的教育体系，总体上从多轨制转向单轨制，大学教育的基本目的调整为"教授和研究专门的科学、艺术并发展才智、道德及应用能力"，开始关注"世俗"之需。在战后的教育改革过程中，日本应用型大学以短期大学、高等专门学校等制度形式逐渐发展壮大，并在21世纪的今天呈现出更加多样化的发展态势。

第一节 发展历程

日本应用型大学的产生与发展是经济社会发展在高等教育领域的缩影，也是教育发展与经济发展互动的结果。剖析日本应用型大学发展的经验对于我国发展应用型本科教育具有重要的参考借鉴意义。

一、产生背景

由于明治初期的富国强军政策开始全面现代化，日本也因此经历了人口的快速增长。20世纪初以来，它已成为世界大国的一员，并开始在国际社会上展示其经济实力。虽然因第二次世界大战战败，大国地位暂时下降，但战后经济快速增长，重回大国地位。其高质量的高等教育发展与国家的政治、经济、教育制度相关。

（一）政治背景

1947年实施的日本国宪法以主权在民、尊重基本人权、和平主义为支柱。日本的政治制度是宪法民主的一种形式。根据"权力分立"的原理，中央政府的活动被明确划分为立法、司法和行政机构。天皇是"日本国和日本国民团结的象征"。天皇根据国会的提名任命首相和最高法院院长，并在内阁的建议和批准下，执行宪法规定的"仅与国事有关的行为"。其国事行为包括修改宪法，公布法律、政令及条约，召集国会，解散众议院等。日本国宪法宣布建立议会制民主主义体制，国会是"国家权力的最高机关"。国会作为日本治理体系的核心，优于行政部门。作为行政首长的首相（内阁总理大臣）由国会决议提名，日本天皇任命。日本实行议院内阁制，内阁对国会负责。在这些方面，日本的制度与英国的制度相似，与美国的制度不同，美国的制度在理论上三权完全对等。国会由众议院和参议院组成。一方面，众议院可以对内阁提出"不信任案"。另一方面，内阁拥有解散众议院的权利。内阁还有对最高法院院长的提名权和最高法院其他法官的任命权。根据宪法规定，国会可以设立由两院议员组成的弹劾法院，以审判受到罢免起诉的法官。

（二）经济背景

1968年，按国民总收入（GNI）计算，它成为仅次于美国的世界第二大经济体。1973年石油危机后，日本经济进入稳定增长期。自1985年广场协议以来，日元对美元迅速升值，日本基于MER（当时汇率计算）的GDP显著增长。1991年泡沫经济破灭后，日本进入了被称为"失去的十年"的经济停滞期。1997年日本"金融大爆炸"之后，日本金融市场的国际化和全球化进程不断推进。进入21世纪以来，国外特别是中国经济实现了惊人的增长，日本经济在世界经济中的比重相对下降。

尽管如此，日本仍然是一个具有全球影响力的经济强国。日本是工业化国家，是七国集团和经合组织成员，拥有仅次于美国的发达国家第二大人口和经济实力。在贸易方面，它是世界第四大出口国和世界第四大进口国。此外，日本自1984年以来一直在经济复杂性指数（ECI）方面领先世界。日本经济的中心是以首都东京为中心的东京都市区，拥有世界上最多的人口和世界上最大的单一都市区经济体。在经济制度方面，它采用改良资本主义，政府干预经济活动。

（三）教育背景

现在日本的教育制度一般被称为"6-3-3-4"制，即小学6年、中学3年、高中3年、大学4年的制度，小学和中学为义务教育。另外，在幼儿园等进行学前教育。日本的高等教育机构包括大学、技术学院和职业学校（具有专门课程的专门培训学院）。大学包括大学本科、专科学校和研究生院，以及提供高质量职业教育和培养专业人才的专业学院和提供高水平专业培训的专业专科学校、专门培养人才并提供灵活实用教育的研究生院。这些机构根据建立者的不同分为国家机构、公共机构和私人机构。

日本的技术学院旨在培养实用性和创造性工程师，全国有57所国立、公立、私立技术学院，在校学生约6万人。初中毕业的人可以进入技术学院，学生通过5年的综合课程（商船系为5年6个月），通过综合科目和专业科目的均衡课程，获得工程师所需的丰富教育和系统专业知识。在技术学院，学生不仅学习理论知识，而且有大量的实验和实践培训课程，帮助学生获得应用所学知识的能力。在完成5年主修课程后，进阶课程额外提供2

年进阶技术教育。完成高级课程后，学生可通过国家学位与大学评估机构考试获得学士学位（与大学本科学位相同）。

二、主要历程

（一）萌芽时期（1868—1890年）

日本前首相吉田茂在《激荡的百年史》中说："教育在现代化中发挥了主要作用，这大概可以说是日本现代化的最大特点。"[1]日本近代教育发端于明治维新，高等教育作为明治维新改革的重要组成部分，自诞生之日起就深深刻上了促进社会和经济发展的烙印。带着这种烙印，日本高等教育对日本经济社会发展形成了一种互动关系，并成功支持日本在20世纪50~60年代实现高速发展并跃居世界第二大经济体。[2]

日本应用型大学的产生拥有深厚的历史基础。1868年，明治政权宣布"求知识于世界"，开始全面学习西方，拉开了明治维新的序幕。明治维新提出富国强兵、殖产兴业、文明开化三大方针，推动了日本政治、经济、军事、文化领域的改革，同时对欧美国家教育思想和教育制度兼收并蓄。明治政府全面学习西方的各种制度、科技和文化，并将"文明开化"政策确定为"富国强兵"的基础。为此，明治政府采取了两项重要措施，一是聘用外国专家、技师和技工，以及派遣留学生；二是改革日本传统的封建教育制度、教育内容和教育方法，发展国民教育事业。1871年，明治政府成功"废藩置县"后，将改革的矛头指向其具体的统治方式。明治政府认为建国的根本必须实行专制主义，特别是教育和兵制。于是，1871年7月18日，即明治维新后的第4天，

---

[1] 李祖超. 日本的教育现代化之路及其对中国的启示[J]. 清华大学教育研究，2004：23-29.

[2] 本文中所使用的2019年统计数据如无特殊标示，均来自日本学校基本调查（2019年）数据，特此说明. 学校基本调查. [EB/OL]. [2019-12-25]. https://www.e-stat.go.jp/stat-search/files?page=1&toukei=00400001&tstat=000001011528. [2020-03-20].

明治政府设置文部省,①取消大学校兼管教育行政的制度。文部省作为全国教育行政机关,负责统辖全国各府县的学校和一切教育事务。文部省成立后,先是收回教育管辖权并设立部分学校,同时积极准备学制改革,制定全国统一的学制。1872年,经过"学制调查研究委员会"6个多月的研制,日本近代史上第一个体系完备的教育法令——《学制》正式颁布,其基本思想体现在4个方面:第一,功利主义学校的目的论,即人人要立其身、治其产、兴其业,需要学校助其修身、开智、长才艺。第二,实用主义的学问观,即提倡先教授日用常行的言语、书算知识,再传授士、农、工、商及其他各种职业所需要的知识和技术。第三,教育上的四民平等精神,即不论身份阶级如何,所有人都应就学,以达到"邑无不学之户,家无不学之人"的普及教育的要求。第四,教育投资论,即学校对于人民立身治产有益,则学校的费用应由人民自己负担。由此可以看到,日本近代学制诞生之日起就蕴含了传授实用知识的思想,但在具体的学制体系中主要表现在中等教育阶段。

(二)发展时期(1890至第二次世界大战)

明治中期森有礼的国家主义教育思想成为日本教育改革的指导思想。作为资产阶级君主立宪制的近代国家,森有礼认为其必要前提在于培养立宪的国民(臣民),为此必须确立国家主义教育体制。森有礼国家主义教育思想主要体现在三个方面:第一,为了国家富强而办教育;第二,为了维护国家政体而实施"国民皆受军事训练"的教育;第三,学制上以国家办学为主,学校行政上要根据国家经济理论来办学。他的这一构想在其就任文部大臣后,通过各级学校法的制定而更加具体化,使日本确立了国家主义教育体制。与此同时,天皇于1890年颁布《教育敕语》,直到第二次世界大战结束,它发挥了规定日本教育方向的教育基本法的作用。它的核心思想是提倡国家主义的道德,禁止欧化思想的传播,即要实施"尊王爱国"

---

① 2001年日本行政改革后,文部省与科技厅、文化厅等中央部门合并为文部科学省,简称"文部省"。

教育。在森有礼强调国家主义教育的同时，井上毅看到了产业革命对职业教育提出的要求，认为"人民实业上的知识是无形的资本，实业教育乃是富国的基本条件"，把职业教育与日本的富强紧密联系起来，并在就任文部大臣后推进日本职业教育的制度化、体系化。经过明治40多年的探索与实践，日本教育制度逐渐走向成熟，承担了培养支持日本经济发展人才的重任，并孕育了战后日本应用型大学的原型——专门学校。专门学校的发展激发了其他实用型人才培养教育机构的发展。例如，办学层次水平比专门学校稍低、学制较短的"各种学校"，从专门学校分支出来、相当于旧制中学教育水平的"实业学校"等。从学校数量变化情况来看，《专门学校令》颁布的前一年公立学校和私立专门学校有51所，而实际得到认可的只有32所。专门学校在教育制度上的地位如图10-1所示。

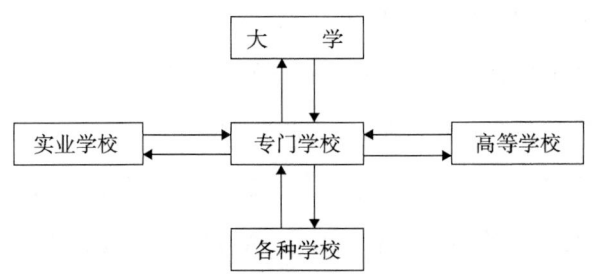

图 10-1　专门学校在教育制度上的地位

（三）改革与完善时期（第二次世界大战后至今）

战后民主化改革确立了应用型大学产生的制度基础，而日本经济发展则为应用型大学的发展提供了现实条件。第二次世界大战后，在美军占领当局的主导下，日本对原有教育体系进行了民主化改革。这次改革是日本近代教育史上第二次教育改革，受美国自由、民主式教育理念的影响，日本由双轨制转变为"6-3-3-4"式单轨制学制体系。鉴于学制体系的转变，日本高等教育内部发生了巨大的变化，多样化、民主化程度大幅提升。与此同时，也正是由于日本战后过于严格强调"6-3-3-4"的单轨制学制体系，日本教育体系的多样性、灵活性明显不足，尤其是高等教育阶段培养出来的人才规格过于单一，不能有效满足日本经济发展的需要。这样的形式也间接刺激了战后日本应用型大学的产生与发展，如果说日本战前教育发展为应用型大学的产生与发展提供了实业教育思想基础，那么战后教育民主化改革则间接为其提供了制度基础。从战后教育改革至今，日本从未停止对这次改革的修订，创建多种类型的高等教育机构，促进日本高等教育多样化就是重要举措之一。

第二节　发展现状

在战后教育改革的基础上，日本高等教育体系在回应社会经济发展要求的过程中，逐步走向大众化和多样化。在学术取向的四年制本科大学之外，日本相继建立了短期大学、高等专门学校、技术科学大学、专门职大学等，以促进日本应用型大学的迅速发展。经过半个多世纪的改革和发展，日本高等职业教育较为成熟，形成了多层次、开放型、适应日本经济发展的高等教育体系。

一、日本高等教育制度

第二次世界大战结束后，日本在美国的主导下进行了教育民主化改革。1945年9月，文部省颁布的《新日本建设的教育方针》提出要改变日本历来迎合战争需求的教育措施，努力实施建设文化国家的教育措施。同年10月，美国占领军司令部颁布《对日本教育制度的管理政策》，提出教育民主化方针，集中体现为"四条指令"，次年美国派遣教育使节团具体指导日本的教育改革。1946年，日本政府颁布新《日本国宪法》，明确规定全体国民受教育的权利以及教育的义务；依据新宪法的精神，1947年制定出台了《教育基本法》和《学校教育法》，确立了日本的教育制度。《学校教育法》中规定，"只允许由国家、地方公共团体、私立学校法第3条规定的学校法人开设",分别称为国立学校、公立学校、私立学校,规定小学6年、初中3年、高中3年、大学4年的基本学制。

战后"新制大学"体制的形成为应用型大学的产生和发展奠定了重要的制度基础。在美国的主导下,日本接受了美国占领军提出的国立学校移交地方的建议,1948年颁布实施了以"一府县一大学"为主的《新制国立大学实施纲要》。一方面,在"一府县一大学"政策支持下成立的地方公立大学,主要服务于地方经济社会发展和建设需要。经过5年左右的合并、调整,507所旧制高等教育机构组成了226所新制大学。这226所新制大学中,国立72所,公立34所,私立120所,私立大学占总数的53.1%。从学科分类来看,综合大学98所,占总数的43.3%;其余依次为医科大学51所(22.6%)、工科大学33所(14.6%)、农科大学16所(7.1%)、学艺大学10所(4.4%)等。这些新制大学构成了日本高等教育机构的主体。另一方面,由于战前高等教育机构的种类层次多样,并不能全部达到《大学设置基准》的要求而转变为四年制大学,尤其是原有的私立专门学校呈现明显的分化,能够满足要求升格为四年制私立大学的仅有80所左右,其余则在政府的默许下转变为两年制的短期大学。1950年,日本短期大学制度应运而生,当年正式成立并开始招生的短期大学有149所。

日本经济的复苏和高速增长离不开教育的支持,尤其是高等教育对经济发展的人才支持。20世纪60年代,伴随着日本经济的高速发展,产业界对高等教育人才培养提出了强化技术人才培养、提高高等教育对经济和产业发展的适应性的要求。同时,日本政府提出《国民收入倍增计划》,即利用大概10年的时间使国民生产总值和国民收入增加一倍,主要依靠第二产业和第三产业。这一计划也反映了日本经济从粗放型发展方式转向集约型发展方式,这就对日本高等教育人才培养提出了总量和结构上的要求。这些要求直接推动新型高等教育机构——高等专门学校的诞生。1961年,日本修订《学校教育法》,增加第十章高等专门学校的相关内容,对高等专门学校的目的、学科设置、学习年限、教师等作出具体规定。

进入21世纪后，信息化、全球化进程日益加速，社会形态和产业形态的变化对日本高等教育人才培养提出了新要求。日本传统的企业内教育体制从20世纪90年代泡沫经济出现危机开始走向衰落，企业效益以及海外工厂的开设使得企业内教育体制难以为继，于是日本产业界转而要求日本高等教育机构要强化配上具有"即战力"的人才，加强应用型人才的培养。这些要求与日本政府"教育再生"的导向不谋而合，于是先后催生了专门职大学院和专门职大学，增强了日本高等教育对应用型人才的培养能力。2017年，日本修订《学校教育法》，增加专门职大学的相关规定，并从2019年4月1日开始正式实施。

二、日本高等教育的结构

当前，日本高等教育机构按照举办者属性可划分为国立、公立和私立3类，按照办学层次可分为大学院、大学、短期大学和高等专门学校等几个层次，按照学科设置数量分为综合大学和单科大学，其中单科大学按照学科设置类别可进一步分为医科大学、理科大学、工科大学、艺术大学、文科大学等。

大学院相当于我国的研究生层次，分为修士课程、博士课程和专门职学位课程3类，可以同时开设其中两类课程或一类课程。修士课程相当于我国的硕士研究生阶段，标准学习年限为2年，因研究需要等可适当延长学习时间。面向有工作经验人员开设的修士课程，根据实际情况需要可将标准学习年限调整为1年以上2年以内。博士课程标准学习年限为5年，因研究需要等可适当延长。博士课程可以区分为前期2年和后期3年，亦可不进行区分。博士课程前期视同修士课程对待。因研究需要也可单独设置博士课程后期，标准学习年限为3年。在修士和博士课程之外，日本大学院阶段教育还有一种特别的"研究生"制度，属于正式进入修士或博士课程之前的预科教育。据最新学校基本调查的统计数据，2019年，日本共有

642所大学设置大学院，其中，614所设置修士课程，458所设置博士课程，125所设置专门职学位课程，16所大学只设置专门职学位课程。设置有大学院的大学中，国立大学86所，公立大学84所，私立大学472所。大学院总计在校生数达到254621人，其中，修士课程162261人，博士课程74711人，专门职学位课程17469人，其余为专攻科、别科等同等学力的学生以及研究生、旁听生等。

大学是指四年制大学，按照《学校教育法》的规定，其教育目的是：大学作为学术中心，在教授广博知识的同时，应以教授和研究精深专门的科学、艺术并发展才智、道德以及应用能力为其目的；大学为实现这一目的开展教育研究，并将研究成果广泛向社会提供，以此促进社会发展。以教授专深的学艺、培养实践性和应用性能力，以便从事专门性职业为目的的大学称为专门职大学。最新统计数据显示，2018年，日本共有786所大学，其中，国立86所，公立92所，私立608所。从学科设置情况来看，国立大学呈现均匀分布状态，各种规模大学占比相差不大；公立大学和私立大学小规模化倾向明显，单科大学和2~4个学部的大学占比较高（见表10-1）。

表10-1 日本大学学科规模情况（2018年）

属性		8个学部以上		5~7个学部		2~4个学部		单科大学	
		数量（个）	占比（%）	数量（个）	占比（%）	数量（个）	占比（%）	数量（个）	占比（%）
国立	86	20	23.26	20	23.26	19	22.09	27	31.40
公立	92	3	3.26	6	6.52	39	42.39	44	47.83
私立	608	43	7.07	80	13.16	268	44.08	218	35.86

数据来源：学术情报基盘实态调查。

短期大学在《学校教育法》中属于大学部分法条的内容，以教授专深的学艺、培养职业或实际生活所需要的能力为主要教育目的，其中以教授专深的学艺、培养实践性和应用性能力以便从事专门性职业为目的的短期大学称为专门职短期大学。学制2年或3年，可不设学部，而设置学科，也可开设夜间授课或通信制学科。短期大学毕业生可以按照文部省的规定插班进入四年制大学学习，授予的学位为"短期大学士"。最新统计数据显示，2019年日本共有短期大学326所，其中，公立17所，私立309所，比2018年度减少了5所，私立占比94.8%。纵观短期大学的发展历程，自1950年正式创建以来，短期大学数量从146所逐步增加到1996年的598所，达到峰值后在高等教育机构"统废合"的改革进程中学校数量不断减少，到2019年减少了45.5%，而四年制大学的数量则在不断增加。

高等专门学校作为日本实践性、创造性技术人才培养的高等教育机构，自1962年制度化以来始终保持较为稳定的发展规模。除初创阶段外，学校数量变动不大，且以国立学校为主。按照《学校教育法》的规定，高等专门学校学制5年，其中，商船类学科的学制为5.5年。高等专门学校可以设置专攻科，为其毕业生或同等学力人员提供1年以上更为精深的学习机会。毕业生可获得"准学士"称号，可以插班进入四年制大学继续学习。统计数据显示，2019年，日本共有高等专门学校57所，其中，国立51所，公立3所，私立3所，详见表10-2。

表10-2　高等专门学校基本情况（2019年）

属性	学校数（所）	学科数（个）	班级数（个）	入学定员（人）	在校生数（人）
国立	51	201	232	9360	51298
公立	3	7	19	720	3781
私立	3	8	11	460	2045
合计	57	216	262	10540	53882

资料来源：日本学校基本调查（2019年）[EB/OL]. [2019-12-25]. https://www.e-stat.go.jp/stat-search/files?page=1&toukei=00400001&tstat=000001011528.

除了上述几类高等教育机构外，日本还存在一种横跨中等教育和高等教育的"专修学校"，是以培养学生的就业和实际生活中所必需的能力，以及提高其文化修养为目的的学校。其中，设置高中教育水平以上的专门课程的专修学校称为专门学校,按照教育分类标准属于高等教育机构。2019年,日本共有专门学校2805所,在校生59.8万人,其中,2年及以上学制的在校生56.91万人,4年及以上学制的在校生4.98万人。按照文部省的规定,专门学校毕业生在满足一定条件后可获得"专门士""高级专门士"的称号,4年制及以上的专门学校毕业生视同四年制大学毕业生,专门学校学生在满足一定条件后也可插班转入大学继续学习,日本学位及称号分类,详见表10-3。

表10-3 日本学位及称号分类

分类	大类别	小类别	授予学位或称号的课程
学位	博士	无	大学院博士课程(除博士课程前期2年之外)
	硕士	无	大学院硕士课程(含博士课程前期2年)
	专门职学位	法务博士(专门职)	法科大学院
		教职硕士(专门职)	教职大学院
		硕士(专门职)	其他专门职大学院
	学士	无	大学、专门职大学
	短期大学士	无	短期大学、专门职短期大学
称号	准学士	无	高等专门学校
	高级专门士	无	特定专修学校的专门课程(主要是4年制及以上)
	专门士	无	特定专修学校的专门课程(主要是2~3年制)

资料来源:根据日本《学校教育法》相关规定绘制。

三、日本高等教育的普及情况

美国学者马丁·特罗提出的高等教育发展阶段理论认为高等教育发展是从精英型(毛入学率在15%以下)向大众型(毛入学率在15%~50%)再到普及型(毛入学率在50%以上)的发展过程。据此,日本高等教育发展在20世纪50年代基本属于精英型(毛入学率稳定在10%上下);60年代日本在经济高速发展的推动下,高等教育毛入学率从1960年的10.3%提高到1965年的17.0%,1975年提高到38.4%,进入了大众化阶段;1984年高等教育毛入学率首次超过50%，步入了普及化阶段；2005年大学和短期大学的毛入学率达到51.5%，步入大学和短期大学普及化阶段。

在18岁适龄人口和高等教育规模变化的双重影响下，日本高等教育毛入学率不断提高。从20世纪90年代开始，伴随着第二次人口高峰的回落，少子化问题日益凸显，成为影响日本高等教育结构的重要因素。从1990年左右开始，日本18岁高等教育适龄人口数持续减少，2018年减少到118万人，到2040年时预计将进一步减少到88万人。人口变动趋势已经给日本的高等教育发展带来了巨大的挑战，并在未来20年提出更大的挑战。在当前各类高等教育机构维持现有招生规模的情况下，到2033年左右高等教育机构招生名额将能够完全容纳18岁适龄人口，即存在多年的说法"大学全入时代"即将到来，适龄人口本人只要有升学意愿，高等教育机构就可以提供相应的学位。统计数据显示，2019年日本高等教育毛入学率达到82.8%（见图10-2），应届高中生升学率为95.8%；从升学去向来看，大学53.3%，短期大学4.6%，高等专门学校四年级0.9%，专门学校22.7%。伴随着普及

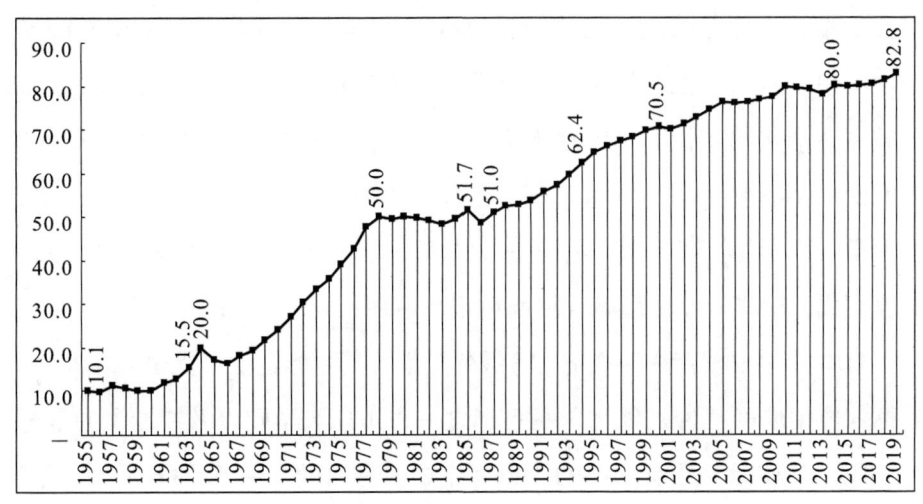

图10-2　日本高等教育毛入学变化情况（1955—2019年）

资料来源：日本学校基本调查（2019年）[EB/OL]. [2019-12-25]. https://www.e-stat.go.jp/stat-search/files?page=1&toukei=00400001&tstat=000000011528.

水平的提升，日本早在20世纪70年代就将高等教育发展策略从规模扩大调整为质量提升，尤其是在20世纪80年代后期"科技立国"方针提出中，教育质量问题成为日本高等教育普及进程中的重要课题。

四、日本应用型大学的类型与分布

日本现代高等教育是在学习欧美，尤其是德国和美国高等教育体系的基础上，结合日本自身发展需要逐渐发展起来的。因此，日本高等教育在"基因"上就有深刻的应用性倾向，短期大学和高等专门学校的相继创立便是很好的例证。同时，伴随着日本高等教育改革的不断深入，日本公立大学快速发展，同时面向职业能力培养的专门职大学等新型高等教育机构也相继出现，进一步丰富了日本应用型大学的类型。

（一）日本应用型大学的主要类型

联合国教科文组织发布的《国际教育标准》（1997年修订）将应用型大学定义为以行业、产业、岗位或岗位群所需要的技术、技能为逻辑体系，培养技术、技能型的人才的高等教育机构。"应用型大学"是对优势凸显、个性鲜明、具有特色的技术应用教学型高等院校的一种类型的描述，是高等教育大众化的产物，是区别于研究型大学的一种新的大学类型，概念比较宽泛，不仅包括应用技术大学，还包括服务型大学、技术型大学、创业型大学、教学型大学及教学服务型大学等。应用型大学在办学定位、人才培养模式、学科专业建设等各方面体现出应用性。

日本《学校教育法》规定了各级各类学校的目标定位。其中，在大学的目标定位中培养"应用能力"是目标之一；短期大学则以教授专深的学艺、培养职业和实际生活所需要的能力为主要教育目的，并不承担学术研究职能；高等专门学校的目标定位更加贴近职业需要，教授深厚专门的学艺，培养职业所必需的能力；21世纪后出现的专门职大学院以及专门职大学的目标也十分明确，就是培养符合特定岗位和职业需要的人才。由此，日本应用型大学主要包括部分大学、专门职大学、短期大学以及高等专门学校。

　　日本的大学中有相当一部分将办学侧重点放在应用型人才培养以及服务地方经济社会的发展上。国立大学中的单科大学和地方上规模相对较小的大学侧重于服务行业及地方经济发展。公立大学在遵守《学校教育法》规定的大学办学目的的基础上，更加强调对地方社会、经济和文化发展的服务职能。公立大学制度诞生于战后教育改革，在"一府县一大学"的方针下公立大学长期保持每府县1所左右的规模，这种情况一直保持到20世纪90年代。在1991—2008年这段时间，日本公立大学数量猛增，从39所增加到90所。此后，日本公立大学再次进入以法人化为主基调的稳定发展阶段。除国立和公立大学外，日本数量众多的私立大学除了大规模综合性大学外，大多数是主要服务于经济和社会发展的需要，单科大学、小规模大学占比较大就是例证。

　　21世纪后，在日本经济发展的强烈要求下，面向法律、教师、企业管理等行业领域的专门职大学院作为改革举措登上历史舞台。面对5.0版新型社会形态，世界发展格局、日本国家发展战略以及人工智能等新技术迭代更新给日本教育提出了前所未有的挑战，专门职大学便应运而生。2019年创设的新型高等教育机构——专门职大学，旨在开展实践型职业教育。目前共有3所，均为私立性质，详见表10-4。

表10-4　日本专门职大学基本情况（2019年）

类型	所在地	大学名	学部名	学科名
大学	东京都、爱知县、大阪府	国际时尚专门职大学	国际时尚学部	时尚创造学科
				时尚商业学科
				大阪时尚创造与商业学科
				名古屋时尚创造与商业学科
	高知县	高知康复专门职大学	康复学部	康复学科
短期大学	东京都	山崎动物护理短期大学	—	动物全面护理学科

资料来源：文部科学省 [EB/OL]. [2020-3-20]. https://www.mext.go.jp/a_menu/koutou/senmon/index.htm.

短期大学重点在培养使用科学技术发展的技术人才，可以说是日本早期的应用型大学，在推动日本高等教育大众化、满足社会对应用型人才需求上发挥了重要作用。20世纪60年代，日本经济高速发展，国民收入水平大幅提升，大众接受高等教育的热情空前高涨。从1950年到20世纪70年代中期前，日本短期大学在校生保持快速增长的势头，到1993年达到峰值后开始回落。从学校类型变化来看，1951—2009年曾存在过国立性质的短期大学，但20世纪90年代中期国立短期大学开始转型或升格为四年制大学，并最终退出短期大学领域。同样的发展势头也出现在公立短期大学上，公立短期大学从最多时的63所减少到2019年的17所。短期大学在校生主要集中于与社会服务相关的家政、教育、人文等学科专业，毕业后从事教育、事务、服务等职业工作，也因此短期大学具有明显的女性化色彩。

高等专门学校可以说是为纠正日本大学专业设置上过于偏重人文社会等办学成本相对较低的学科、满足社会对技术技能型人才需求的产物。实现《国民收入倍增计划》，培养一定数量的理工科高级技术人才是此计划得以实现的必要条件，该计划提出培养17万名高级应用型人才的目标。然而，当时的日本高等教育机构中理工院校数量较少，很难在短期内完成这一目标。于是，文部省在调整大学学科结构、扩大理工类学科招生规模的同时，建立了高等专门学校。因此，高等专门学校的专业几乎都是理工科领域的专业。

（二）日本应用型大学的分布

日本在战后教育改革中确立了以"形式平等"为主的教育机会均等理念，被认为是社会各阶层收入均衡的平等社会，也创造了教育平等的神话。日本教育平等的理念也深刻影响了高等教育机构的布局，尤其是对国立和公立学校的布局影响更为明显。

日本从南到北共有47个都道府县,[①]除了作为首都的东京以其经济政治中心的战略地位聚集众多大学,京都、大阪、兵库以其文化和商业地位聚集了众多私立大学外,其他都道府县的大学分布相对比较均匀,详见表10-5。

表 10-5 日本大学地区分布情况（2019年） 单位（个）

区域		大学数				短期大学数				高等专门学校数
		小计	国立	公立	私立	小计	国立	公立	私立	
北海道	北海道	37	7	6	24	15	—	—	15	4
东北地区	青森	10	1	2	7	5	—	—	5	1
	岩手	6	1	1	4	5	—	2	3	1
	宫城	14	2	1	11	5	—	—	5	1
	秋田	7	1	3	3	4	—	—	4	1
	山形	6	1	2	3	3	—	1	2	1
	福岛	8	1	2	5	5	—	1	4	1
关东地区	茨城	10	3	1	6	3	—	—	3	1
	栃木	9	1	—	8	6	—	—	6	1
	群马	14	1	4	9	8	—	—	8	1
	埼玉	28	1	1	26	12	—	—	12	—
	千叶	27	1	1	25	8	—	—	8	1
	东京	140	12	2	126	37	—	—	37	3
	神奈川	30	2	2	26	14	—	1	13	—
中部地区	新潟	20	3	3	14	5	—	—	5	1
	富山	5	1	1	3	2	—	—	2	1
	石川	13	2	4	7	5	—	1	4	2
	福井	6	1	2	3	2	—	—	2	1
	山梨	7	1	2	4	3	—	1	2	—
	长野	10	1	4	5	9	—	1	8	1
	岐阜	13	1	3	9	11	—	1	10	1
	静冈	12	2	2	8	5	—	—	5	1
	爱知	50	4	3	43	20	—	—	20	1

① 都道府县,即东京都、北海道、大阪府、京都府以及43个县,下设市、町、村,是日本地方自治的行政单位,相当于我国省级单位。

续表

区域		大学数				短期大学数				高等专门学校数
		小计	国立	公立	私立	小计	国立	公立	私立	
近畿地区	三 重	7	1	1	5	4	—	1	3	3
	滋 贺	8	2	1	5	3	—	—	3	—
	京 都	34	3	4	27	11	—	—	11	1
	大 阪	55	2	2	51	23	—	—	23	1
	兵 库	37	2	3	32	17	—	—	17	2
	奈 良	11	3	2	6	4	—	—	4	1
	和歌山	4	1	1	2	1	—	—	1	1
中国地区	岛 取	3	1	1	1	1	—	—	1	1
	岛 根	2	1	1	—	1	—	1	—	1
	冈 山	17	1	2	14	9	—	2	7	1
	广 岛	20	1	4	15	5	—	—	5	2
	山 口	10	1	3	6	5	—	—	5	3
四国地区	德 岛	4	2	—	2	3	—	—	3	1
	香 川	4	1	1	2	2	—	—	2	1
	爱 媛	5	1	1	3	5	—	—	5	2
	高 知	4	1	2	1	2	—	1	1	1
九州地区	福 冈	34	3	4	27	18	—	—	18	3
	佐 贺	2	1	—	1	3	—	—	3	—
	长 崎	8	1	1	6	2	—	—	2	1
	熊 本	9	1	1	7	2	—	—	2	1
	大 分	5	1	1	3	5	—	1	4	1
	宫 崎	7	1	2	4	2	—	—	2	1
	鹿儿岛	6	2	—	4	4	—	1	3	1
	冲 绳	8	1	3	4	2	—	—	2	1
合计		786	86	93	607	326	—	17	309	57

资料来源：日本学校基本调查（2019 年）[EB/OL]. [2019-12-25]. https://www.e-stat.go.jp/stat-search/files?page=1&toukei=00400001&tstat=000001011528.

短期大学的设置者以学校法人为主，这就决定了私立短期大学的布局与地方经济发展状况紧密相连。城市规模较大、人口较为密集、产业较为发达的地方可以说是短期大学办学选址的首选。从统计数据来看，东京、大阪、爱知、福冈、北海道五地的短期大学数量都在15所以上，也体现出这些地方发展的特点。以东京、大阪、名古屋为中心形成了日本三大都市圈，吸引了众多高校、企业和科研机构等；福冈则是日本四大工业带之一，也为大学的产生与发展提供了重要基础；北海道作为日本最北端的岛屿，形成了以札幌为中心相对独立的经济圈，间接刺激了本地高等教育的发展。

根据高等专门学校办学和人才培养目标，其布局与地方经济建设直接相关。同时，高等专门学校以国家为主创办兴建的教育机构，充分考虑地方经济、政治、社会文化以及教育机会均等等问题，日本政府有计划地组织安排高等专门学校，使其分布呈现出较强的均衡性。

五、日本应用型大学的人才培养

日本应用型大学因其不同设置形态和办学层次的不同而不同。总体上，国立和公立性质应用型大学的学科专业设置更多是为了保障国家和社会运转以及发展的必需人才，私立性质的应用型大学则更多是为了支持和促进经济和产业发展的人才需求。以私立性质为主的短期大学主要目标是培养面向社会服务的人才，学科设置以教育、家政、社会科学类为主。高等专门学校的学科专业则几乎完全是工学类专业。

（一）学科设置概况

大学的学科设置在国立、公立和私立大学之间呈现明显分化。从表10-6可以看到，国立大学的工学领域学生占比最高，其次是社会科学、教育和保健几个学科领域。与公立大学和私立大学相比，国立大学在工学、理学、农学、教育等与国家战略发展关系较为紧密的学科领域的引领性相对更强。公立大学作为服务地方经济发展的重要力量，学科设置上更加关注地方经济社会发展的需要，保健学科在校生占比明显高于国立大学和私立大学就是很好的例证。私立大学的学科设置在考虑社会经济发展需求的同时，也受到办学成本的限制，因此，学科设置上办学成本相对较低的人文科学和社会科学学生占比较高。

表10-6　日本大学不同学科领域在校生分布情况（2019年）

学科大类	在校生数（人）				各专业领域学生占比（%）			
	全国	国立	公立	私立	全国	国立	公立	私立
全国	2609148	437401	138653	2033094	—	—	—	—
人文科学	365163	30900	18740	315523	14.0	7.1	13.5	15.5
社会科学	836408	64866	37565	733977	32.1	14.8	27.1	36.1
理学	77997	29104	3460	45433	3.0	6.7	2.5	2.2
工学	380452	123231	21831	235390	14.6	28.2	15.7	11.6
农学	77100	30641	4355	42104	3.0	7.0	3.1	2.1
保健	332815	58671	28696	245448	12.8	13.4	20.7	12.1
商船	406	406	—	—	0.02	0.09	0.00	0.00
家政	71601	1295	2712	67594	2.7	0.3	2.0	3.3
教育	189343	60035	2532	126776	7.3	13.7	1.8	6.2
艺术	72920	3430	6012	63478	2.8	0.8	4.3	3.1
其他	204943	34822	12750	157371	7.9	8.0	9.2	7.7

数据来源：日本学校基本调查（2019年）[EB/OL]. [2019-12-25]. https://www.e-stat.go.jp/stat-search/files?page=1&toukei=00400001&tstat=000001011528.

注："保健"领域包括医学、牙医学、药学、护理以及其他相关学科等。

短期大学县内入学率（即县内高中毕业生占当年招生数的比例）呈升高的趋势，2014年以来保持在67%~68%，明显高于大学42%~43%的水平，说明短期大学的职能从泛泛地培养人才向侧重于服务地方经济发展转变。这种状况反映到学科设置上，主要表现为学科设置的自主性和地方性。统计数据显示，短期大学中在校生学科分布状况如表10-7所示，教育类占36.6%、家政类占17.6%、社会科学类占10.3%、人文科学类占14.0%、保健类占8.9%、艺术类占4.0%、工业类占2.5%、教养类占1.6%、农业类占0.6%、其他类占8.0%。

表 10-7　不同类型高校学生占比最高的前三个学科领域比较（2019 年）

	1	2	3
大学	社会科学（32.1%）	工学（14.6%）	人文科学（14.0%）
短期大学	教育（36.6%）	家政（17.6%）	社会科学（10.3%）
高等专门学校	工业类（96.0%）	商船（2.2%）	设计、社会科学等

数据来源：日本学校基本调查（2019 年）[EB/OL]. [2019-12-25]. https://www.e-stat.go.jp/stat-search/files?page=1&toukei=00400001&tstat=000001011528.

高等专门学校教育呈现出五大特色：一是实行 5 年一贯制教育，均衡编制通识科目和专业科目，养成技术人员必要的教养以及体系性专业知识；二是重视实验和实习在人才培养中的作用；三是以全国性大赛促进学生能力发展，例如，"机器人大赛""编程大赛""设计竞赛""体育大会"等；四是产业界对毕业生的评价较高，毕业生主要就职于制造业，就业前景比较好；五是毕业生可以进一步深造，接受更高水平的技术教育。高等专门学校学科以工业类和商船类为主，此外，还零星设置信息设计学科、交流信息学科、国际物流学科等。

总的来看，各类应用型大学的学科设置各有侧重，也说明日本应用型大学内部的高等教育机构类型也较为多样化，同时各类高等教育机构的职能定位也相对分明。在 2019 年文科省中央教育审议会的政策咨询报告《2040 年高等教育总体规划报告》中也建议进一步明确大学、短期大学、专门职大学、高等专门学校以及专门学校等各自的功能和定位。

（二）人才培养模式

全球化和信息化的进程加速了社会形态的转型，也驱动了日本各类应用型大学适时调整人才培养模式，以便适应时代的要求。20 世纪 90 年代，日本确立了"科技创新立国"的基本战略，在日本工业经济时代确立的"科学技术立国"战略基础上，更加强调创新对于国家发展的重要性。国家创新能力一方面得益于政府对科技创新的重视与投入，另一方面也需要教育机构尤其是高等教育机构积极调整人才培养模式，为科技创新提供坚实的人才基础。鉴于此，日本在新世纪对高等教育开展了大刀阔斧的改革，重点强调人才培养质量的提升。

一是根据社会经济发展需要适时更新人才培养目标，促进人才培养目标多样化。早在1996年日本文部省教育审议会发布的报告《面向21世纪我国教育的发展方向》强调，要把创造性作为个人在急剧变化的社会中生存能力的重要内容。1998年，大学审议会细化这一提法，并在《21世纪的大学和今后的改革方策》中指出，"今后高等教育方面，要以初等、中等教育阶段旨在培养'自主学习、自主思考的能力'为基础，转为着重培养学生的课题探索能力"，同时强调要培养高品质的职业技术人员、具有高层次专业知识与能力并能开拓新领域的人才、富于创业精神的人才以及富于创造性与独创性的优秀研究人员。2005年，中央教育审议会通过的《我国高等教育的将来形象》指出，要培养能够理解并尊重不同文化且具备与他人沟通能力的人才，进一步明确高等教育的多种机能、个性和特色。2008年，日本政府出台中长期教育发展规划《教育振兴基本计划》，提出培养德才兼备的知识型人才，为社会发展作出贡献。2013年、2018年，日本政府先后出台了《第二期教育振兴基本计划》《第三期教育振兴基本计划》，始终强调人才的创造性和挑战精神等。2019年，中央教育审议会在报告《面向2040年高等教育总体规划》认为，未来人才要具备横跨文理的普遍性知识、通用技能，符合时代要求积极支援社会并具备逻辑思考能力、改善社会的资质等，详见表10-8。日本对未来社会人才需求的设想下，高等教育需要进行全方位的调整和完善，各类高等教育机构各就其位，提供多样化的教育。

二是打通不同人才培养层次的衔接通道。在教育制度上明确各类高等教育机构基本办学定位的基础上，在不同时代创建新型的高等教育机构，着力构建纵向贯通、横向衔接的人才成长通道。在文部省制度供给之下，各类型高等教育机构进行具体操作，设定接受不同类型高等教育机构学生的要求。从图10-3可以看到，日本高等专门学校和短期大学在日本教育体系，尤其是高等教育体系中的地位，既可以是终结性教育，也可以实现升学的目标。统计数据显示，通过入学通道进入四年制大学的高等专门学校或短期大学毕业生数以2000年为界，大致呈现先增后减的趋势。进入21世纪后，由于日本实行高等教育结构改革，大量短期大学升格为四年制大学，同时受到日本大学适龄人口下降的影响，使得短期大学毕业生编入大学的人数持续减少。

表10-8 《面向2040年高等教育总体规划》对各类高等教育机构的定位

机构类型	定位	改革重点
国立大学	重视大学院机能，通过横跨文理的学士课程改革等培养服务于实现Society5.0的人才	改革学士课程，通盘考虑大学的基础优势、特色和区域需求优化学士课程
公立大学	通过推动地方社会、经济、文化提升为国际社会作贡献，强化多样化教育、研究和社会贡献功能	根据地方高等教育政策，结合教育机会均等、推进地方活性化、解决行政课题等
私立大学	保障核心人才的教育机会、提高国民知识水平，保持私立大学的独立性，充实教育研究	继续保持多样性，依据各校"建学精神"强化教育研究和经营基础，更好地发挥高等教育核心力量的功能
专门职大学、专门职短期大学	培养具备理论支撑的高水平实践能力，引领专门业务，且能够应对变化、创造新价值的人才	与产业界形成紧密合作关系，促进教育发展
短期大学	基于广泛教养之上培养职业或实际生活中必要的能力，培养多样化的人才。利用短期大学学制短、本地便于入学等优势，对本地区内社会人进行再教育，从而促进本地社会的发展	地域中必要的高等教育机构，要不断提高教育质量，同时短期大学在大学制度上的定位也需要进一步明确
高等专门学校	作为5年一贯制培养实践性技术人才的高等教育机构，其主要定位为培养实践性、创造性技术人才	强化引领新型产业发展的人才培养，通过与大学合作提升高等专门学校的教学的水平，提升其国际化水平

资料来源：根据日本《面向2040年高等教育总体规划》内容编译整理。

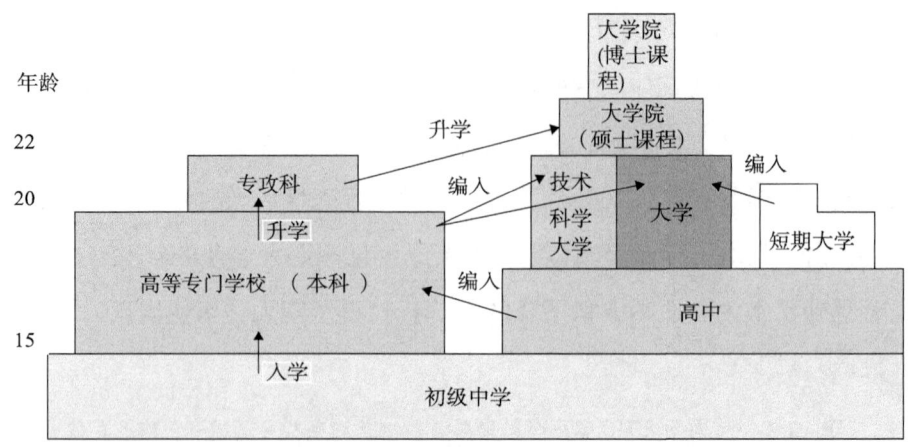

图 10-3　各类高等教育机构衔接示意图

三是重构本科人才培养课程体系。重视通识课程是日本高等教育课程设置的突出特征。但在20世纪90年初期，伴随着日本新自由主义教育改革的推进，日本政府放宽了对大学的管制，在1991年修订的《大学设置基准》中明确规定"不再将本科课程分为一般教育课程和专业教育课程两大类，也不将其截然划分为前后两个阶段"。这一改革举措使得日本大学课程体系在随后的20多年的发展中呈现出较为多样的态势，各学校在保证学分不变的情况下可以调整具体的课程开设，同时重视用英语教学、改革教学方式、优化教学评价方式等。进入21世纪后，日本也积极推进高等教育课程改革，2008年日本中央教育审议会在先后出台《学士课程教育构筑》《高等专门学校教育的充实》等咨询报告，提出具体改革建议。以学士课程为例来看，《学士课程教育构筑》提出"学士力"的概念，围绕学位授予、课程设置与实施、招生提出了改革方针。学士力是指日本大学授予学士学位的人所应该具有的素质和能力。学士力包括知识与理解、通用性技能、态度与志向、综合性学习经验和创造性思考能力四大方面。具体改革措施包括：学位授予要进一步提高学生的学习成果；课程设置与实施要在加强体系化建设的同时注重内容的多样化，并与学位授予联动；改进教育教学方式，注重学生在教学中的主体性，激发学生主动学习的积极性；改革学生成绩评价方式，导入 GPA 为主的客观评价体系，同时推进学习经历的多元评价等（见表 10-9）。

表 10-9 "学士力"的具体内容

四大方面	基本概念	具体内容
知识与理解	在系统掌握某专门领域基本知识的基础上，把自己的生存与历史、社会、自然相联系，做到进一步理解这些知识体系的意义	对多文化、异文化知识的理解
		对人类文化、社会和自然的理解
通用性技能	在知识性活动、职业生活、社会生活上的必要技能	交流技能。熟练地使用日语和特定的外语，能够听、说、读、写
		量性技能。对于自然或社会现象，能够抓住其特征，去分析、理解和表现
		信息读写能力。能够正确判断多样化信息，灵活有效地去利用
		逻辑性思维能力。对于信息或知识，能够从多角度、理性地去分析和表现
		问题解决能力。能够发现问题，并为解决问题去收集、分析、整理必要的信息，使问题确实能够得到解决
态度与志向	道德水平与社会责任感，自律与自我管理能力，终身学习的能力	自我管理能力。能够自主自律
		协作、领导能力。能够与他人协调合作；为实现某一目标，能够向他人表明自己的意向，并作动员
		伦理观。有道德，遵守社会公德和规范
		作为市民的社会责任。具有作为社会一员的意识，履行义务，正确行使权利，积极为社会发展作贡献
		终身学习能力。毕业后能够自主、自立学习
综合性学习经验和创造性思考能力	灵活地运用所习得的知识、技能、态度，能够独立自主地解决问题和进行课题研究	

资料来源：根据日本中央教育审议会《学士课程教育构筑》内容编译整理。

四是重视实习实践对应用型人才培养的作用。在日本，高等教育机构实施实习实践可以说是高等教育对产业界人才需求的一种回应，也是产学合作的一种具体形式。实习实践为大学中的学习与社会经验衔接提供途径，以此来深化学生在校学习成果，同时激发学生新的学习欲望，为学生提供思考自己职业方向以及未来职业规划提供机会。1997年，日本文部省联合通商产业省、劳动省出台相关政策，深化实习实践的实施，在政府、大学和产业界的通力合作下，实习实践走向普及。2013年，日本内阁在《日本再兴战略》中将青年人能力建设摆在重要位置，并设定了日本参加实习实践的学生数目标，建议强化从职业教育到就业的一贯支援体制、推进实习实践的灵活运用等。在具体实施过程中，实习实践分为两类，一类是认定为学分的实习实践，一类是不认定为学分的实习实践。认定学分时，大学和短期大学通常认定为2学分，高等专门学校通常认定为1学分。调查结果显示，2019年，88.35%的大学开展实习实践，然而学生的参加情况并不十分乐观，仅有23.2%的本科生和研究生参加。其中，国立大学实施实习实践的比例最高，而公立大学学生的参加率最高，学生在实习实践过程中大多数没有报酬或补贴。

（三）产学官合作

日本的产学官合作最早可以追溯到明治维新之后，20世纪70年代再次焕发青春，逐步走向日本科技、教育政策的前台，20世纪90年代后走向制度化，成为促进日本高等教育在新发展阶段的重要支撑。日本产学官合作的具体实施形式较为多样，为高等教育发展，尤其是应用型人才培养方面提供了多层次的支持。

日本产学合作学会认为，产学合作是指在各级院校与企业之间架设桥梁、以促进学术研究为基础的振兴产业的各种行为活动的总称。关于日本产学官合作的模式，日本文部省总结提出了五大类典型模式。①研究层面：企业和大学的共同研究、委托研究；②教育层面：大学在企业的实习、教育计划的共同开发；③技术转移层面：大学的成果通过技术转移机构向企业转移；④咨询层面：基于兼职制度的技术指导等研究者的咨询活动；

⑤创业层面：基于大学研究成果和人力资源的创业活动。文部省多年来实行的支持产学官合作的制度中包括共同研究、委托研究、委托研究员、奖学捐助金、捐助讲座等模式，这些模式中获得直接支持的有共同研究和委托研究。

通过产学官合作，文部省联合其他中央行政机构共同指导教育发展，提供高等教育质量提升所必需的政策、经费和平台支持，增强了大学教育的活力。同时，设定多类激发科研和教育的项目，通过开展共同研究、提供企业实习机会等方式促进大学生与企业的交流。同时，联合企业共同开发教育项目，聘用大学生以便让大学更为了解企业的经营理念，从而进一步推进实践性教育，应社会需求培养产业界所需的人才。例如，筑波大学城的组建和发展就是日本产学官合作的有力例证。1973年日本改革高等教育体系，组建了新型大学——筑波大学，开始试点产学结合的办学模式。筑波大学的办学思想是学校的一切工作都是围绕着经济建设这个中心展开，适应了20世纪70年代后产业结构向"知识密集型"的转变的需要，在政府政策的强力推动下，日本将43个研究机构陆续搬迁到筑波，形成了以国家实验研究机构和筑波大学为核心的综合性学术研究和高水平教育中心，高度现代化的教育、科研、生产一条龙体系，享誉全球的"智慧之城"。

第三节　日本应用型大学的发展启示

在世界范围内，日本教育发展经验提供了教育推动经济发展的一个典型案例。日本应用型大学是在继承战前日本教育中"实用"思想的基础上，在推动日本经济发展的过程中逐渐丰富起来的，其整个过程给我们带来了以下启示。

一、推进高等教育机构多样化

教育要适应经济发展是教育发展的重要外部规律。伴随着经济发展水平的提升以及社会经济形态的整体变化，日本根据需要适时组建新型高等教育机构，试图通过推进高等教育机构多样化来满足产业界的人才需求。1950年创设短期大学、1962年创设高等专门学校、1976年创设技术科学大学、2003年创设专门职大学院、2019年创设专门职大学以及专门职短期大学和专门职学科。由此可见，日本应用型大学所包含的具体教育机构类型逐渐多样化。通过职能分化的多样化大学，日本将应用型大学的具体职能进行细化和分解，推动各类大学在找准自身定位的同时不断提高办学特色，增强每一类大学的办学质量和人才培养针对性。

二、不断调整和优化学科设置

伴随着日本产业的转型升级，产业界对高等教育的人才培养要求也有所变化。在推动教育机构类型多样化的同时，日本政府也积极推动大学内部进行学科设置调整，提高人才培养的针对性，不断满足社会发展的需要。以短期大学为例，短期大学在20世纪60年代至70年代设置的学科主要有教养、英文、日本文学、保育等，偶尔会有面向在职人员的经济学、工学等学科。到90年代，短期大学开始增设护理学、福祉学等学科。到2019年，短期大学所开设的学科领域进一步扩充，覆盖人文、社会、教养、工业、农业、保健、家政、教育、艺术等多个领域。具体到某个专业，近年来短期大学中开设"地域综合科"专业的院校不断增加，这个新专业实际上是以应对地域社会多样化需求为目的的新兴学科的总称，其中的科目和课程具有较强的选择性，且学习形式更为多样，既招收全日制学生也招收在职学生。目前，开设有地域综合科的短期大学有大手前短期大学、东京经营短期大学、爱知大学短期大学部等20所短期大学或短期大学部。

三、构建多样的学位与称号制度

学位是对每个学习阶段和成果的客观认可。良好的学位制度对于用人单位而言有助于快速识别人才类型和水平,对于学生而言则有助于顺利就业和升学。日本在推动高等教育机构多样化的同时,也积极调整学位政策,形成了类型多样的学位授予制度。在完善学位制度的同时,日本还积极出台了面向高等专门学校和专门学校毕业生的称号制度。1991年,日本文部省全面调整学位文凭制度,准许高等专门学校和短期大学授予毕业生以"准学士"的称号。此前,两类学校的毕业生只能获得毕业证书,没有经过文部省统一认证的衡量标准,从而对于两类学校毕业生的升学和就业来说构成一定的阻碍。虽然"准学士"称号不属于学位的范畴,但可以为这段学习经历提供较为客观的证明。2005年,日本修订《学校教育法》,创设了"短期大学士"制度,将其作为新类型的学位纳入学位制度。这样,在毕业生所取得的学位和文凭上,将短期大学与高等专门学校等其他类型高职教育机构区别开来。学位文凭政策的调整,一方面有助于社会对各级各类教育的质量和水平加以区分和鉴别,另一方面也进一步明确了各级各类教育的定位。

四、积极构建体系化的衔接通道

应用型人才培养是一个连续、螺旋上升的过程。因此,在日本的应用型大学体系中,从某一类高等教育机构(如高等专门学校、短期大学等)毕业并不意味着没有上升的通道。为了方便学生在不同类型的教育机构之间转换,日本创设插班入学制度,为学生提供了更多的大学和专业选择机会。例如,高等专门学校毕业生可以升入本校的专攻科,专攻科毕业后可获得四年制本科学位,也可以通过插班入学制度进入其他的四年制大学继续学习。此外,在不同层级教育相互衔接的过程中,日本大学也承认满足条件的高等专门学校毕业生，视为同等学力，赋予其升学资格。例如，高等专门学校专攻科毕业生视同四年制大学本科毕业，有升入硕士课程的资格。通过体系化的构建衔接通道，打通了应用型人才成长通道，也推动了日本应用型大学的发展。

五、凸显时代特色的课程质量保障

教育的质量是生命线，课程是核心。日本高等教育质量保障体系从20世纪90年代末开始整体转型，突出第三方评价的作用。针对不同类型高等教育机构和专业领域，日本文部省认证了大学基准协会等多个第三方评价机构，开展高等教育质量评价。除了针对教育机构的评价外，日本还有针对特定职业领域教育质量的评价。例如，针对法科大学院、教职大学院、会计学、经营管理等专业的教育质量评价。丰桥技术科学大学作为日本技术人才培养的大学，其各专业课程都通过了日本技术者教育认定机构的认定，该机构的认定以学习成果评价为核心，说明其人才培养质量有所保障，便于用人方和学生及家长在选择时作出科学判断。

第十一章 韩 国

韩国位于东亚朝鲜半岛南部,三面环海,西濒临黄海,东南是朝鲜海峡,东边是日本海,北面与朝鲜相邻。总面积约10.329万平方千米(占朝鲜半岛面积的45%),通用韩语,总人口约5200万人,首都为首尔。

20世纪60年代至70年代韩国的职业教育已经开始发展,随着经济社会的发展,职业技术的高等教育以及全面教育的推进,对韩国的经济发展起到了重要作用。20世纪70年代末,职业专门学校的设立和兴起,也使得韩国从一个以自然经济为主的贫困国,一跃进入经济发达国家的行列。许多人认为,这一巨大转变的关键在于韩国对高等职业教育的重视,尤其是由韩国政府、企业、学校三者联手打造的"产学合作"的高职教育模式。因此,本章将从韩国专门大学的发展角度出发,以韩国济州观光大学为例,探讨韩国专门职业大学院的专业设置、课程编制、实践环节、学制年限等特点,挖掘其运行特点和优势,为我国职业教育的发展提供借鉴和启示。

第一节 发展历程

韩国的应用型大学发展受到国家经济、政治、文化的影响展现出独特性。同时,作为亚洲国家,其应用型大学的发展经验对我国具有较高的参考价值。

一、产生背景

（一）政治背景

1945年8月15日，韩国从日本统治下解放，在美国的支持下，韩国政府于1948年8月15日成立。1948年颁布的《大韩民国宪法》确定了韩国政治制度的基础。

在韩国，宪法的修改被视为一个历史纪元，各个时期的宪法被称为第一宪法至第六宪法，以每部宪法为基础构建的政治制度被称为第一共和国至第六共和国。现行宪法，称为第六共和国宪法，于1987年通过。据说，人民的意志在韩国历史上体现得最多，以这部宪法为基础的第六共和国自1988年卢泰愚就任总统以来一直延续至今。

行政部门由总统领导，由总理、国务委员和各部委负责人组成。与日本一样，韩国的国会是唯一制定法律的机构，其工作人员由选民选出的立法者组成。韩国实行多党制，截至2023年，韩国的主要政党为共同民主党和国民力量党。

（二）经济背景

1948年韩国建国后不久，朝鲜战争爆发，韩国经历了3年战争，经济遭受沉重打击。战争结束后，其经济主要依赖美国的无偿援助和优惠贷款。20世纪60年代至90年代，韩国在工业、科技等方面进行了广泛的改革，实现了令人瞩目的经济增长，韩国一跃成为世界经济大国。20世纪末至21世纪初，韩国发生金融危机，韩政府迫不得已向国际货币基金组织申请了135亿美元的紧急贷款援助，暂时度过了这场危机。危机过后，韩政府根据与国际货币基金组织达成的协议，开始对其经济进行改革，主要着眼于提高宏观经济的稳定性。通过在公共领域、企业领域、金融领域、劳动力领域进行大幅度结构调整和制度改革，迅速地摆脱了金融危机的阴影，提前偿还了国际货币基金组织的借款，外汇储备大幅增加。

1997年韩外汇储备仅为38亿美元,到了2009年1月,韩国外汇储备增至2017.4亿美元。

近年来,韩国经济增长有所放缓,但GDP年均增长8.6%曾保持了30年。经过40多年的努力,韩国已经从一个极为贫穷的农业国一跃成为GDP居世界第11位,外贸总额居世界第12位,拥有发达的造船、汽车、化工、电子、通信工业、网络基础设施,名列世界前茅的新兴先进工业国。1996年,韩国加入了经济合作与发展组织(OECD),成为OECD的第29个成员。2004年,韩国又提出2010年人均收入达2万美元的目标。据韩方统计,1962年韩国GDP和人均国民收入分别仅为23亿美元和87美元,2004年已增至6801亿美元和14162美元;2007年GDP增长率为4.9%,人均国民收入超过2万美元,2023年人均国民收入超过3.6万美元。外贸总额也从1962年的0.96亿美元扩大到2008年的8572.8亿美元,2020年外贸总额超过9800亿美元。

(三)教育背景

韩国早期的高等教育学校主要以公立教育机构为主,但迫于公立大学对国家财政的压力,韩国开始借鉴美国的私立教育发展模式,放宽并鼓励私立院校的发展,并且现在私立高等教育机构已经成为韩国高等教育体系中最重要的组成部分。2012年,韩国四年制大学与两年制学院中,有86.3%为私立大学与学院。[1]四年制大学中,公立大学有学生共44万名,占学生总人数的21%;私立大学学生为162万名,占比79%。对比美国的高等教育模式,美国虽然也兴办私立大学,但私立大学的学生仍占比不到30%,私立教育机构却超过了美国整体高等教育机构的60%。韩国私立院校学生占比高达近80%,故私立院校已经成为韩国培养国家人才的重要教育机构。

---

[1] Lee, J. H.(2012). Positive changes: The education, science & technology policies of Korea. Seoul, Korea: Korea Economic Daily & Business Publications Inc.

1948年，大韩民国政府成立并公布宪法后，1949年12月31日制定了教育法，并引入了在美国单选型学制中最广泛使用的"6-3-3-4"学制，这一制度使韩国的教育制度得以完善。

因此，现行教育制度以小学6年、初中3年、高中3年、大学4年为期限，小学6年义务教育结束后，从2002年开始对初中新生实施无偿义务教育，并于2004年面向初中转学学生实施义务教育。

此外，还有教育大学（4年）、师范大学（4年）等教员培训机构和专科大学、产业大学、韩国广播通信大学等，以及技术学校（3年）、高等技术学校（3年）、公民学校（2~3年）、高等公民学校（2~3年）等。

同时，设立特殊学校和幼儿园等，建立了"让所有国民在没有信仰、性别、社会身份、经济地位等差别待遇的情况下，根据其能力接受均衡教育"的制度。

另外，从1981年开始，作为把幼儿园教育纳入学制的准备阶段，在小学内开设幼儿园部并开始了实验教育。1982年，为实现义务教育年限的延长和教育税的上调，为初中、高中平均化而进行的私学教育改革也在持续推进。

韩国高等教育机构的类型主要有一般大学和大学院、专门大学、专科大学、广播函授大学、网络学院、教育大学等。高等职业技术教育主要有两年制专科专门大学、四年制本科专门大学以及专门大学院等不同教育层次。韩国大学主要分国立（或公立）和私立大学两种。目前，韩国高等学校主要以私立大学为主，已经占比80%以上。主要高等教育学校类型有以四年制的一般学院和大学（医学院和牙医学院为六年制）、四年制的教育大学、两年制专科大学、四年制专门大学、广播函授大学、网络大学等相关教育机构。其中，专门大学是韩国高等职业技术教育中最为重要的教育机构。

二、主要历程

（一）韩国应用型大学的萌芽时期（20世纪70年代）

韩国专门大学最初由1964年设立的职业高等专门学校开始。随着韩国第一次经济发展5年计划的推动，为培养大量多技能的技术人才以应对国家经济计划开发的需要，在全国设置了9所学校，分别为木浦海洋高等专门学校、京畿工业高等专门学校、大田工业高等专门学校和三陟市高等专门学校、釜山广域市高等专门学校、忠州市高等专门学校、礼山郡高等专门学校、顺天市高等专门学校、晋州市高等专门学校。这些学校开设了五年制的技术课程，但由于长学制等原因导致很多学生中途退学，而设立短期大学为高中毕业生的职业教育提供升学机会的高等职业教育机构是必要的，因此，专门学校将学制改为两年制的职业学校。

如果说以前的职业高等专门学校是面向初中毕业生实施的一种中等教育机构，那么专门学校就是转变为面向高中毕业生的高等职业教育机构。随着专门学校的改革，全国各地先后设立了第一批26所专门学校，如三陟工业专科学校、原州护理专科学校、釜山工业专门学校等。学生在经过专门学校的技术学习毕业后可以插班就读同科系相关专业大学的课程。

（二）韩国应用型大学的整合时期（20世纪80年代初至90年代末）

20世纪80年代是韩国经济、政治、社会结构发生重大变革的时期。这一时期韩国民众对高等教育的期望增大，韩国教育面临着"过热"问题，课外辅导与留级生泛滥，本科大学与专科大学不断扩招。此时，韩国又将从1949年以来非正规的初级大学和1979年以来成立的短期高等机构一并划归专门大学行列。因此，如东洋工业专科大学、有限工业专科大学、农协合作专科大学等全国127所专门大学在韩国各地诞生。但是，并不是所有的初级大学都被编入专门大学。例如，江陵初级大学、安东初级大学、木浦初级大学等改编制为四年制单科大学。

专科大学根据教育的阶段性分类具有高等教育的性质，根据教育的类别分类具有职业教育的性质。专科大学是以实用的职业教育为主，目标是培养能够适应现场实务的能力。专科大学主要设置了在产业现场解决问题、履行职务时的应用能力、与现场实务直接相关的学科。专科大学为学生学习和提高执行职务所必需的知识、技术和态度提供机会，可以说是"职业教育的中心轴"。

（三）韩国应用型大学的规范化时期（20世纪90年代末至今）

随着韩国民主政治进程的推进，现代社会对高级专业技术人才的迫切需求，专科大学也开始转变发展模式，提升办学水平。1977年修改教育法后，专科大学制度被引入，1979年将原来的初级大学、专科学校、实业高等专科学校全部转换为专科大学。从1997年开始新设了专业学士学位，并在第二年引进了三年制专业深化课程制度。毕业后只要修完1年的专业审核课程，就可以获得相当于大学的学士学位。2000年，两年制学科也引入了专业审核课程，同样在毕业后修满2年专业审核课程即可。通过此举，可以获得大学毕业同等资格的认证，还可以进入研究生院学习。

以2017年为标准，几乎所有专科大学都实行四年制的护理专业，其他医疗保健系专业及幼儿教育科大多采用三年制。此外，如果普通学科的2年学习时间还不够，那么用三年制运营的专门大学正在日益增加。

但是也有不少人对将普通学科转换成三年制持怀疑态度。原因是，即使再多投入1年的时间和昂贵的学费，以三年制专科毕业生的身份毕业，在社会上的认识和待遇也是一样的"专科毕业生"。无论是2年还是3年，都是应届毕业生，即使多学了1年也不会给用人单位带来什么实惠。反而比2年毕业后先就业的人，在经历上要落后1年。在工作岗位上，三年制毕业生仍被无视，在和两年制毕业生相同的条件下工作，不接受两年制专科大学毕业生的地方，同样也不接受三年制专科大学毕业生。

在亚洲金融危机之前，社会上还需要很多专门产业人才，因此，专科大学即使比大学少，入学也相当困难。但是，金泳三政府执政时期大幅增加大学定员人数，大学数量本身也不断增加，再加上金融危机以后，由于大规模经济萧条，工作岗位增加速度缓慢，因此，除部分学校外，大部分专科大学的入学比以前容易。2018年10月高等教育法施行令修订后，运营四年制护理专业的84所专科大学从2019学年度到2023学年度，可以限时接收学士插班生。

第二节　发展现状

在亚洲，韩国的专门的职业教育结构相对发展成熟，专业门类细化，职业与就业连接，升学进修渠道畅通，专门大学毕业的学生可以通过申请专门大学院课程继续攻读相关专业的硕士及博士学位。大学院是韩国提供研究所及以上教育的教育机构，专门大学及专门大学院是韩国为了培养高层次专门职业人才而设立的重要职业教育机构。大学院教育不但提供了更高层次进学的机会，更是为社会提供了高技术技能专业职业人才的重要保障，从而也为职业教育终身化提供了可能。

一、专门大学的类型及分布

韩国专门大学是职业教育的高等教育机构。依据韩国《高等教育法》（第47条）解释可知，韩国专门大学是以"教授与研究社会各领域的专业知识和理论，从实践培养专业技术才能"为目的的高等专科学校。专门大学的教育核心也很明显地着重于以技术和职业业务为重点进行教育。一般专门大学授课年限通常为2~3年学制，部分也有4年学制的。

（一）专门大学的类型

截至2009年，专门大学数为146所，其中，国立为2所，公立为8所，私立为136所，私立大学所占比率为93.2%。与1979年成立专门大学时的127所相比，增加了19所，但当时私立大学共有91所，占71.7%。由此可见，专门大学的增加是由私立专门大学组成的。

另外，专门大学成立时共有127所，在校生142624人，但在20世纪80至90年代迅速膨胀，1990年超过30万人，2002年则增至159所，增加到963129人。这意味着随着新设立的专门大学的增加，现有的专门大学通过扩大定员规模来扩大规模，从而引发了对专门大学教育质量的疑问。2002年达到最高点的大专院校学生人数迅速减少，截至2009年已达760929人，比2002年约减少20%。

专业学士学位课程数为6455个，其中工程专业1869个，其次是社会专业1818个、艺术体育专业1349个、自然专业479个、医药专业445个、人文专业294个、教育专业201个。从各地区的情况来看，首都地区共有47所学校（首尔10所，京畿道33所，仁川4所），占全体学校的32%，但与其他高等教育机构相比，首尔的集中程度并不大。

虽然教师人数持续增加，但教授定员人数的确保率只有50%左右，非常低。由于积极鼓励企业人士担任讲师，所以比起定员人数的确保，更重视优秀的教授确保问题。随着韩国进入高等教育大众化的时代，截至2019年，韩国全国专门大学数量为136所，其中京畿道设置的学校数量最多。从建校类型来看，国立大学为2所，公立大学为7所，私立大学为127所，私立学校数量占绝对优势。

（二）专门大学的分类

韩国专门大学按照专业类别专门大学可分为技术经营、社会福祉、经济会计、法学、艺术、公众卫生、家政、临床、心理、看护、公共政策、教育职业、警察、保安、体育、理工科等专业技能。韩国专门大学除了开设军事专业以外，专业门类科系基本和普通大学相一致。

各类专门大学一般除了遵循韩国教育部的教育规定外，还要依据各个广域市、道厅的教育委员会的监督和各个道厅的教育细则的规范。并且学校的发展方向、专业设置、师资配置等除了应考虑地方具体经济发展、人才需求规模外，还应考虑地方产业结构的多样性，以保障地方发展均衡。专门大学以培养高级技术职业人才为主，将实践实操技能与理论相结合，从而培养适应韩国时代发展及经济社会需求的高素质专业职业技术人才。

二、专门大学的特征及学科设置

（一）专门大学的特征

专门大学毕业生通过学习，将被授予各专业领域的专业学士学位。为了使拿到专业学士学位的毕业生可接受继续教育机会，各一线专门大学深化课程专业的设置和运营，除具职业技能的专业外，还开设了与普通大学相关的专业课程，但并非所有专业课程毕业都能获得与普通大学毕业生同等的资格。专门大学作为传统职业教育机构，仍存在着维持其地位的诸多障碍。

为了提高适合社区中小企业的不同领域职业教育的专业性，促进产业技术的发展，1979年教育改革规范了全国的专门大学。但从1990年开始，为了适应四年制高等教育机构的过剩需求和地区社会的人力需求，确立了专门大学的基本方向，因此可以说，专门大学的性质应该是作为地区职业教育的社会大学。从1990年的韩国专门大学的性质来看，主要包括以下几点。

一是由于产业社会的人力结构趋于高度化，专科大学的人力需求将持续增加。二是专门大学的培养着重于中坚技术人才的训练与培养，这与四年制普通大学的培养重心不同。三是专门大学具有抑制以四年制大学为中心的高等教育需求的功能。四是专门大学作为终身教育机构，起到了为成人教育做准备的教育机构的作用。因此，作为地区性的社会大学，专门大学起到地区社会发展的原动力的作用，培育健全的专门大学是地区社会发展所必需的。为此，专科大学除了培养产业社会需要的骨干技术人员外，还要与社区和产业相连接。Glazer（1960）[1]曾将两年制大学的性质定义为"社区大学"，而两年制大学将地区社会需求与教室和实验室链接。因此，从地区社会分离出来的专门大学的教育课程和人力培养，可以说与专门大学的性质背道而驰。因此，专门大学在学生培养、学校功能、课程及理念的基础上，与其他原有的教育机构应该有所不同（Fields，1962）。[2]

第一，性质是民主。学生的教育费用负担较低，入学较容易，地区接触较容易，做适合大众喜好的教育。

第二，综合。学生间的能力及兴趣各不相同，差异很大，包括满足这些学生广泛需求的综合性教育课程。

第三，区域中心性。被地域管制的地区的资源被用于教育目的，而服务的重点应该是改善该地区的社会水平。

第四，终身教育。该学校正在运营适合不同年龄阶层教育要求的教育项目。

第五，适应性。学校应该灵活地适应学生之间的个人差异、地区之间的差异以及社会的变化要求。

因此，作为一所专门高等学校，专门大学应该是为该地区居民而存

---

[1] Gleazer, Edmund J. Jr. A New Social Invention: The Community College [M]. Washington D.C.: American Association of Junior College, n.d 1960, p.1.

[2] Fields, Ralph R. The Community College Movement [M]. New York: McGraw-Hill Book Co, 1962, pp.63~95.

在的综合性、职业性教育大学，这是它的特色所在。专门大学的贡献不局限于四年制大学的传统功能，还在于全面提高区域的生活水平。从本质上来说，专门大学是提供高等学校或其他高等教育机构不提供的教育服务。

除此之外，专门大学的优点是学费大体上比较低廉（一般四年制大学费用的2/3～3/4），就业率较高、就业较快。另外，大企业的就业率也相对较好，这主要是因为应届毕业生大部分从事生产工作。一般四年制大学毕业生在求职者和企业双方都不愿意到的生产岗位就职。四年制大学毕业生大都想当白领。

虽然可以认为通常专门大学只在第二、第三产业的企业就业，但是只要学分达到一定程度，大企业就职也是可以顺利通过的。如果再进行努力，就可以进入被称为"梦想生产职业"的炼油、炼铁、汽车领域。

（二）专门大学的学科设置

目前，专门大学多以开设农业、工业、设计、水产、海洋、护理及保健专科等相关专业为主的职业教育，这与普通大学开设的专业的教育目标不同。专门大学在多种多样的职业教育培养外，还提倡综合针对地区经济发展的特性，结合地域社会居民对职业的需求，以及在地化的成人教育、职业青少年的再教育、继续教育等的教育需求，从而提升专门大学的竞争力。

专门大学作为中等教育阶段以后的高等教育阶段，是存在于四年制普通大学和高中之间的短期高等教育机构，但不是四年制大学的下级学制，而是与四年制大学合并的独立的高等教育机构。由于专业需求不同、教育目标不同，专门大学的学科设置也是不同的。

根据韩国教育部《2018年高等教育机构毕业生就业统计调查》，从专业类别来看，医药专业的就业率最高，为82.8%。其后，依次为工学系列70.1%、教育系列63.7%、艺体系列63%、社会系列62.6%、自然系列

62.5%、人文系列56.0%。

以2018年专门大学护理系的就业率为例来看，以首尔为中心的首都圈地区16所专门大学护理系的平均就业率为87.7%。从个别大学的情况来看，仁川才能大学的护理和护理专业（四年制）合计就业率最高，达96.9%。

一般护理专业的学生毕业后，通过护士国家资格考试取得护士资格后，成为医院护士的情况最多。通过取得一定资格或考试，还可以担任保健教师、保健职列公务员等。即使是没有工作经验的女性，也很容易再就业，而且由于韩国护士供需不足，所以也是需求不断增加的专业。

专门大学在学科专业的设置上，主要以培养适应服务社会发展需要的实用性专业技术人才为目的，因此，专业科系的设置有别于普通大学的以研究型学科为主的设置。专门大学更注重实用型学科的建设，以培养适应时代及社会产业需求的相关人才。

从20世纪60年代开始，韩国国家产业结构转型，将原有的从农业生产转向以工业化生产为主的国家发展方针。随后调整国家产业结构比例，鼓励装备制造业等相关工业产业等发展，并将国家的重心转移到国家工业化程度发展上。

20世纪60年代至80年代，韩国国家产业结构从以农业、林业、渔业等为主的农耕型国家转型向以制造业为主的工业化国家转变，并且带动国家经济，使韩国一跃进入发达国家行列。

20世纪90年代，信息化时代到来，韩国再次调整国家产业结构，将第三产业作为国家的主要产业来发展。进入21世纪，第三产业已成为韩国最大的经济产业，其比例已经超过国民生产总值的50%（见表11-1）。

表 11-1　韩国产业结构发展趋势及各产业占国民生产总值比例

产业类别	1960年	1970年	1974年	1980年	1985年	1990年	1995年	2000年	2001年
农业、林业和渔业（%）	36.8	27.1	25.0	14.8	12.6	8.5	6.2	4.7	4.4
制造业（%）	13.3	21.2	25.7	28.2	29.2	28.8	29.4	31.3	30.0
服务业（%）	43.2	43.5	42.3	45.3	46.4	48.4	50.6	50.9	54.1
其他（%）	6.2	8.2	7.0	11.7	11.8	14.3	13.8	11.1	11.5

资料来源：韩国财政部 2003 年 3 月季度财政报告。

基于国家经济产业发展的需求，以培养高科技技术实用型人才为目标。韩国专门大学目前共设人文、自然、教育、社会、艺术及体育、工学以及医学 7 个专业大类，下设 847 个专业。专业领域基本涵盖了韩国国家发展框架下第一、第二、第三产业的所有生产部门。

依据韩国教育部的资料，韩国专门大学所设专业大类比例最高的专业为工学，其次是社会类学科。这也从侧面说明了国家产业发展对职业教育的影响是有导向性的。此外，近年来韩国的韩流文化影响着世界，国家成立文化振兴产业会，以推广韩国的文化艺术等领域。因此，专门大学艺术及体育相关科系比例也相对较高。

除了传统的专业大类之外，韩国的专门大学根据地方区域特性及人才需求面也开设了一些特别专业。例如，清江文化产业大学开设了影像动画系、漫画内容系、游戏产业系、生活文化系、设计产业系、情报通信系、公演产业系、人口管理系 8 个系，下设包括动画专业、3D图形专业、数码影像设计专业、漫画创作专业、漫画故事专业、漫画绘图专业、电脑图形设计专业、外观装饰设计专业、角色产业设计专业、服装设计专业、舞台服装设计专业、移动通信专业、电脑情报专业、通信保安专业、中国商务IT专业、物流情报专业、音乐剧专业、舞台设计专业、食品科学专业、幼儿教育专业（三年制）、观光英语专业共 21 个专业。

济州观光专门大学依托济州岛丰富的旅游资源，开设了以观光学院为主的酒店经营专业、赌场经营专业、航空服务专业、观光经营专业、观光日语专业、观光中国语专业、旅游休闲运动专业、旅游酒店烹饪专业等。还开设了治疗保健学院的看护学专业、口腔卫生学专业、眼镜光学专业、牙齿技术工学专业、美容学专业；幼儿教育及社会福祉学院的幼儿教育专业、社会福祉学专业；国际学院的国际经营学专业、度假村赌场经营学专业、医疗观光中国语专业、旅游英语口语专业；工学院的多媒体与游戏专业、机电工程专业、海军技术部士官、建筑装修等实用型专业。

综上所述，韩国专门大学在专业设置上一般遵循以下几个原则。

首先，专业设置应该满足社会发展对职业技能人才（职业岗位群）的需求。社会产业对职业人力资源的需求是具有一定的导向性的。细化后的专业将更能满足对职业专门人才的需要及技术能力的要求，并且专业设置比例、数量也会受到社会对相关职业门类发展水平的影响。

其次，专业设置必须联系产业的发展。专业的设置应该结合相关产业发展的情况设置相应专业课程，以满足企业对相关人才的需求。并且联系产业发展而优化专业学科，有利于整合教育资源，提高教育品质，培养学生更具竞争力的职业技能。

最后，专业设置应适应区域经济产业发展的需要。劳动力发展将带动区域经济的发展，依托区域经济产业发展能更好地形成相关体系化的专业职业教育，从而为地方区域发展提供人才储备。

三、韩国的"产学合作"模式

韩国从经济相对落后国家转变成为经济发达国家，更是创造出"汉江奇迹"等一系列让世界瞩目的成绩，这一巨大转变离不开韩国对高等职业教育发展的重视，尤其是韩国政府大力推动学校、企业、政府三方的产业合作，并形成以产学合作为主导发展的高等职业教育模式。

韩国"产学合作"人才培养模式是在政府、企业、学校三方的共同合作下实施的，政府是"产学合作"模式的政策支持者，通过一系列法律等提供政策支持，以确保高等职业教育的师资力量以及人才培养的质量；企业是"产学合作"模式中人才培养要求的制定者，企业依据社会发展的实际提出具体人才培养要求，以保证培养人才能适应岗位需求；学校是"产学合作"模式具体的实施者，学校在政府的支持和企业制定要求的背景下，通过研究专业设置、课程安排、教学方法和实践基地等，具体落实培养计划和目标。

（一）"高等职业技术人"和"多技能者"的培养目标

专门大学是韩国高等职业技术教育学校，以培养高端实用技术型人才为主。通过大学4年的学习，除了相关理论知识储备要完整，更因学院学科因素将实操技能的训练与理论相结合，从而培养适应韩国高度产业化社会所需的"高等职业技术人"。

学校的发展目标应该建立以培养学生具有高素质职业技术人才的教育体系，提高全民的职业化水平，注重学校教育技能培养与企业产业的连接，提供适宜时代产业发展的相关专业学科等。对学生培养也不能遵循以往只重视技术实操训练，轻理论素养教育。专门大学以培养实用型人才为目标，培养学生的职业技术应用能力。专门大学通过开设通识课程，使学生可以学习更多门类的相关知识。鼓励学生跨领域跨学科实践学习，从而培养出适应社会需求的技能全面的"多技能技术者"。此外，专门大学还规定他们不仅要成为拥有娴熟的技术能力、熟悉尖端技术、能够独立制作产品的全能的技师和拥有非凡创造能力的设计师，而且应该拥有良好的职业修养以及处理各种紧急情况的能力。

（二）"顾客导向"的培养模式

高职教育的毕业生除了少数继续进入大学或研究院深造外，绝大部分都进入企业就业。因此，以企业的需求为目标进行教学就成为必然。

为了加强学校与企业界的联系，韩国政府颁布了《职业训练法》《职业训练基本法》。明确企业参与职业教育的责任，将"产学合作"写入《产业教育振兴法》，作为职教发展的战略措施之一。法令规定：①产业要积极协助学生现场实习，职业学校学生现场实习要义务化；②企业要根据给予学校的财力支持比例来分享教育成果；③学校要通过培养企业所需人才，来接受企业的资金援助；④成立由学校、产业界、地方政府、民间代表参加的"产学合作教育协议会"，计划指导和协调该地区的"产学合作"。"产学合作教育协议会"对企业和学校双方均进行控制和监督，对与学校合作的企业给予一定的财政补偿，对不依靠大学培养人才的企业则增加相应的税金，并公开因教育水平低而不能满足企业需要的学校名单，对其减少或停止财政支持，以此来促进企业与学校间的相互合作。

由于政府的政策引导和推动，韩国的职业教育与企业间的联系十分紧密，出现了多种产学合作教育的新形式，如"2+1"模式、"顾客导向"（Customized Education，CE）模式等。"2+1"模式主要是在中等职业教育阶段采用，即学生在职业学校学习2年、在企业实习1年。在高职教育阶段，则出现了"顾客导向"的定制培养计划。CE教育就是学院将企业作为顾客，与企业在人力、物力资源上合作，改造教育环境，按企业需求人才的数量、规格和具体专业特长培养人才。CE教育包括受企业委托培养技术员和为企业职工更新技能。专科大学于1996年开始与企业采取合作协议方式，共同开发适应产业界需求的多种职业教育课程，现已在75%的专科大学中实施。韩国教育部从1999年开始资助CE教育，2001年有98所初级学院实施CE教育，其中60所得到教育部门的财政支持。

（三）产学合作的课程设置

专门大学在产学课程的设置上，主要表现有：①依托产学合作开发相应专业课程教育；②注重实习与实践教学，结合企业实际发展设置专项培养计划；③引进企业专家讲学及教学指导；④加强提高学生职业技术资格能力教育，使其在毕业的同时考取相关技术资格证书，提升自身竞争力；⑤注重职业道德、文化通识、计算机及实用英语的教育，以培养更全面的国际化职业技术人才。

（四）灵活开放的教学方法

专门大学在教育教学方面主要包括基础技术能力和实践能力两方面的教育。前者是基础，后者是创新。综合技能的掌握和延伸，仅靠简单的课堂知识是无法满足的。在专门大学，学校鼓励学生将理论与实践结合，通过实务操作，将知识转化成技能。学生可以通过模拟职场、实操工厂、课外实践、职场实习等多元化的学习模式，使学生将理论知识体系与实践能力相结合，从而通过实践来训练学生独立完成课题的基础技术应用能力和设计能力，有利于培养学生的综合应用能力。

（五）校企共建实践基地

"产学合作"模式下韩国高等职业教育的实践基地主要由企业实践基地和校内实践基地两部分组成。"企业实践基地"主要接受学生在校期间的企业实习，根据"产学合作"模式的要求，企业有接受、协助学生现场实习的义务；同时，学校由于接受来自政府的办学经费支持以及来自企业的投资，因此校内实践基地也具有相当水平来满足大量实践课程教学的需要。

（六）严格的国家资格鉴定制度

1973年，韩国政府为推动职业教育的发展，提高职业技术人才社会地位及其相关职业技能、素养等，颁布了《国家技术资格法》，将韩国职业资格鉴定制度法制化，使职业资格鉴定标准等有法可依。经过多年完善修法，韩国的职业技术资格鉴定体系已经形成了一套标准化、现代化的体制模式。对规范职业发展、促进就业保障起到了重要作用。对相关职业就业者要求必须持国家技术资格证书，这也使得凡是获得国家技术资格证书者均具有优先就业权及相对较高的工资待遇。

随着信息时代的到来，韩国对其职业技术资格鉴定制度也有了更高的要求，并提出适应时代的变革方针：①根据各职业工种的变化发展状况，对实施国家技术资格鉴定的职业工种目录进行调整，减少低等级工种，增加高等级工种，适应企业生产实际需要，使技术资格鉴定能更好地为社会生产服务；②精简国家技术资格证书体系，将互相分离、各自独立的技术系列和技能系列合二为一，增强两者之间的灵活性和渗透性；③简化职业技能鉴定程序，同时对报名的资格条件也做相应变化，方便国民参加技术资格鉴定。

第三节 韩国应用型大学的发展启示

韩国专门大学以为社会培养所需的高等实用型技术人才，并依托区域地方实际的产业经济发展方向为办学理念，设置相关产业课程。一方面，满足服务地方区域社会和企业对高等技术人才的需求；另一方面，专门大学的发展更有利于韩国高等职业技术教育实现向大众化和民主化发展的目标。从韩国专门大学的发展模式来看，最主要的特色是以实用技术型人才培养为主，不断深化其办学理念及人才培养目标，从而积极调整学校的专业设置、课程设置、培养途径、教师队伍建设等。政府层面除了完善的政策体制保障，还建立了专业职业资格证书制度等，以保证专门大学教育更稳步地发展。概括地说，韩国专门大学人才培养模式的主要特点是依托区域地方经济的发展，构建相关产业课程，力图培养促进地方经济社会发展的高技能应用型人才，加强政府、企业和学校的产学合作，以推动地方产业多元发展。

一、明确定位办学特色及目标

韩国专门大学以培养应用型技术人才为主，通过将基础理论与职业实务技能相结合，培养出具有更强职业技术及应用技能的实操型人才。因此，专门大学在专业设立、课程设置、实践教学活动等方面都是围绕这个目标定位学校办学特色和发展方向的。

韩国专门大学强调理论联系实践，除了培养学生的理论知识外，更注重实用技术的实操训练。并且专门大学的学科专业设置更加广泛且区别于一般大学的统一性专业课程的设置，对新兴产业及职业也相继开设了相关学科专业。学校办学的明确定位，使专门大学在培养人才上更具灵活性。并且依托灵活的专业设置可以更好地整合学校现有的教育资源，突出学校特色，进而更好地推动高等实用技术教育的发展。

二、构建健全的职业资格证书制度

从1973年开始，韩国政府以劳动部为主规划和建立了健全的国家职业资格证书体系制度。首先，将从事科学职业技术领域的人力资源分为三类：一是现场技术人员，负责制造、组装、操作、维修维护工作；二是工程师，负责实际工作环境的技术工作；三是科学家，即所谓的脑力劳动者。其次，以标准化进行职业技术技能及行业的评估，为工程师的技术水平和技工的技能等劳动技能进行指导和评估，从而对产业发展、个人职业发展、企业提高生产效率、人力资源标准化起到了统一的规范。韩国高等职业教育还依托此标准化职业资格证书制度，构建了学历与职业资格相衔接的特色化职业技术"学分银行"评价体系。仅1999—2002年，通过"学分银行"职业资格认证体系共有3558人获得了学士学位，获得产业副学士学位者10092人。

近年来，韩国政府等多部门不断完善和修订国家技术资格标准体系，以适应时代发展对新产业、新职业技术工种的评估和认证，使高等职业技术教育的学历与职业资格相对接，并鼓励企业及相关产业部门核发的职业资格证书与国家职业技术资格相互认可。

三、依托法律构建保障体系

韩国政府于1967年颁布了《职业培训法》，通过立法，规范和提高专门大学的教师队伍的师资标准、职业技能、实践操作能力等，以提升学校职业教育的整体品质。以法律形式明确学校与企业合作的监督管理机制，规范高等职业教育机构发展的资金来源等有关事项。1973年，韩国《国家技术资格法》的颁布，构建了国家技术资格测试（NTQT）的标准认证制度。并明确专门大学在授课内容上对实务技能实操的保障，使学生在毕业时能获得国家技术资格中技能士一级和技能士二级的合格证书。

在高等职业教育发展中国家政策的保障也十分重要。一方面，韩国以重视政策为导向，增强培养高等职业技术人才的吸引力。2007年10月，韩国教育部与人力资源部共同修订了《韩国高等教育法》，以允许就读于专门大学及技术学院的学生通过"扩展计划"能够完成相应专业的学士学位学习和专业技能的提升。从而进一步提升韩国高等技术人才的待遇，对具有职业技术最高等级的技术人才可获得等同于博士学位者一样的待遇地位。另一方面，国家鼓励职业技术人才继续深造，对高级技术人才在多方面实施优待权，以保证国家对高等职业技术人才的教育和促进高等职业技术人才的进一步发展，这也从侧面说明了韩国对高等职业技术教育的重视。

四、紧密的产学合作关系

企业与学校的产学合作形式主要有两种。一方面，企业物质财力支持学校建设，构建企业专项培养育才中心，定向人才培养，为学生提供实践或实习的机会，聘请企业技术实务专家进行学校实际教学，定期为教师提供到企业实践交流的机会和技术理论提升培训的活动等。这些合作有助于学校为企业培养更适宜的职业技术人才。另一方面，紧密的产学合作不仅体现在人力和物力资源的共享，更注重产业发展与学术教学的信息互助合作。由于产业需求和发展动向，韩国专门大学可依托产业发展方向来调整办学方向、课程设置、教学方法等。以保障学校的人才培养能够与时俱进，技术技能与企业所需挂钩，从而建立起学与产一体化的职业教育发展模式。

五、学校与在地社会的联合

除了与企业的联合外，学校的发展及科系设置更应融合在地社会文化，与在地的经济发展相融合，积极为在地人才市场输入可用技术人才，从而推动在地的经济再发展，形成互利互赢的教育模式与社会模式，并且专门学校的在地性对推动地区再教育、继续教育等提供了更多元化的选择。

第十二章

新加坡

新加坡共和国位于赤道以北137千米，地处马六甲海峡的东南端，扼控太平洋和印度洋的通道。北边和东边是马来西亚，南边和东南边为印度尼西亚。新加坡属于近赤道的热带城市国家。在北部和西部边境建有新柔长堤和第二通道与马来西亚相通，通过轮渡与印度尼西亚的民丹岛和巴淡岛相连。新加坡是世界上国土面积最小的国家之一。全国含离岛总面积仅为719.1平方千米。由于填海工程形成新的陆域，将增添额外100平方千米的土地。全国海岸线总长200余千米。

新加坡仅在建国50余年后，就在经济上取得了突飞猛进的发展，一跃成为欣欣向荣的亚洲新型工业化国家，很快便获得全球经商综合便利程度最高、世界竞争力第一的美誉，关键在于其实施的被称为"精英治国"的"人才立国，人才治国"国家战略方针，以及国家高度重视教育事业。新加坡十分重视教育的重要表现是每年投入教育支出的预算占国民生产总值的比例很高，其教育体系及设施可以和世界各发达国家相媲美，应用型大学建设经验值得我们学习和借鉴。

第一节　发展历程

新加坡的教育发展吸收了东方和西方文化教育的长处，一直在努力推动和实行全民普及教育与重点院校、重点专业、人才精英教育培养相结合的制度。其经济的飞速发展离不开教育的作用,应用型大学作为高级技术人才的孵化场受到新加坡政府的高度重视。

一、产生背景

新加坡建国初期的大学,和其他英联邦制度下开办的大学一样,都是学术型大学,一直把传授知识当作大学的办学宗旨。

自20世纪80年代开始,新加坡政府为刺激经济发展,提出"打造新的新加坡"的改革计划。随着工业化进程的不断深入,需要大量的高级职业应用型人才作为工业建设的支撑,培养应用型人才是经济发展和国家建设的迫切需要。应用型大学以职业技能培养为依托,为生产一线提供"现场工程师"型的高级应用型人才,是区别于研究型大学、教学型大学的新型大学。

为了满足新加坡经济和社会不断进步与发展的需要,新加坡开始将大学办学向职业应用型方向转变,兴建应用型大学。

将应用型大学办学向"全球知识企业"转型,是应用型大学办学理念的一大进步,也是努力将办学向社会知识经济转型,更好地为社会经济和社会发展提供服务的重要体现。同时,也是办学模式和人才培养模式的一种创新。

新加坡的职业教育与新加坡的治国理念和政策紧密相连,随着国民经济的发展而发展。同样,新加坡的职业教育形式和教育内容,也一直跟随世界经济形势的变化趋势和新加坡在世界经济领域的地位变化而在不断进行改革和调整。开展职业教育、兴办应用型大学,为新加坡人提供多样化的大学教育,一直是新加坡政府发展大学教育的目标和追求的方向。

1992年,新加坡大学首先开始创建技术转化办公室,这在一定程度上推动了新加坡部分学校开始向"全球知识企业"转型。随着新加坡在1997年亚洲金融危机引起了新加坡的经济大幅衰退后,面对全球竞争的压力和国民经济开始向创新驱动要素的经济转型，大学的科技研究成果开始日益受到重视。于是，新加坡大学确定了将大学创办成"全球化知识企业"的目标，开始高度重视学生创业精神的培养。

在新加坡建设应用型大学教育形式的选择方面，政府吸取了欧洲、北美、亚洲高等教育以及新加坡国立大学向"全球化知识企业"转变的经验，努力扩大招生名额。在扩大招生名额的同时，不以培养出更多的毕业生为目的，而是更加关注教育质量和学生应用技能的开发，确保毕业生能拥有良好的就业能力和就此培养出更多的技能型人才并创造出更多的就业岗位。

应用型大学通过扩大接受以职业教育为主的学生的同时，主张应用型学科教育模式和课程设置与现有"全球化知识企业"型大学形成补充，为学生提供独特的价值内涵。

新的应用型大学还必须在培养学生具备专业的企业所需的定向技能与培养学生掌握更多的通用技能之间找到平衡。使培养出的学生同时具备多种、多项社会应用能力和实践能力，其中包括：具备实践和解决问题的技能；拥有驾驭复杂和多样化问题的能力；对社会和周遭环境的理解；有效沟通、发挥团队精神、在跨文化环境里游刃有余；拥有创新和创业精神。同时，教师必须拥有学术与企业方面的专长等。

考虑到整个高等教育体系的设置和高等学校对社会承担的责任，在发展新的应用型教育学历和资历渠道的同时，理工学院不能失去理工学院系统独特的高级、精密、尖端科技学科的优势。

新加坡通过构建大学向创业型全球化知识企业转型以来，通过组织机构的整合，并施以兴建创业中心、企业孵化和开展产业联盟等海外学院为载体的多样化举措，在专业技术授权、大学衍生公司、校企合作、跨国界协同培养学生和吸引世界优秀人才等领域取得了显著成效。

在这种背景下，新加坡政府出于建设知识经济的期许，提出了打破学科和地理的界限，促进学术交流，丰富大学知识和人力资源的多项措施，努力实现把大学打造成全球知识企业形式的应用型大学愿景。体现了让大学走出"象牙塔",通过研发和创新走在知识产业的前沿,参与全球知识竞争的决心,并确定了打造"全球知识企业"的战略政策。

为帮助新加坡大学顺利实现和完成向"全球知识企业"的转型,新加坡政府每年都在稳定提高给新加坡大学注入的资金。政府还制定了财政激励政策,即如果新加坡大学在指定阶段顺利完成政府特定的指标和任务后,政府将继续追加更多的资金,以支持该大学更广泛地去推进创新创业之路的策略。

创办"全球化知识企业",最重要的核心战略作用之一就是为招募世界上著名的科学家、工程师以及其他高科技人才,营造出宽容的氛围。新加坡大学以美国顶尖大学为标准,在教师和管理人员的招聘和晋升政策方面,均有高规格的激励标准。

二、主要历程

自1965年独立建国后,新加坡先后经历了第一任总理李光耀、第二任总理吴作栋和第三任总理李显龙三代领导人的治国理政。在围绕不同时期的经济建设发展目标实施"精英治国"这一国家战略过程中,历届政府都始终遵循以普及教育为主要任务的生存导向、以注重实行分流教育制度产生的效率导向、以强调和重视学生创造能力为中心的能力导向、以创新和独立思考能力并重的价值导向为原则,通过政府多年连续不断地共同努力和推动,逐渐形成了由政府指导、能与市场结合、与社会种族融合、能促进国家稳定和推动社会进步的教育制度,并形成了一套完整的体系,为社会培养应用型人才战略奠定了牢固的基础和提供了有力的保障。

(一)李光耀政府(1959—1990年)

新加坡脱离马来西亚联邦并宣布独立建国前,新加坡的教育制度和体系与马来西亚完全相同,基本上是英国的办学模式,缺少甚至没有国家制定的教育制度，教育管理权大部分掌握在教会、社团和私人手里。在学校的领导、管理、督导和教师的聘用及如何教学等方面，均由学校自治。学校间又各行其是，自成一体。政府对教育工作基本上采取的是放任自流的政策和态度，极少干涉。

在新加坡这样一个多元种族和宗教的社会里，学校逐渐形成了不同种族、不同宗教色彩的多种教育形态并存的状况。在教育质量方面，实施的是填鸭式教学方法，重学轻术，学校向学生传授的知识与社会和工作生活技能完全分离，不被社会认可，使得历史上的新加坡教育事业发展举步维艰。1959年，新加坡成立了自治政府。自治政府在1961年研究起草、1963年发表的《新加坡教育调查委员会报告书》中，分析和明确指出了新加坡当时的教育过于学术性，不能满足国家发展工业化计划的需要，也不适应广泛的社会需求。

出于现实政治、国家建设、经济发展、政策制定、国际关系等多方面的需要，面对国家和民族严峻的生存和发展问题，新加坡政府十分重视教育在国家发展中的战略地位。通过在当年发表的《职业与技术调查报告书》的形式，确定了实行与独立前截然不同的教育行政管理模式，提出了对新加坡教育体制进行改革的建议和具体方案，并对政府教育部门的责任、学科设置、学制年限、授课时数、学生编制、师生比例、考试方法、合格标准、师资培训与教育行政等各方面提出了原则性的规定和改革原则。这些建议成为当时新加坡开展教育工作的主要依据，确立了新加坡现行教育政策和制度的基本模式。其更大的意义是强调并确定了职业技术教育的理念是培养素质高、能力强、刻苦学习的人才，将发展职业教育置于国家发展的战略高度，为长期开展新加坡高等职业技术教育奠定了牢固的基础。

开国总理李光耀在新加坡宣布独立建国后，迎来了政治、经济、文化的全面建设和发展时期。开国之初百废待举，唯有通过教育才能满足国家初期建设的需要，满足国家远期发展的需要。因此，政府将大力发展教育事业当作刻不容缓的头等大事，立即开始对殖民时期的旧教育制度进行改造，提倡和依靠发展应用型教育来振兴国家经济。在建国之初就将政府的教育机构进行了改革和改组，为实行中央教育行政管理奠定了基础。

李光耀执政初期举全国之力开展了第一次工业科技革命。根据当时的条件，提倡、鼓励和发展建设了一大批以劳动密集型为主的工业生产和制造企业。这些企业的生产和制造，均急需大批与新建的生产制造企业发展水平相适应的科研人员和技术工人。为了适应这种社会需要，政府组建了成人教育局，开始动员和利用各种社会力量积极创办多所工艺中学和职业学校，重点培养社会急需的科研人才和技术人才。新加坡的职业教育由此开始并正式纳入新加坡的教育体系。

从20世纪50年代末到70年代末，由于新加坡国内劳动力市场紧张和产品制造成本较高，导致新加坡在国际市场上的竞争力开始下降。随着以出口为导向的工业制造企业开始从劳动密集型向高技术、高附加值产业转型，新加坡的人才培养战略也开始出现变化，政府又把教育方针的改革摆在了显著位置，新加坡的职业教育也进入到了一个新的发展阶段，即职业教育国际化。

在国家政策的支持和引领下，职业教育作为高等教育的一部分，开始向国际化方向发展。新加坡的高等教育机构主要分为3种形式：培养高级研究型人才和创新人才接受本科教育的大学、培养职业技术专业人才的理工学院和对教师再培训性质的教育学院。政府通过加强普通教育向职业教育转化的针对性，持续采取强力和有效措施，推动了应用型教育的快速发展，在政府部门逐步设立了高等职业技术教育的管理机构，并开始改革职业技术教育制度，大力发展全国性专科性质的高等职业技术教育。

1979—1990年，李光耀又在新加坡全国范围内开展了第二次科学技术革命。

在这次科学技术革命初期，政府首先对国家的经济结构进行了改革和重组，把政府原来支持和鼓励发展以劳动密集型为主的生产企业，转型改为支持和鼓励发展以技术密集型为主、具有高附加值的产业，实现工业自动化，进一步提高劳动生产率。为满足这种产业转型，职业教育也由原来支持和鼓励开办职业教育机构数量，改为支持和鼓励现有教育机构提升教育质量方面。要求高等学校根据工业制造和科技水平调整教材和课程设置，竭尽全力提升职业教育人才的水平。

为了落实第二次科学技术革命提出的任务目标，政府将成人教育局和工业训练局进行合并，成立了新的工业与职业训练局，由政府投资，新建了一批职业培训学院。在这些新建的职业培训学院内成立了20多个应用科技中心。

除政府在政策方面大力扶植职业教育事业外，李光耀在人才概念的定义方面对大众观念的影响也十分重大和重要，令大众尊重和崇拜传统研究型大学、轻视或排斥应用型大学的传统印象得以改观，这也是新加坡应用型大学迅速崛起的因素之一。

在李光耀担任总理期间，一直向大众宣传人才有三种的理论：一是具有领袖才能的领导人才，负责制定和执行国家政策，并成为治理和管理国家领导人的核心，置国家利益高于一切，包括个人的生存利益。二是顶尖人才或被称为重量级人才，能够勇挑重担，具有很强的号召力和组织能力。同时，还要谦虚待人。三是人民人才，则是有干劲、肯付出，而又受过高等水平良好教育和有实际工作经验的人才。这三类人才对新加坡的重要性不分伯仲。

李光耀也曾多次在集会上对广大民众说过，新加坡仅仅满足已经消灭文盲，甚至没有文盲，是远远不够的。人民大众必须要具有较高的文化水平和较强的进取素质，努力掌握现代的科学技术，才能推动社会不断进步。

特别值得一提的是，李光耀还为新加坡确立了教育必须适应经济和社会发展需要的教育方针。在这一方针的指引下,新加坡的教育体系由原来的仅为传授理论知识的单一教育模式改变成传授理论知识与现实科技生产职业教育相结合的双向教育模式。在大力发展科技教育的同时,必须要重视职业技术教育的发展。这一教育事业方针的改变,为新加坡加快工业化进程和经济发展发挥了至关重要的作用。如今,教育必须适应社会的发展和社会的经济建设,社会的发展和社会的经济建设离不开职业教育,仍被公认为是新加坡社会进步的突出表现。

(二)吴作栋政府(1990年11月至2004年8月)

1990年,正值新加坡第三次科技革命的初期,吴作栋接替李光耀出任新加坡第二任总理。

吴作栋任职总理期间,新加坡经济经历了7年的高速增长。随后,受1997年亚洲金融危机的影响,新加坡经济急转直下,呈现举步不前甚至有倒退的景象。

为在国际竞争定位中保有自己的优势,新加坡政府将振兴经济政策转向了"全球化"。吴作栋从新加坡的快速发展与人才有密切关系的高度,多次阐述了新加坡从建国时的一无所有,通过发展教育掌握知识,通过学习技术到技术创新,逐步创造了新加坡的繁荣,这说明了发展教育的必要性和重要性。

在这一时期内,新加坡根据赶超发达国家的战略发展目标,对职业教育政策又相应地进行了一系列的改革,包括推行"工读双轨计划"和"混合型学徒计划"。同时,通过新设工艺教育学院取代职工局,将工业与职业训练局及其属下的职业专科学校纳入工艺教育学院管理。在已有的两所公立理工学院的基础上,逐步形成了当前新加坡职业教育体系的两个重要层面。

新加坡职业教育通过与三次工业革命的结合发展,实现了大幅度的腾飞。

(三)李显龙政府(2004年8月至2024年5月)

2004年,李显龙接任吴作栋成为新加坡第三任总理。当时新加坡的经济发展开始向科学技术研发、产品创新和创造、提供高价值服务方向发展。为了更加注重职业教育的内涵和发展,他就任之后,根据当时新加坡的国情,要求新加坡教育部对CEO和雇主做一个调查。调查的目的是了解他们怎样看待学校的毕业生,了解年轻一代的长处和弱点。

调查结果显示,因循守旧的年轻一代人居多,大多数人不愿意冒险和尝试新的东西。

鉴于年轻一代人在社会发展中将要承担的重要作用和社会责任,李显龙特别重视提升和改善新加坡的教育工作。多年来,针对新加坡的教育制度、教育政策、发展模式等重大问题做过多次调研和专题讨论,广纳教育工作者和民众意见,提出改进策略并提交国会辩论通过后,以立法形式予以实施,其中包括:

①新加坡各级政府对职业教育给予了一如既往的重视;
②反复表达政府的首要考量是要投资在年轻一代人身上的决心;
③政府一直努力增加对教育的长期投入;
④尽可能降低职业教育系统的准入门槛;
⑤对高等教育学费及助学金进行全面检讨;
⑥不断考量大学能否以更经济的方式运营;
⑦大幅增加政府助学金;
⑧帮助错过教育机会或辍学的人开办基础教育、成人教育和继续教育。

李显龙将完善教育的焦点集中在了提高全民教育系统,具体体现在改善理工学院的教学模式上。他认为,新加坡的教育不仅是服务一些少数精英,应该且必须拥有一个能够为所有人提供一流教育服务的完整系统。每个人,无论家庭背景如何,新加坡政府都应该为他创造接受教育的机会。

新加坡政府倡导要让每一个人的能力都得到良好的发挥,预防下一代低收入、低技术群体的出现，这也是促进社会不断前进的一种方式。

在改善高等教育方面，李显龙还支持和鼓励新加坡的理工学院和国外的对口大学合作的发展计划，以及把新加坡的中专、高职合并成在一个系统的新加坡中专、高职的发展计划（简称ITES）。

李显龙在提升和规范学校教育质量方面的教育指导思想是：要争取提供给每一个孩子的教育都是一流的。每一所学校都有自己的特点，有自己特殊的教育领域和范畴，创造自己独特的教学方法，学校的领导以及教师均可以对自己新的教学创意进行自由实验。在学校管理和专业课程设置等政策制定方面，强调把握世界教育的发展趋势，加强基础知识教学现代化，让学生接受到更高的素质教育，朝着发挥学生最大潜能的方向发展，尽最大努力培养出更具竞争力的学生，以迎接21世纪高科技和国际竞争的挑战。

通过以上新加坡教育发展历程可以看出，新加坡的3位领导人在执政期间，对新加坡的教育事业均给予了高度重视，源于其教育理念对新加坡社会影响的正确认识。3位领导人都根据时代的要求，制定了切实可行的政策和措施，提出了不同时期人才培养的具体措施，满足了时代对人才的需求。

第二节　发展现状

在新加坡经济和社会进入大发展时期后，在迫切需要大量的实用型高级技术人才和管理人才的背景下，在原有传统研究型大学的基础上，这种应用型大学应运而生。通过数年的发展，在办学指导思想、人才培养目标、师资要求、课程设计、教学环节等方面积累了一定的经验，值得总结。

一、创办目的与建设方案

新加坡政府兴办应用型大学的目的,是重视实践教学、强化应用型人才培养的表现,把实践教学当作培养学生实践能力和创新能力的重要环节、提高学生社会职业素养和就业竞争力的重要途径。同时,也是为了满足国家的发展和经济建设的需要。

许多国家在兴建和拓展大学规模时,更多地考虑是将学校建立在传统的研究型大学基础之上。将大学的教学目的更多地集中于向学生传授理论知识和对学生进行技能训练及品德的培养方面,很少关注理论联系实际的实际应用和职业技能训练的人才培养。这样的决策,忽略了国家的发展和经济建设对应用型人才的需求。

新加坡采用集中建设应用型大学的办学模式,无论从课程设置还是在授课教学方面,都能注重理论知识基础与生活、生产实践应用的结合,特别注意培养学生的综合技能。这种模式,可以促进经济社会的进一步发展,并实现高等教育从培养精英人才到培养大众人才的转型,有效解决可能会出现的各种社会问题,包括解决人才培养与经济社会发展需求不匹配的问题。出现这种情况的根源就是大学开设的教学科目和培养的人才与社会发展不同步,与产业需求不符,导致人才培养存在学术型人才过剩而应用型人才严重缺乏方面的结构性失衡。

2009年成立的新加坡科技学院,就具有这方面的特点和优势。它主要与国外大学和教育机构合作,为理工学院的学生获得相关的知识和增加实际操作技能提供锻炼的平台。为了增强课堂知识与实际操作的结合,新加坡科技学院还在新加坡境内选择稳定的生产制造企业合作办学,为学生提供各种实习场所。因此,新加坡教育部2012年的报告建议将新加坡科技学院升为新加坡第五所自治大学,并作为应用型大学模式的推广平台。

新加坡应用型大学的建设，主要是在政府的强力推动和支持下创办起来的。为推进应用型大学的建设与发展，政府不断加大对应用型大学建设的支持力度，这包括在提供资金、税收优惠政策等方面对应用型大学建设提供的大力支持和推动。除此以外，政府还积极获取和掌握市场需求，充分发挥市场调节作用，大力助推了应用型大学的发展。

新加坡应用型大学的建设，除通过依靠政府推动部分本科高校向应用型高校转变外，还通过新建、合并升格中等专业或职业学校途径来解决应用型大学在数量上和规模上的不足。

在建设应用型大学的过程中，强化建设应用型大学是为了培养应用型人才的意识，明确应用型大学的定位、发展目标、发展方向和评价体系及建设标准。同时，还改变"重学轻术"的文化传统观念、消除研究型大学与应用型职业院校前上后下的等级观念。

二、办学理念和培养目标

在劳动密集工业、技能密集工业阶段，人才的满足主要依靠各种形式的培训机构。在科技密集的工业阶段，人才的满足主要依靠应用型教育的理工学院。当经济发展到创新及科研工业、知识主导工业阶段时，新加坡就需要高等职业院校主动配合国家战略，将人才培养主动与制造产业、服务行业和企业发展相对接，把培养的毕业生是否满足产业和行业对高技能人才的要求作为创办应用型教育院校的衡量标准。

在这一背景下，在兴办应用型大学的过程中，学校管理层在制定教学目的和课程内容时主动对接国家战略，将培养创新能力强、适应经济社会发展和能对接国家经济发展阶段所需要的高质量各类型工程技术人才作为办学的战略方针，努力推动国家创新发展水平。这不仅能够提高高职院校的核心竞争力，而且迎合了世界科技发展和世界未来发展的需要。

应用型大学教育不同于科研型大学本科院校的教育。两种类型学校的人才培养定位也各不相同。新加坡应用型大学的办学理念，强调将传统的以教为中心转变为以学为中心，由以往只关注对教师"教"的考核，转变为更加重视对学生"学"的考核，围绕激发学生的学习内驱力和全面发展、个性化发展，设计教学制度体系。教学以培养全能人才为本，为学生提供具有高水平的专业教育，让学生掌握应用科技知识和各项专业和技能。通过传授具有应用性和实用性的课程，培养出将知识应用于技术、将技术贡献给社会的人才。以南洋理工学院为例，所培养的学生不是生产流水线上的技术工人，而是具备一定研发和创新能力的技术、技能型人才。所以，以经济发展需求为先导的职业教育发展理念，是应用型大学越办越好的根本原因之一。

总的来说，应用型大学对学生的培养目标是：

第一，以学生未来就业岗位需求为导向，学校办学直接面向市场和社会经济发展的需求培养人才。

第二，遵循理论联系实际的应用型人才培养教育模式。以学生为中心，要求学生掌握专业知识、实践操作综合能力强、品德素质高、创新精神足、国际视野宽，具有较强社会竞争力的意识。将学生们打造成为有益于个人、有益于企业、有益于社会的高素质应用型人才。

第三，与企业界、经济界建立紧密的联系，强调培养学生的技术应用和开发创新能力。一般要求学生达到以下三方面目标：能借助科学方法，解决来自生产和生活实际中的具体问题；能完成新的科研与技术开发项目；在应用理论、科研方法的技术性生产中引进、优化和监控新方法、新工艺的使用。

第四，教育和培养学生具有国际视野和跨界沟通能力，具备继续深造和成为具有理论知识和实践操作能力的复合型人才。

三、管理模式、专业设置和课程设计

应用型大学的教育工作目标是面向社会，为社会培养优秀的管理和服务人才。对学校的管理，特别是对教师和学生的管理，是学校管理工作的重要组成部分，直接关系到学校管理水平的优劣和影响到应用型人才的培养质量。

新加坡政府通过与本地第一所具有授予学位证书资格的私立大学——新跃大学密切合作，共同开设了一个工读结合的全日制学位项目。

政府为新跃大学的这个全日制学位项目给予财政方面的资助和大力支持。与此同时，政府也在这种私立教育机构的治理和教学质量保障方面发挥更大的作用。这个全日制项目的招生，采取一个更加开放的入学政策，接收那些刚毕业的高中生以及刚刚走向社会工作的成年人。这些人的入学条件，不仅仅是学业成绩，还要考虑入学申请者的工作经验和特殊才能。这个项目采取更加灵活的学制培养方式，允许学生在3~6年内完成学业。事实证明，这种灵活的管理模式是成功的、有效的。

新加坡作为一个资源匮乏的国家，任何产业的发展和规划，都需要精心筹划，包括各种教育院校专业设置在内的教育资源也是如此，都必须得到充分利用，不能有任何浪费。

一般情况下，各院校的专业需求分析都是由政府完成的。政府收集数据，并据此拟定的对未来专业设置的指导意见较为准确。学校开设什么专业、专业规模大小都必须经过教育部的审批，这也是总结出新加坡的办学经验之一。

新加坡应用型大学的专业设置虽然必须履行教育部严格审批的程序，但是执行过程非常灵活。如果学校发现有的专业不适应产业发展的需要，学校有权决定停办。

新加坡应用型大学课程设计具有知识面宽、基础扎实的特点。新加坡应用型大学的课程设计，既重视学生专业能力的提升，也重视学生基础能力的培养。理论课中的基础课和拓展课占比约为70%。应用型大学的课程设计在课程设置方面均有课程涉及面宽、基础深厚和牢固的特点。

四、资金来源和内部管理体制

根据管弦2015年做的调查统计,新加坡应用型大学的办学经费,有75%来自政府资助,10%来自企业资助,向学生收费的项目只占办学经费的15%左右,各学校情况大致相同。

(一)兴办应用型大学的资金来自政府的投入

新加坡政府十分重视人力资源在国民经济发展中的作用。因此,政府非常重视职业教育,包括高职教育方面的资金投入。

政府财政预算成为新加坡职业应用型院校的主要经费来源。

(二)兴办应用型大学的资金来自企业的募集

新加坡应用型大学是职业技术教育的培训执行机构。学校既负责对学生进行专业知识的培训,也负责对学生进行技能的培养。

为了提高培训人员的职业技能并给予过剩的劳动力再训练的机会,政府成立了技能发展基金,用于向企业募集教育经费。

政府规定,企业以职工的数量和工资为标准,要按一定比例向国家缴纳技能发展基金。此项基金由生产局掌握,并以此资金作为向应用型大学资金投入的支持。

新加坡政府对应用型大学的巨额投资和独特的资金筹集办法,有效地推动了高等职业技术教育的发展。

(三)兴办应用型大学的资金来自学校的自筹

随着新加坡高校推行内部治理改革,院校自治权不断扩大。政府在经费筹集和使用上赋予学校享有了更多的灵活性,允许院校自筹所缺部分资金。

资金来源的多渠道正是由于新加坡应用型大学通过逐步改革,逐渐强化了大学自治、弱化了政府控制。院校拥有自主的经费分配、人事安排等权利,其内部框架具有以下特征:①大学的组织架构:实行学校董事会领导下的校长负责制。每届董事会任职3年。在董事会的领导下，校长全面负责学校的管理事务。②大学的运行机制：董事会每年召开4次会议，主要从宏观上指导和监管学校的运作。学校具体的行政事务，则由以校长为首的高级管理层负责实施。学校高级管理层由校长和分管副校长以及各部门、各院系负责人构成。学校每个院、系在教学、研发、人事等工作方面，享有一定的自主权。在日常管理中，院系主任全面负责本院系的教学、研发、人事等工作。教师全面负责计划内的教学、研发和班级管理工作。③大学的内部治理：根据需要，可以成立教育督导委员会、教育学委员会、学术导师计划委员会等一系列与教育教学相关的专项委员会。

五、师资建设

秉持人才强校理念，打造一流的师资队伍，培养具有国际视野的精英人才。新加坡应用型大学同其他大学一样，在教师的聘任和使用方面要求十分严格。

（一）师资聘任

新加坡应用型大学非常重视职业专业教师队伍的建设，主要表现在以下两个方面：一是严把教师聘任关，二是重视教师的培训和能力提升。

学校在教师选用方面非常严格，聘用条件均有明确规定：应聘的教师除学历、学位必须满足招聘的要求外，还必须具有5年以上的企业任职经历，并且必须经过系一级的"非正式考核"和校级人力资源部组织的"正式考核"后，才能提交学校学术委员会讨论审批。

例如，以南洋理工大学为代表的新加坡应用型大学提倡"无界化"的组织管理理念，以学校"教学工厂"的模式作为运行基础，通过倡导和谐、合作的校园文化，打破学院各系、部门、老师、专业学科之间的壁垒，这不仅实现了全院教师人力资源、科研项目资源、教学工厂及实训设施集中统一调配，最有效率地使用各种资源，而且扩大了教师的个人和职业发展空间，增加了教师职称晋升的渠道数量和多维度的绩效评估效能。

（二）绩效考核

学校不组织教师职称评定，符合条件并能上岗的教师统称为讲师。

学校对教师的考核内容主要包括个人素质、教学工作表现、非教学工作表现。

教师的收入取决于个人当年完成工作的态度、业绩和综合表现等考核结果。若连续3年综合考核情况落后，部门负责人会提出下一年的进修或工作轮调建议。

第三节 新加坡应用型大学的发展启示

新加坡的职业技术教育体系在今天可能是一个世界级的模式，但转型也有它的障碍和挑战。独立后早期的政治、社会和经济状况是困难和脆弱的。

以华人为主体的新加坡，与中国一样，同样受儒家文化影响，历史上造就了"唯有读书高"的相同社会价值观。与传统的高等教育学校相比，对职业教育和职业学校仍难以接受或不被接受。新加坡的职业教育管理人并没有气馁，他们克服和矫正人们轻视职业技术教育的传统观念，以"教育可成才"的超前理念，通过创办一流的职业教育学校和应用型大学，在开办高等职业教育方面取得了很大成功，很快得到了社会的支持、企业的欢迎和学生家长的拥护。

新加坡的办学经验告诉我们：只有职业教育的管理者树立正确的教育理念后，才能培养出受到高职教育的人才。只有受到高职教育的人才，才能满足社会对一流技术技能型人才的需要。只有这样，高等职业教育才能赢得社会的尊重。

一、政府支持

当前,在我国现有的高等院校中,存在学术型大学比重过大,而应用技术型大学比重过小的情况。直接导致出现学术型、研究型毕业学生过多和应用型、操作型毕业学生过少的情况,这正是大学生就业难的根源所在。当然,与新加坡类似,这其中也存在深刻的社会文化和历史原因。社会对应用型大学的社会地位和对人才市场的变化认识不足。我国总体应用型大学起步较晚,建校时间较晚,历史积淀薄弱,在以崇尚百年老校和精英教育的考生和家长看来,即使原先的精英教育已经跨入高等教育大众化的时代,他们在理智和情感上还是始终偏向于历史悠久的学术研究型院校。且身处生产制造一线的技术工人在我国的社会地位不高,工作环境差,薪酬偏低,被普通大众公认为是文化教育程度不高的群体,因而不受尊重,甚至连应用型大学的教师也不愿自己的子女报考应用型大学。但与新加坡不同的是,与对研究型大学的投入相比,我国对应用型大学的资金支持和政策倾斜力度严重不足,这也导致了已有的应用型大学生源不足、资金不够,在夹缝中寻求艰难发展的现实问题。

二、教育体制设计

新加坡经过50多年的改革与发展,到现在已建立起一个由低层次到高层次、由高职到专职、由普高到高端,相互交叉、相互衔接的"立交桥"式的教育体系。相比我国现有的教育结构和教育体系,我们会发现,我们的高等教育和职业教育是相互分割、互不关联的。

三、专业和课程设置

发展应用型教育是当前世界经济发展的需要,也是我国高等教育改革与社会发展的客观需要,同时又是新建应用型大学自身发展的需要。通过本节总结出的新加坡发展应用型大学的部分经验，使我们能够清楚地认识到：应用型大学教育，就是以适应社会经济发展需要为目的，按照"知识面宽、能力强、素质高"的标准培养学生，教育专业设置在办学过程中显得尤为重要。

首先，我国职业院校的新专业设置，基本上是学校在招生前，仅依靠自行完成的简单市场调研后提出设置意见、报政府教育主管部门批准即可，缺乏详尽而准确的市场分析，甚至存在盲目跟风现象。导致各学校专业设置雷同度高，结构失衡，最后导致很多专业培养出的人才供过于求。通过这样简单程序设置出的教育专业，很难实现适应社会经济发展需要的目的。其次，在课程的教学设计上，国内高职院校大多数课程的教学仍然摆脱不了传统的"填鸭式"教学模式，学生学习不主动，这与义安理工学院"少教多学"的模式截然相反。最后，教师的一言堂教学模式依然存在。应用型大学要打破传统的教学方法，注重学生的学思结合，要因材施教，体现素质教育的全新理念，重视学生学习的主动性、经验性和互动性程度。

四、教师的管理和使用

教师是办好应用型大学的重要保障。开办应用型大学，培养应用型人才，教师是关键中的关键。教师不仅要精通专业理论知识和教学方法，还要具备很强的应用型学术教学能力，要能够指导学生到企业完成实践活动。同时对产业的运行规律和面对的问题有深入的理解，才能保证产教融合的顺利推进和更好地教书育人。

新加坡每一所学校对教师均有一套科学、规范的绩效评价制度。对教师按规定的等级标准，从能力、潜能、教学、承担的行政任务、承担的课程辅助活动等方面进行考核，评价结果与教师的聘任、年终分红、常年加薪等切身利益相关联。新加坡教育部还为教师设计了教学、行政管理和特殊专才 3 条晋升渠道，供教师们选择，引导教师把教书育人当作自己的事业。只有这样，才能培养出高质量的高技能、高素质的教师人才。

而我国的高职院校由于传统观念和现代教育体制等多方面的原因，使得许多应用型大学的教师入职门槛设置得太高。学校招聘教师，尤其是高等院校的招聘条件，首先看中的是应聘教师的学历和毕业院校，只重视应聘老师的理论知识达到的高度或科研论文发表了多少，而忽视了老师具备的理论知识与实践的联系能力高低。这导致在实际教学中，专业技能型教师缺乏，甚至还会出现更严重的情况：教师的专业与任教的专业不对口。而且在教师绩效评估的过程中，在一定程度上还存在着"大锅饭"现象，现行的教书育人考核评价体系均是以职称为标志，职称决定教师的地位和待遇，真实的教育水平在考核评价过程中却常常被边缘化。教师都将职称的晋升作为自己追求的目标和首要任务，这直接影响到了学校的教学质量。

五、教育学术交流

教学课程国际化是新加坡应用型大学提高教学质量、培养国际型人才的重要途径。各院校纷纷设立国际主题课程，采用选修制和学分制，同时配以学生交流计划和海外社区服务计划等教学活动，推行跨区域文化课程交流、海外课程研修或让学生直接选修国外职业院校的课程，达到本土教学课程国际化的效果。

新加坡本土高校通过与海外高校建立广泛的联盟合作伙伴关系，催生了在教育和研究方面与国际院校或企业保持联系，确保了专业及课程设置的先进性。而我国在这方面与之相比，还存在一定的差距。

六、促进校企交流和合作

国内的很多应用型大学课程设置，基本都是理论性课程和公共课程，与高水平研究型大学没有太大的区别。即使有些实践类的课程，也当作研究型理论性课程讲授，不注重技能实践方面，和人才培养目标脱节。其中，有教师队伍的实践经验不足、无法教授实践技能知识的原因，也有应用型大学在课程设计方面简单效仿综合型院校和研究型院校，对自身的价值、人才培养目标和学生特点的认识不足的原因。这体现在学生几乎没有机会根据授课进度到企业实习，甚至教学大纲就没有这一内容。即使实习经历成为学生毕业的评估方式之一，对学生的实习表现和成果的考核也沦为泛泛的、肤浅的一个环节，根本无法保证学生真正能有机会去企业深度实践，深入企业实习的核心，感受企业文化，更不能对学生进行有效的动手能力和分析问题的能力培养。

虽然校企合作早已被认为是应用型院校在学生培养以及教师队伍建设方面最为有效的渠道和方式，但在新加坡，除了享有政府的补贴和政策支持，企业也会为了继续长足发展的社会声誉，与应用型大学进行密切的联系，而在我国实现这一合作却难上加难。虽然院校积极地寻求合作，但在我国，在实现这一校企合作的过程中，一直处于被动和不情愿的态度。原因是不仅没有政府补贴，还要倒贴学生工时费，学生实践能力和理论素养也不能胜任为一个合格的、能独立操持产业的合格工匠，即使有素养、技能都优异的实习学生被直接聘用，也免不了以后人才流失的可能，种种问题都困扰着企业，无法刺激企业与学校合作的主动性。这说明，在推动企业和学校联合办学方面，政府的支持力度还不够，没有针对性的政策能促使生产制造的企业和职业教育的学校进行有效融合。更没有强有力的措施，能创造和搭建学校与企业之间合作办学的机制。

总结与展望

纵观各国应用型大学的发展历程不难看出，应用型大学的产生均受到了外部环境诸如政治、经济等因素的制约，实现自身发展的同时也对社会经济、社会进步起到了巨大的促进作用。从这个角度来看，应用型大学必然不能与国家、社会相分离，应随国家意志、社会需求而发展，最终服务于原本就影响其发展的多种力量，即政治、经济等。这也是高等教育政治论的一贯主张，即社会是一个复杂的大系统，大学作为高等教育的主要执行机构则是社会大系统中重要的子系统之一，应以社会价值为导向，走出"象牙塔"，与其之外的社会子系统相互协调。各国在应用型大学办学条件不断完善的基础上，积极开展社会服务相关活动，就足以印证高等教育子系统与社会系统间的共生关系。然而，既然应用型大学的产生与发展受到外部环境的影响，与各国的政治、经济紧密相连，那又该如何解释在各国应用型大学的发展历程中，无一例外，或多或少地也都受到了大学自身内生需求的影响？这便涉及与高等教育政治论平行存在的高等教育本体论哲学思想。

高等教育本体论认为大学应以其内在逻辑关系为依据，一切与大学发展相关的活动均应以高等教育的内部发展为前提，目的是探究知识和真理。无论外部环境如何，大学只需要在属于自己的那片"净土"里心无旁骛地做着学问便可。毋庸置疑，高等教育本体论思想的存在是不无道理的，知识和真理的追求不论社会发展到什么样的阶段都是大学的重要使命，但如果仅将高等教育本体论的思想置入应用型大学之中便与应用型大学创办之初的思想相违背、相冲突，显然是不合适的，也是行不通的。由此看来，难道应用型大学的发展必须要在高等教育政治论和本体论所倡导的发展路径中作出两难抉择，而没有第三种选择？答案是否定的。应用型大学，目标与结果是应用，前提与基础是大学。大学的社会服务应该以大学的教学与科研为基础。换言之，上述两种观点对于大学尤其是应用型大学的发展而言并不矛盾。作为高等教育体系重要部分的应用型大学的发展必然受到认识论的支配，又要兼具政治论的必然选择，发展的本质只不过是在社会的大系统中寻求自身发展和外部发展的最佳平衡，实现多方共赢。显然，社会服务是应用型大学外部发展最重要的途径，那么，对于我国应用型大学而言，实现自身发展最重要的事情是什么？外界又应该为应用型大学的发展提供怎样的环境、采取何种措施？

一、应用型大学理念重塑

从本书选择的国家可以发现，有些国家如芬兰、德国、日本等在研究型大学和应用型大学间有着明显的区别和泾渭分明的"界线"，我们单从大学的名称中便可以直接地分辨出来，像德国明斯特应用科学大学、芬兰坦佩雷应用科学大学、日本丰桥技术科学大学等，它们的名称后面总会带着"应用科学大学""技术科学大学"的字样，而研究型大学如坦佩雷大学、慕尼黑大学、东京大学等，这类大学的名称都是以"大学"二字命名。然而，还有些国家，如美国的高等教育体系划分中，根本没有明确的应用型大学的类别，至少单从名称中是无法直接辨认研究型与应用型的。这无疑为我们全书论述该国应用型大学增添了困难。但我们从应用型大学的内涵及外延考虑，又抱有这样一个共识，那就是像各国早期产生的，诸如英国的新大学、技术大学及由理工学院升级的大学，美国早期产生的工业大学、技术学校及后来出现的初级学院、社区学院，加拿大的基础大学、新加坡的理工学院等都是应用型大学。

应用型可以理解为大学的一种类型，而大学的类型是大学的外部形态，是大学功能的外在表现。一所大学如果完全是学术的，那么它就不应该是应用的；一门课程如果完全是学术的、理论的，那么它也就不应该是应用的；培养出来的人才如果完全是理论的，那么他也就不可能是应用的。但实际上，大学的学术、高深的理论不可能做到完全的学术性、理论性，因而其势必带有或多或少的应用性。所以，科学研究就有了应用性研究，工程技术就有了应用工程、应用技术，培养的人才就有了应用型人才。如果从这个角度去认识，势必要把我们关于应用型大学的判断弄混，因为不掺杂任何应用成分的大学是没有的，甚至连以学术为主还是以应用为主都无法说清楚。

学术型、应用型这样一对似乎说不清、道不明的矛盾统一体居然在具体的高等教育机构中一下子变得如此地直观、不容置疑。也许有人会说，哈佛、耶鲁、麻省理工、普林斯顿都是从事顶尖科学研究的大学，它们能够培养出顶尖的人才，授予博士学位，自然是非应用型的。由此看来，这些人秉持着一种"研究型大学=高深学问=高大上"的看法，而"应用型大学=粗浅知识=矮低俗"。是否是应用型大学和研究学问是否高深并不能画等号。那么，应用型大学有何特征呢？当然有，那就是这些应用型大学都与生产生活有着直接的、现实的联系，这些大学的应用性大多是物质的；而那些所谓的研究型大学，它们的高深学问的应用性当然也很强，但高深学问更多的是指向精神层面，应用直接的指向也是精神的、文化的。这样，我们的思路便豁然开朗。研究型大学的产出固然离不开应用，但其直接的指向是精神、是文化，是人类的新知识，它们与物质之间的转化需要中间的环节、需要一个媒介；而应用型大学的产出直接作用于物质的世界。就像前面提到美国的文理学院，这类学校的目标是培养精神的贵族，所以尽管它不一定有高深的学术，但却不能称之为应用型大学。这样我们也就能够理解，为什么有些国家的大学并未作出明确的应用型划分，因为受实用主义思想影响，他们其实并不太看重物质与精神、脑力劳动与体力劳动的分野。同时，我们也就能理解，为什么我们要用行政的力量，强行把一部分大学拉入应用型的群里,因为我们素有重道轻术的传统,都想做脑力劳动者,都不想被贴上应用的标签。也正因如此,当我们谈论欧美应用型大学及应用型人才培养时,可以顺手举出哈佛大学、康奈尔大学、加利福尼亚大学等世界顶尖研究型大学的例子,但当我们提到中国的应用型大学时,不要说北大、清华这样的大学,就是普通的本科院校都讳莫如深。

由此看来,我国要发展应用型大学,导向也自然清晰明了,那就是为"现实"而服务,其产出是直接作用于物质世界的。这里的"现实"即为社会服务,社会服务更多地指向物质层面。所以,强调社会服务的大学从属性上来看更多地属于应用型,换句话说,应用型大学更看重其社会服务功能的发挥,与人们的日常生产生活联系得更加紧密,这样我们便从功能上把应用型大学与研究型大学建立起并不十分严谨但更方便考察的区别关系。对应用型和学术型概念的理解不仅对本书开展研究有着至关重要的作用,所谓做研究首先要知道是什么,正如每篇论文的开端总会涉及概念界定一样。然而,我们在结语的部分花费如此大的篇幅去重塑应用型与研究型概念并不是要简单地作出一个类似论文的概念界定,而是我们认为对于应用型概念的理解将直接影响到应用型大学在人们心目中的地位,就像书中介绍到的芬兰、德国、韩国通过国家立法等方式不遗余力地塑造研究型大学与应用型大学的平等地位一样。我们希望人们对这对概念有个重新的认识,走出应用型大学就意味着"粗浅知识",就是"矮低俗"的误区,重新树立起应用型大学的高校形象。转变观念,建立起研究型大学和应用型大学"平等而不同"的大学地位,是我国在发展应用型大学时所必须要做的首要的事情,也是最难做的事情。

二、应用型大学学位体系的构建

联合国教科文组织修订的《关于技术和职业教育的建议书》中指出,在需要建立教育、职业界和整个社会之间新关系的情况下,技术和职业教育应作为适应每个具体国家需要以及世界技术发展的一种终身学习制度的一部分。这种制度应该消除各级和各类教育之间、教育与职业界之间以及学校与社会之间的割裂状况。开放性和融通性是世界高等教育体系的普遍特征。用开放性和融通性来理解和评价欧美国家的应用型大学再合适不过了。

书中各国应用型大学的开放性和融通性更多地体现为应用型大学和高等教育系统多样化的统一。统一在于它为人们的成长发展提供的路径是相通的,没有什么机制上的障碍,一个人只要足够优秀,就能够通过这个系统到达他想去的地方,而不用担心他的起点是专科还是本科,他的第一身份是普教还是职教,他的标签是学术还是应用;高等教育的模式是多样的,为兴趣、特长不同的人提供多样化的选择机会和发展路径,在理论上使每个人都能找到最适合自己的一种模式、一种发展路径。所以,应用型大学没有学术型和应用型的尖锐对立和根本冲突,相反,有时在有些国家两者的界限还是相当模糊的。在高等教育体系里的不同学校,究竟谁是学术、谁是应用,没有截然分明的界限;就是在同一所大学,在从事着高深的研究的同时,其应用的特征也毫不逊色,换句话说,正体现出上述所说的开放性和融通性。

当我们国内为了突出其办学理念、培养方式的特殊性而一再强调职业学院是一种类型教育的时候,国外应用型大学的发展经验已经向我们证明,不同类型的教育可以在更高的层面上达到融通。对实用主义者来说,概念之争有时是在浪费时间,甚至会错失宝贵的发展机遇。大学究竟是应该关注数量还是重视质量,欧美五国的应用型大学用其实践证明了鱼和熊掌是可以兼得的,数量和质量也可以在一定条件下和平共处、共同促进。当我们曾经还在为是否应该建立与应用型学位相衔接的学位体系而争论不休的时候,一些国家应用型大学的管理者们早就开始了其世俗化改革。

开放性和融通性的学位体系有助于高职教育走出"断头教育"困境,

为高职学生延续原有教育，阻断部分技术人才流失；也有助于为应用型大学提供部分具有实践经验的生源，解决应用型大学生源实践能力不足的问题。伴随着建立职业教育学位的强烈呼声，我国现如今无论在政策层面还是实践层面，都已开始了建立职业教育特别是专科层次学位的探索。在具体实施过程中，要关注横向沟通和纵向衔接的问题：①横向沟通方面。一是推进高等职业教育与普通高等教育的沟通，做好高职院校毕业生进入普通高等教育并获得普通高等教育学位的制度设计；二是推进高等职业教育与专业学位教育之间的沟通，建立高等职业教育毕业生进入专业学位教育的制度体系；三是构建高等职业教育学历教育和非学历培训之间的沟通，促进职业教育的终身化发展。②纵向衔接方面。要按照职业教育的基本特征设立副学士学位，延伸职业教育的学位层级，推进副学士学位与学士、硕士、博士学位之间的对接，允许高等职业教育副学士学位获得者能够通过考试进入专业学位研究生教育和普通学术型研究生教育体系，并逐步完善职业教育研究生教育体系。

三、应用型大学课程的改革

从人才培养的角度来看，课程是应用的落脚点；从服务社会的角度来看，课程又是应用的起点。由此，应用型大学最根本的是应用性的课程。当然，除了应用型的课程，应用型的老师、应用性的教学都很重要，只不过上述都是围绕应用性的课程而开展教学，并与之衍生出相应的教学方式罢了。没有课程，即便是再好的应用型师资，再好的教学方法也只不过是"巧妇难为无米之炊"。各国应用型大学的课程伴随着应用型大学的发展形成了各自的课程特色，同时也展现出一些共同特点。

重视实践。各国对应用型大学课程的结构形式、内容安排虽有不同，但我们都可粗略地分为理论课程和实践课程两类。以模块化课程为特点的德国，实验课、实习课、项目课、学术旅行和毕业设计等课程都是大量实践类课程的体现；如芬兰工作场所学习模式，将实践知识的学习渗透入"工作"各方面；英国工学交替的"三明治"模式；德国的双元模式；南洋理工大学的办学工厂模式；澳大利亚的基于行业的学习。实践类课程在各国应用科学大学课程安排的重要性及重视程度不言而喻，无需赘述。

与时俱进。应用型大学服务地方、服务社会，这一使命就决定了地方需求变，大学随之变；社会需求变，大学也要随之变。各国课程紧密围绕社会、地方的特点。由此来看，课程的设置必然不是一成不变的、更不是一劳永逸的，应该能够始终通过满足社会、地方要求来促进自身课程调整改革，保持活力。正所谓课程要不断适应社会及地方的需要，反过来，也要塑造社会和地方。换个角度理解，课程应用性的体现应该是一个历史的过程。一定的历史、一定的培养目的决定了课程在特定历史时期的应用价值，一些应用型专业、应用型课程，比如电脑操作、驾驶技术，随着社会的发展，其专业的属性在不断淡化，日渐成为每个人能力的一部分，从而转化为通识性课程。也就是说，课程是与时俱进的。

反观我国，我们也在学习一些国家应用型大学课程设置经验，尤其是德国与芬兰，网上不乏我国应用型大学到这两个国家考察学习经验的报道，学术界对于这两个国家的应用型大学课程研究也很多。我们将其看成是课程设置的典范、学习的标杆，并与之开展我国应用科学大学的课程调整与优化，但也还是存在着实践课程的设置和实施不到位、不深入，对学生实践技能培养的实质作用尚未充分发挥出来的问题，不少地方应用型大学也还存在着理论课程挤占实践课程，实践类课程理念并未深入教师、学生心中的现象。即便我们大张旗鼓地开展校企合作，尝试将实践类课程放入企业学习，但这种合作却远远未能达到我们的预期效果。所以，欧美国家的课程设置经验易学，我们可以在尚未探索出"中国特色"应用型大学的课程体系之前，采取移植、嫁接等方式来进行我国应用型大学的课程设置与实施。但这不是最重要的，如何能够让我国应用型大学及相关主体先从观念上真正转变、从思想上高度重视，意识到课程才是应用型大学发展的根本所在，并能够在适应社会、地方发展、调整课程的阵痛期中坚定信心是至关重要的。

四、应用型大学社会服务保障

从高等教育发展史的角度来看，高等教育具有人才培养、科学研究、社会服务3个功能，当然，现在有新的提法增加了文化传承，还增加了第五大功能——国际交流，姑且不论了。由此看来，高等教育的社会功能拓展是高等教育发展进程中必然的规律，是知识生产加速的必然结果，也是现代社会生产高度社会化、专业化、精细化的必然要求。欧美五国应用型大学发展经验说明，应用型大学的发展和大学社会服务理念的形成是相伴而生的，也可以说是一种互为表里的关系。应用型大学的发展催生了社会服务理念的形成，而大学社会服务功能的确立，又为应用型大学拓宽了发展的新天地。从高等教育发展的过程来看，当高等教育规模达到一定程度时，学生更加多元，需求更加多样，高等教育从"象牙塔"越来越走进生活，从少数人的专利走向千家万户，从奢侈的需求成为一个社会人的必需，从幕后走向前台，从边缘走向中心。正如特罗所言，高等教育的数量的变化必然导致在形态、功能上发生质的变化。当高等教育的规模是如此之小，以致它离普通人太远，自然很少人会去关注它，重视它的应用价值。只有高等教育达到一定的规模，许多人突然发现，高等教育已经是不可或缺的存在，它与社会的联系、与每个人的成长已经密不可分，它是远离还是贴近生活、是远离还是贴近社会、是远离还是贴近生产才会变得如此的可感、如此的敏感、如此的重要，它才会被赋予公平等众多的社会责任，会被寄予推动科学进步、技术发展、生产提高、文化繁荣等众多的期待。它开始是如此之小，当它的体量足够大，它的每一个动作，都会使得权利的天平发生倾斜，都会引起太多的关注。

我们在本书中对很多国家的现状及案例介绍中都或多或少地围绕大学的第三功能——社会服务而展开，这些国家的社会服务为什么会开展得如此成功？我们认为与各国为其提供的保障措施有关。

加大社会服务成果宣传力度。德国明斯特应用科学大学的科学营销中心对扩大自身影响的手段是十分多样的，项目、课程、国际会议、刊物等。这些宣传手段使其影响范围不再停留于国内，而是已经辐射到国际层面。我们在考量应用型大学的社会服务功能时，一度认为我国应用型大学离服务地方的需求、与国外应用型大学社会服务水平还有一定差距。然而，当我们进一步深入了解，发现我国有些应用型大学服务地方的能力还是很出色的。以考察到的其中一所应用型大学为例，该大学建立了专门的服务地方与合作交流办公室，从学院层面也制定了科研创新的有关政策，仅2018年度的授权发明专利就有50多项，无论在机制层面、团队组建还是科研成果转化方面都相对成熟，成效显著，但却未在社会服务的湖面上荡起涟漪。可见，并非我国应用型大学没有为社会服务付出巨大努力，而是"没有说"或者"说"的力度不够。因此，我国应加大应用型大学社会服务成果的宣传力度，扩充宣传手段与方式，尤其以一些好的应用型大学作为成功案例，扩大其影响力，从而起到介绍经验、示范带动的引领作用。

构建"政用产学研"协同创新机制。各国应用型大学的发展经验表明，地方经济增长及国家的创新要靠产、学、研各方的有机合作，各方在相互间形成的网络体系中，发挥各自优势，形成合力，协同创新。一直以来，我国应用型大学也是通过产、学、研结合的方式，提升大学的知识创新能力，增强大学服务地方社会经济发展的能力。然而，在实施产、学、研，尤其是科技创新和科研成果转化环节的过程中，还存在应用型大学与企业、政府间相互割裂的问题。现如今，面向知识社会的创新2.0形态，产、学、研向"政用产学研"转变，这就使得政府的引导作用和用户的主体地位得到进一步凸显。由此，为了改变以往的割裂状态，面向产业用户需求，集聚各方面资源，并将其有机融合，以市场导向的科研创新与产业化的全过程管理运作机制的探索，对成功高质量转化应用型大学科研成果，提高其创新能力及社会服务能力，使其有效对接创新链、产业链、价值链具有十分重要的意义。

　　应用型既是一个不断发展的过程，也是一个必然的过程。因而，大学职能的拓展、大学多样性的发展，人们对大学的本质的认识其实是一个由量变到质变的过程，每一时期的大学都蕴含着未来大学新理念、新形态、新功能的种子。但在自然演进的过程中，必然有一些代表性的人、重要的思想、关键的事件对其起着加速、确认、定型的作用，因而这些人、事、思想就成了代表性人物、标志性事件和创新性理念。在对这些人给予充分的、他们应得的尊重时，我们应该不会忘记众多的人为大学发展所作出的重要的、不可忽视的贡献。如果没有马丁·特罗著名的"发展三阶段论"，那么，高等教育大众化之路也许要后延很多年；如果没有"新大学运动"的发起，也许牛津大学和剑桥大学仍在恪守古典教育，不愿主动迎接工业革命的挑战，应用型办学思路还不会那么快地被普遍接受，博雅教育和技术教育也还在进行无谓的争论。如果没有洪堡"教研"合一的主张，也许教师们还在课堂里津津乐道地授业解惑，德国不会拿走世界一半的诺贝尔奖，更不会有卓越的应用型大学的应用型科研；如果没有《莫里尔法案》的推动，没有威斯康星以范海斯为代表的一批有思想、有远见的大学管理者主动扛起服务社会的大旗，会有很多大学在为了谁这个问题上迟迟找不到答案，在依靠谁上迟迟找不到有力的依靠，大学可能仍然在"象牙塔"里徘徊更长的时间，社会服务理念的最终确立、社会服务职能的最终形成需要更加漫长的道路。如果不是受洪堡"大学自治 学术自由"思想的影响，艾略特或许不会开展大刀阔斧的改革，古老的原殖民地学院估计在自己"象牙塔"的圈子里打转，不肯放下身段积极主动拥抱现代社会，哈佛大学也许不会像今天那样在美国高等教育体系乃至世界高等教育体系中站在塔尖。

本书通过对10个国家的应用型大学的产生背景、发展历程、现状及特色大学案例所作出的介绍，希望能为那些热衷于我国应用型大学发展的学者提供一些其他国家应用型大学的发展概貌，能为我国应用型大学在教学、科研、社会服务等方面提供些许国外经验。需要指出的是，各国应用型大学都是在各自国家环境及时代背景下产生、发展的，我们在吸取国外应用型大学优秀经验的同时，要充分考虑本国的国情与情景，不可盲目借鉴。

由于各国的应用型大学发展经验涉及教育的方方面面，大到整个高等教育体系的设计，小到教师上课所采用的方式方法。受查阅资料的方式及各国语言差异的限制，加之研究者时间、精力和能力有限，实在难以面面俱到，全面介绍。有待于在今后的研究工作中继续补充、完善、修订和深化。

最后，期待我国应用型大学在接下来的发展中，能够取得更加辉煌的成就，继续助力我国未来经济社会发展，产业进步，为中国式现代化的早日实现，为中华民族的伟大复兴贡献自己的重要力量。

参考文献

著作

[1] 陈学飞.美国、德国、法国、日本当代高等教育思想研究[M].上海：上海教育出版社，1998.

[2] 程星.美国大学小史[M].北京：商务印书馆，2018.

[3] 丁建弘.德国通史[M].上海：上海社会科学院出版社，2012.

[4] 都昌满.从走近到走进美国高等教育纵览[M].上海：上海交通大学出版社，2017.

[5] 贺国庆，王保星，等.外国高等教育史[M].北京：人民教育出版社，2003.

[6] 李作章，刘学智.应用型本科教育和高职教育衔接的比较研究[M].长春：吉林人民出版社，2016.

[7] 瞿葆奎，钟启泉.日本教育改革[M].北京：人民教育出版社，1991.

[8] 史静寰，范文曜.教育政策分析2005—2006：聚焦高等教育[M].北京：教育科学出版社，2008.

[9] 王承绪，徐辉.战后英国教育研究[M].南昌：江西教育出版社，1992.

[10] 王桂.日本教育史[M].长春：吉林教育出版社，1987.

[11] 吴雪萍.国际职业技术教育研究[M].杭州：浙江大学出版社，2004.

[12] 吴雪萍.基础与应用：高等职业教育政策研究[M].杭州：浙江教育出版社，2007.

[13]张斌贤.美国高等教育史：上中下[M].北京：教育科学出版社，2019.

[14]张建新.高等教育体制变迁研究：英国高等教育从二元制向一元制变迁的探析[M].北京：教育科学出版社，2006.

[15]张密生.科学技术史：第二版[M].武汉：武汉大学出版社，2009.

[16]中共中央马克思恩格斯列宁斯大林著作编译局.马克思恩格斯选集：第2卷[M].北京：人民出版社，1972.

[17]伯顿·R.克拉克.探究的场所：现在大学的科研和研究生教育[M].王承绪，译.杭州：浙江教育出版社，2001.

[18]巴巴拉·伯恩，等.九国高等教育[M].上海：上海人民出版社，1973.

[19]埃德蒙·金.别国的学校和我们的学校：今日比较教育[M].王承绪，等译.北京：人民教育出版社，2001.

[20]天野郁夫.高等教育的日本模式[M].陈武元，译.北京：教育科学出版社，2006.

[21]弗兰斯·F.范富格特.国际高等教育政策比较研究[M].王承绪，译.杭州：浙江教育出版社，2001.

[22]克里斯汀娜·埃尔基莱.创业教育：美国、英国和芬兰的论争[M].汪溢，常飒飒，译.北京：商务印书馆，2017.

[23]西蒙·马金森.现代澳大利亚教育史：1960年以来的政府、经济与公民[M].沈雅雯，等译.杭州：浙江大学出版社，2007.

[24]西蒙·马金森，马克·康西丹.澳大利亚企业型大学的权力机构、管理模式与再创造方式[M].周心红，译.杭州：浙江大学出版社，2007.

[25]Robin S.Harris. A history of higher education in Canada 1663—1960[M].Toronto：University of Toronto Press，1976.

[26]Macmillan，David.S.Australian Universities：A Descriptive Sketch

[M].Sydney: Sydney University Press, 1968.

[27]Pratt J. The Polytechnic Experiment: 1965—1992 [M].SRHE and Open University Press Celtic Court, 1997.

[28]Ryder Kenneth G, Wilson, James W.Cooperative Education in a New Era: Understanding and Strengthening the Links between College and the Workplace [M].San Francisco, Calif: Jossey-Bass Pub, 1987.

[29]Glen A.Jones.Higher Education in Canada: Different Systems, Different Perspectives [M].New York and London: Garland Publishing, INC.1997.

[30]Kenneth G Ryder. Cooperative Education in a New Era-social and Educational Roots [M].Michigan Press, 1987.

[31]Alan Barcan. A History of Australian Education [M].London: Oxford University Press, 1980.

论文

[1]曾杨.新西兰高等职业教育特色研究[D].重庆：西南大学，2008.

[2]柴田.加拿大高等教育治理模式研究[D].西安：陕西师范大学，2016.

[3]陈娟.高校技术转移系统的职能研究[D].南京：东南大学，2016.

[4]陈勇芝.基于校企合作的应用型大学创新创业教育发展研究[D].南宁：广西大学，2019.

[5]代文纹.新建本科院校向应用型大学转型的路径研究[D].西安：陕西师范大学，2017.

[6]杜海燕.澳大利亚大学发展史研究[D].保定：河北大学，2011.

[7]高飞.我国高校技术转移机构发展策略研究[D].天津：天津大学，2015.

[8]黄玉荣.美国社区学院的历史嬗变与启示[D].沈阳：沈阳师范大学，2005.

[9]李学隆.英国多科技术学院发展历程研究（1965—1992）[D].保定：河北大学，2009.

[10]刘英俊.美国社区学院人才培养模式研究[D].沈阳：沈阳师范大学，2009.

[11]穆晓莉.加拿大高等教育政策发展研究[D].上海：华东师范大学，2012.

[12]彭惠芬.大众化教育背景下的高等职业学校教学质量保障体系研究[D].长沙：湖南农业大学，2014.

[13]石学霞.新西兰高等职业教育质量保障体系研究[D].上海：上海师范大学，2012.

[14]王辉.美国中高等职业教育衔接研究[D].重庆：西南大学，2012.

[15]徐秋云.英国《高等教育与科研法案》及其实施成效研究[D].重庆：西南大学，2019.

[16]杨光富.国外领导人才培训模式比较研究[D].上海：华东师范大学，2007.

[17]姚冬.新西兰ITPs理工学院研究[D].北京：中央民族大学，2007.

[18]张敏.美国辛辛那提大学合作教育研究[D].重庆：重庆大学，2016.

[19]赵子剑.联邦德国高等学校类型结构变革研究（1945—1976）[D].保定：河北大学，2017.

[20]郑德洛.近现代科技革命对国际格局演变的影响[D].南京：南京航空航天大学，2019.

[21]朱建新.地方应用型大学变革研究[D].杭州：浙江大学，2019.

[22]庄双博.驳工业革命中的罪恶"神话论"[D].保定：河北大学，2012.

期刊

[1] 白逸仙，郭丹.美国德雷塞尔大学合作教育的实践及启示[J].中国高校科技，2014（5）：75-77.

[2] 蔡彬清.德国应用科学大学专业设置及学生专业选择：以德国代根多夫应用科学大学为例[J].福建工程学院学报，2016，14（5）：459-463.

[3] 曾琳智.基于合作教育（CO-OP）的公共关系应用型人才培养模式研究：以美国陶森大学公共关系合作教育为例[J].上海金融学院学报，2012（6）：101-107.

[4] 柴旭东.团队创业学园：芬兰大学创业教育模式及启示[J].教育学术月刊，2011（7）：101-104.

[5] 陈爱志.高职教育发展研究策略：以福建省为例[J]，中国高校科技，2015（8）：59-61.

[6] 陈婵英.新加坡高职院校内部治理特点及启示[J].职业教育研究，2016（5）：93-96.

[7] 陈劲、张学文.日本型产学官合作创新研究：历史、模式、战略与制度的多元化视角[J].科学学研究，2008（4）：880-886，792.

[8] 陈荣生.新加坡高等职业教育发展模式及对福建省的启示[J].东南学术，2016（5）：240-245.

[9] 陈欣.美国高校应用型办学体系探究[J].乐山师范学院学报，2018，33（10）：118-125.

[10] 陈新忠，卢瑶.分流施教：英国多科技术学院应用型人才培养的经验与启示[J].教育与职业，2016（23）：23-27.

[11] 陈鑫仪.德国研究型大学最后一座堡垒的摧毁：应用科学大学博士学位授予权争论[J].职教通讯，2018（11）：74-79.

[12] 陈莹.德国双元制高等教育体系研究[J].外国教育研究，2015，42

（6）：119-128.

[13]陈永明.美国大学教师聘任制的现状与特征[J].集美大学学报（教育科学版），2006（3）：13-17.

[14]陈玉梅.德国"双元制"课程模式的探索与实践：以计算机应用技术专业为例[J].科技创新与生产力，2019（7）：31-33.

[15]戴仁俊，白凤娥，郭丹.德国应用科学大学校企合作模式解析[J].江苏理工学院学报，2017，23（5）：105-111.

[16]杜才平.英国多科技术学院的办学定位与人才培养[J].高等教育研究，2011，32（12）：104-109.

[17]冯翠玲.论加拿大高等教育的特色及其借鉴[J].河南大学学报（社会科学版），2007（5）：137-141.

[18]冯虹，刘文忠.对应用型大学的探讨[J].北京联合大学学报，2005，19（2）：24-29.

[19]管弦.国外高职教育卓越发展的典型经验：以美国、德国、瑞士、澳大利亚、新加坡为例[J].教育学术月刊，2015（8）：33-39.

[20]何晓芳.大学治理结构中的权力关系：英美澳三国的考察[J].国家教育行政学院学报，2017（2）：82-86.

[21]侯建国.二战后加拿大高等教育改革与发展的经验和教训[J].外国教育研究，2005（5）：50-53.

[22]侯长林、罗静、叶丹.应用型大学视域下新建本科院校办学定位选择[J].教育研究，2015（4）：61-69.

[23]胡建华.百年回顾：20世纪的日本高等教育[J].南京大学学报（哲学·人文科学·社会科学），2001（4）：153-160.

[24]胡瑞文，张海水，朱曦.大众化阶段的人才供求态势与高等教育转型发展[J].教育研究，2014，35（1）：74-83.

[25]胡卫中，石瑛.澳大利亚应用型人才培养模式及启示[J].开放教育

研究，2006（4）：92-95.

[26] 李金国. 宪政维度下的政党与政权关系 [J]. 深圳大学学报（人文社会科学版），2005（3）：55-60.

[27] 李先富，柳友荣. 德国应用科学大学治理制度研究 [J]. 齐齐哈尔大学学报（哲学社会科学版），2018（12）：28-31.

[28] 李欣旖，刘晶晶，闫志利，王景瑞. 地方本科高校转型过程中提升社会服务能力研究：基于德国应用科学大学经验 [J]. 职教通讯，2018（3）：6-11，19.

[29] 李祖超. 日本的教育现代化之路及其对中国的启示 [J]. 清华大学教育研究，2004：23-29.

[30] 刘崇磊. 我国高等职业教育学位制度：域外经验与本土构建 [J]. 黑龙江高教研究，2019，37（1）：105-110.

[31] 刘其兵. 德国应用型本科人才培养的特征和启示：以代根多夫应用科学大学为例 [J]. 滁州职业技术学院学报，2013，12（1）：19-21.

[32] 刘帆，王立军，魏军. 美国高校创业教育的目标、模式及其趋势 [J]. 中国青年政治学院学报，2008（4）：98-101.

[33] 刘向兵，姚荣. 应用型大学内部治理结构变革的法理依据与模型建构 [J]. 中国高教研究，2016（6）：56-59.

[34] 刘小强，黄知弦，蒋喜锋. 知识、经济的双重转型与一流大学建设的范式转变：新加坡国立大学建设"全球知识企业"实践和启示 [J]. 清华大学教育研究，2019，40（4）.

[35] 刘振天. 学术主导还是取法市场：应用型大学建设中的进退与摇摆 [J]. 高等教育研究，2019，40（10）：21-28.

[36] 刘芝平. 德国高等教育大众化阶段的改革及其对中国的启示 [J]. 教育文化论坛，2011，3（4）：65-71.

[37] 马明，贾玉超. 美国应用技术型职业分类与培养模式 [J]. 成人教育，

2016, 36(6): 90-94.

[38] 潘懋元, 左崇良. 高等教育大众化: 理论与实践的反思[J]. 攀登, 2016, 35(2): 138-144.

[39] 秦琳. 以应用性人才培养促进区域经济发展和国家竞争力提升: 德国应用科学大学的经验[J]. 大学(学术版), 2013(9): 60-66.

[40] 任文杰. 澳大利亚高等教育质量保障体系探讨[J]. 江苏高教, 2018(6): 39-41.

[41] 杉本和弘. 关于高等教育体制改革的英澳比较[J]. 比较教育学研究, 1998(24): 147-147.

[42] 孙进. 德国应用科学大学专业设置的特点与启示[J]. 清华大学教育研究, 2011(8): 98-103, 124.

[43] 陶秋燕. 斯威伯尔尼科技大学信息技术专业的课程体系[J]. 计算机教育, 2006(3): 41-43.

[44] 天野郁夫, 沈晓敏. 日本高等教育的大众化过程及其结构[J]. 外国教育资料, 1989(2): 66-72, 17.

[45] 王新俊, 刘永福. 芬兰应用技术大学创业教育体系探析[J]. 外国教育研究, 2018, 45(12): 56-64.

[46] 王雪双. 世界一流大学的国际化策略选择: 以剑桥大学、牛津大学、伦敦大学为例[J]. 世界教育信息, 2015, 28(17): 56-61.

[47] 王雪双. 英国高等教育与科研体系改革趋势: 《知识经济时代的成功: 卓越的教学、社会流动和学生的选择》白皮书述评[J]. 世界教育信息, 2017, 30(7): 16-21.

[48] 王志强. 传承与超越: 威斯康星理念的百年流变[J]. 清华大学教育研究, 2017, 38(4): 57-64.

[49] 夏霖, 刘海峰, 谭贞. 芬兰应用技术大学RDI科研范式及其启示[J]. 高教探索, 2019(4): 86-90.

[50] 肖化移.大众化阶段高职教育发展模式之比较[J].职业技术教育，2004，25（7）：11-14.

[51] 徐英俊.应用型大学的特点及发展路径[J].大学·研究与评价，2007（3）：64-67.

[52] 许涛，郑文江.美国大学创新创业教育的发展现状及其新特征[J].现代教育技术，2019，29（4）：114-119.

[53] 闫飞龙.日本大学本科课程模式的演变及发展趋势[J].大学（学术版），2011（10）：64-72.

[54] 阎忻民.芬兰政府这样管理高等教育[J].炎黄春秋，2015（6）：86-89.

[55] 杨蕾，王诗宇，赵雪莹，王立涛."互联网+"背景下美国应用型人才培养模式的创新与借鉴[J].现代教育论丛，2017（1）：92-96.

[56] 叶优丹，魏嵘.新办本科院校可持续发展影响因素的实证研究[J].高教探索，2007（4）：45-48.

[57] 尹振涛，阎沭杉.利用众筹模式拓宽科研经费的筹集渠道[J].科学管理研究，2015，33（6）：101-104，120.

[58] 于家太.美国高等教育大众化的历程[J].江苏高教，1999（3）：98-102.

[59] 于立生.应用型本科高校的产学研合作教育模式研究：以美国新奥尔良大学为例[J].海峡科学，2018（7）：69-73+90.

[60] 张凤武，苗苗.美国应用型本科人才培养的启示[J].绥化学院学报，2015，35（9）：1-3.

[61] 张静.加拿大高等职业教育特色与借鉴[J].辽宁高职学报，2015，17（3）：1-3.

[62] 钟秉林，王新凤.迈入普及化的中国高等教育：机遇、挑战与展望[J].中国高教研究，2019（8）：7-13.

[63]周光礼.高等教育大众化与研究型大学质量困境：加拿大经验[J].现代大学教育，2007（6）：68-76.

[64]朱镜人.战后影响西德教育政策的因素[J].安徽教育学院学报（社会科学版），1989（2）：68-74.

[65]朱文婷.基于创新素养目标下的广告学课程项目式教学模式探析[J].视听，2018（10）：213-215.

[66]朱中华.新建本科院校发展中应处理好几个关系[J].中国高等教育，2002（21）：27-28.

[67]祝军，朱昱治.高校创业教育课程设置的优化研究：基于对美国六所大学创业课程设置情况分析[J].北京教育（高教），2019（6）：75-77.

[68]Capano，Giliberto.Federal Dynamics of Changing Governance Arrangements in Education：A Comparative Perspective on Australia，Canada and Germany[J].Journal of Comparative Policy Analysis，2015，17（4）：322-341.

[69]Flood B.Drexel's information science M.S.degree program，1963—1971：An insider's recollections[J].Journal of the American Society for Information ence，2000，51.

[70]Juha Kettunen.Innovation Pedagogy for Universities of Applied Sciences[J].Scientific Research，2011，2（1）：No.1，56-62.

[71]Valero A，Reenen J V.The Economic Impact of Universities：Evidence from Across the Globe[J].Social Science Electronic Publishing，2016，5.

电子文献及网站

[1]国务院.国务院关于印发国家教育事业发展"十三五"规划的通知[EB/OL].（2017-01-10）[2020-07-09].http://www.moe.gov.cn/jyb_xxgk/moe_1777/moe_1778/201701/t20170119_295319.html.

[2] 教育部.2017年全国教育事业发展统计公报[EB/OL].（2017-07-19）[2020-07-09]. http://www.moe.gov.cn/jyb_sjzl/sjzl_fztjgb/201807/t20180719_343508.html.

[3] 外交部.芬兰国家概况[EB/OL].[2020-07-06]. https://www.cidca.gov.cn/2023-04/09/c_1211982428 htm.

[4] 吴娟.新法案如何推动美国职业教育[EB/OL].（2018-08-31）[2020-07-06]. http://paper.jyb.cn/zgjyb/html/2018-08/31/content_504870.htm?div=-1.

[5] 校基本调查[EB/OL].[2019-12-25]. https://www.e-stat.go.jp/stat-search/files?page=1&toukei=00400001&tstat=000001011528.

[6] 献礼十九大最新版中国高等教育系列质量报告出炉[EB/OL]. [2017-10-17]. http://news.youth.cn/gn/201710/t20171017_10881844.htm.

[7] 中华人民共和国教育部首份高等教育质量"国家报告"出炉[EB/OL]. http://www.moe.gov.cn/jyb_xwfb/xw_fbh/moe_2069/xwfbh_2016n/xwfb_160407/160407_mtbd/201604/t20160408_237171.html.

[8] 中华人民共和国教育部首份高等教育质量"国家报告"出炉[EB/OL]. http://www.moe.gov.cn/jyb_xwfb/xw_fbh/moe_2069/xwfbh_2016n/xwfb_160407.

[9] 中华人民共和国中央人民政府.国家中长期教育改革和发展规划纲要（2010—2020年）[EB/OL].（2010-07-29）[2020-05-28]. http://www.gov.cn/jrzg/2010-07/29/content_1667143.htm.

[10]American Association of Community Colleges.Trends in Community College Enrollment and Completion Data[EB/OL].[2020-04-04]. http://www.aacc.nche.edu/wp-content/uploads/2018/04/CCEnrollment2017.pdf.

[11]American Recovery and Reinvestment Act of 2009[EB/OL].[2020-07-03]. http://www.docin.com/p-1949686399.html.

[12]Bundesministerium für Bildung und Forschung [EB/OL].[2020-07-06].

https://www.bmbf.de/upload_filestore/pub/Innovative_Hochschule.pdf.

[13]Carl Perkins Vocational Education Act[EB/OL].[2020-07-03]. https://www.Govtrack.us/congress/bills/98/hr4164/text.

[14]Carnegie Classifications.Basic Classification Methodology[EB/OL].[2020-07-04]. http://carnegieclassifications.iu.edu/methodology/basic.php.

[15]Carnegie Classifications.Undergraduate Instructional Program Classification[EB/OL].[2020-07-04]. http://carnegieclassifications.iu.edu/classification_descriptions/ugrad_program.php.

[16]Deutsches Zentrum für Hochschul-und Wissenschaftsforschung[EB/OL].[2020-06-01]. https://www.dzhw.eu/pdf/pub_fh/fh-201601.pdf.2020-06-01.

[17]FH Münster University of Applied Sciences.[EB/OL].[2020-07-06]. https://en.fh-muenster.de/forschung/strategie/innovation-triangle.php.

[18]Finlex.Universities of Applied Sciences Act.[EB/OL].[2020-07-06]. http://www.finlex.fi/en/laki/kaannokset/2014/en20140932_20160563.pdf.

[19]FUNDING OPPORTUNITIES[EB/OL].[2020-07-03]. https://drexel.edu/scdc/co-op/undergraduate/funding//.

[20]Haaga-Helia university of applied sciences.DEGREE PROGRAMME IN A NUTSHELL[EB/OL].[2020-07-06]. http://www.haaga-helia.fi/en/students-guide/degree-programmes/degree-prog.

[21]Hochschule Bremen City University of Applied Sciences.[EB/OL].[2020-04-04]. https://www.hs-bremen.de/mam/hsb/dezernate/d3/951_bau_b.sc._zulassungsvoraussetzungen.pdf.

[22]HOW UNIVERSITY CO-OPS WORK[EB/OL].[2020-07-03]. https://drexel.edu/difference/co-op/how-co-op-works/.

[23]Ministry of Education and Culture.Universities of Applied Sciences

in Finland[EB/OL].[2020-07-06]. https://minedu.fi/en/universities-of-applied-sciences.

[24]OXFORD EBOOKS UNIVERSITY[EB/OL].[2020-07-09]. https://www.brookes.ac.uk/.

[25]PEER MENTOR PROGRAM[EB/OL].[2020-07-03]. https://drexel.edu/scdc/co-op/peer-mentor-program/.

[26]South-Eastern Finland University ofapplied sciences.Bachelor's degree programmes[EB/OL].[2020-07-06]. https://www.xamk.fi/en/education/5453-2/.

[27]South-Eastern Finland University ofapplied sciences.CURRICULA[EB/OL].[2020-2-13]. https://opinto-opas.xamk.fi/index.php/en/2676/en.

[28]Statistics Finland.Statistics renamed[EB/OL].[2020-02-03]. http://www.stat.fi/til/akop/akop_2016-09-14_uut_001_en.html.

[29]Studyinfo.fi.How to apply for bachelor's and master's[EB/OL].[2020-07-06]. https://studyinfo.fi/wp2/en/higher-education/how-to-apply-for-bachelors-and-masters/.

[30]Tampere University of Applied Sciences.Degree Programme in Entrepreneurship and Team Leadership[EB/OL].[2020-07-06]. https://opinto-opas-ops.tamk.fi/index.php/en/167/en/4.

[31]The Power of Internationational Education[EB/OL].[2020-04-04]. https://www.iie.org/Research-and-Insights/Project-Atlas/Explore-Data/United-States.

[32]Thüringer Ministerium für Wirtschaft, Wissenschaft und Digitale Gesellschaft.[EB/OL].[2020-04-04]. https://wirtschaft.thueringen.de/wissenschaft/studium/studienmoeglichkeiten/.

[33]Training Partnership Act of 1982[EB/OL].[2020-07-03]. http://www.doc88.com/p-1416557937209.html.

[34]Transcript of Morrill Act（1862）[EB/OL].[2020-07-03]. https://max.book118.com/html/2017/0724/124045313.shtm.

[35]UK Parliament[EB/OL].[2020-07-07]. https://members.parliament.uk/.

[36]University of South Wales Prifysgol De Cymru[EB/OL].[2020-07-09]. https://www.southwales.ac.uk/.

[37]University of South Wales Prifysgol De Cymru[EB/OL].[2020-07-09]. https://www.southwales.ac.uk/courses/undergraduate_courses/.

后　　记

撰写此书，对我而言，无疑是一项艰巨的任务。它要求我跨越多个国家和地区的语言与教育系统，而这些系统又极其复杂多样。年近古稀的我，凭借有限的学术积淀、外语能力和文字表达，面对这样的挑战，起初似乎是一项不可能完成的任务。然而，这本书的诞生却是在不经意间，成为了我近十年博士生学习生涯的一个意外之喜。

在攻读博士学位的过程中，为了完成三篇学位论文，我广泛查阅了全球各国关于应用型大学发展的政策、理论与实践文献。阅读过程中，我经历了种种困难：有的外文文献凭借我的英语水平可以顺利阅读，有的则需借助在线翻译工具勉强理解，还有的语言我完全不懂，只能依赖二手翻译材料。为了深入理解某个概念、关键词或命题，我常常需要花费数小时乃至数天的时间。这些过程中的艰辛、挣扎、兴奋与喜悦，或许只有亲身经历才能深刻体会。

正因如此，本书在最终呈现时，各章节的语言风格难免存在差异。对于我能直接理解的文献，其描述更为客观、严谨、准确，语言也更加流畅，如涉及英语国家的章节。而对于需要借助二手文献、翻译工具和非英语国家网站英文版才能理解的文献，其章节可能稍显晦涩。初稿完成后，我曾征询过一些学术界朋友的意见，有人建议我邀请精通非英语语种的专家进行润色调整。但考虑到文献的时效性和不同专家语言风格的差异，我最终决定保持原汁原味，呈现我阅读和思考的真实痕迹。这不仅是对我博士生学习阶段的交代，也是对自己思考过程的原始记录。

同时，我注意到国内尚缺乏一本全面介绍世界主要国家应用型大学

后　记

的书籍。因此，我坚信这本书将对国内从事应用型大学研究的同行有所启发和帮助。它在一定程度上填补了国内在这一领域的学术空白，为研究者提供了丰富的资料，也为我国应用型大学的治理和改革提供了参考。

在本书中，应用型大学这一核心概念在不同语境、政策和实践中有所变化。但有几个核心点是一致的，这也是我在写作过程中始终坚持的思路。我认为，应用型大学首先以培养应用型的实践技能人才为主要目标，而非理论性的学术研究人才；其次，它注重理论与实践相结合，构建实践导向的办学体系；最后，它具有很强的区域性特点，主要为地方经济建设和社会发展培养应用型人才。基于这些考虑，我将一些名称上并非应用型大学的学校类型也纳入了研究范围。虽然这在严格的概念界定上可能不够严谨，但正如我之前所述，这本书更多的是我阅读和思考的记录。

在此，我要感谢国家行政学院出版社的编辑老师们的耐心指导和帮助，正是他们的付出，使这本书得以正式出版。同时，我也要感谢读博期间的导师和同学们，是他们的鼓励和支持，让我能够顺利完成这本书的写作。最后，我还要感谢我的工作单位——合肥信息技术职业学院的同事们，是他们的支持和付出，让我能够全身心地投入到学习、阅读、思考和写作中。

一本书的完成，标志着一个阶段的阅读、思考和写作的结束。但对于学术研究而言，探索永无止境。由于我的外语水平、学术水平、理解能力和表达能力等限制，本书难免存在各种瑕疵，我真诚地希望读者们能够提出宝贵的意见和建议。

王世杰

2024年12月